Kohlhammer

Die Autorinnen, der Autor

Heidrun Kiessl, Jg. 1969, Juristin, Dipl. Heilpädagogin (FH), systemische Therapeutin (IFW, SG). Von 2011 bis 2025 Professorin für Heilpädagogik und Beratung an der Fachhochschule der Diakonie, Bielefeld. Seit März 2025 Professorin an der Katholischen Hochschule Freiburg.

Eckehard Herwig-Stenzel, MAS, MBA, Jg. 1945, Supervisor, Organisationsberater in eigener Praxis und Lehrbeauftragter für Beratung und Familientherapie, mit dem Schwerpunkt: Veränderungsprozesse in sozialen Systemen.

Jutta Reif, Jg. 1979, staatlich anerkannte Erzieherin, staatlich anerkannte Heilpädagogin, Heilpädagogin (B. A.), systemische Therapeutin (hsi, DGSF), Ehe-, Familien- und Lebensberaterin (BAG), Systemisch Integrative Paartherapeutin (HJI), Emotionsfokussierte Paartherapie/Core Skills (ICEEFT), Mitarbeiterin in einer psychosozialen Beratungsstelle.

Heidrun Kiessl/Eckehard
Herwig-Stenzel/Jutta Reif

Systemische Beratung in der Heilpädagogik

Ein Praxisbuch

Verlag W. Kohlhammer

Dieses Werk einschließlich aller seiner Teile ist urheberrechtlich geschützt. Jede Verwendung außerhalb der engen Grenzen des Urheberrechts ist ohne Zustimmung des Verlags unzulässig und strafbar. Das gilt insbesondere für Vervielfältigungen, Übersetzungen, Mikroverfilmungen und für die Einspeicherung und Verarbeitung in elektronischen Systemen.

Die Wiedergabe von Warenbezeichnungen, Handelsnamen und sonstigen Kennzeichen in diesem Buch berechtigt nicht zu der Annahme, dass diese von jedermann frei benutzt werden dürfen. Vielmehr kann es sich auch dann um eingetragene Warenzeichen oder sonstige geschützte Kennzeichen handeln, wenn sie nicht eigens als solche gekennzeichnet sind.

Es konnten nicht alle Rechtsinhaber von Abbildungen ermittelt werden. Sollte dem Verlag gegenüber der Nachweis der Rechtsinhaberschaft geführt werden, wird das branchenübliche Honorar nachträglich gezahlt.

Dieses Werk enthält Hinweise/Links zu externen Websites Dritter, auf deren Inhalt der Verlag keinen Einfluss hat und die der Haftung der jeweiligen Seitenanbieter oder -betreiber unterliegen. Zum Zeitpunkt der Verlinkung wurden die externen Websites auf mögliche Rechtsverstöße überprüft und dabei keine Rechtsverletzung festgestellt. Ohne konkrete Hinweise auf eine solche Rechtsverletzung ist eine permanente inhaltliche Kontrolle der verlinkten Seiten nicht zumutbar. Sollten jedoch Rechtsverletzungen bekannt werden, werden die betroffenen externen Links soweit möglich unverzüglich entfernt.

1. Auflage 2025

Alle Rechte vorbehalten
© W. Kohlhammer GmbH, Stuttgart
Gesamtherstellung: W. Kohlhammer GmbH, Heßbrühlstr. 69, 70565 Stuttgart
produktsicherheit@kohlhammer.de

Print:
ISBN 978-3-17-040784-8

E-Book-Formate:
pdf: ISBN 978-3-17-040785-5
epub: ISBN 978-3-17-040786-2

Inhalt

1	Einleitung	7
2	**Familiengeheimnis als Kraft zum Trennen und Kraft zum Binden – Der Fall Lukas**	**17**
	2.1 Fallbeschreibung	17
	2.2 Behandlungsgeschehen und Resonanzen I	17
	2.3 Resonanzen II	23
	2.4 Resonanzen III	25
3	**Die Raupe, die sich zum Schmetterling entpuppt – Der Fall Annika**	**26**
	3.1 Fallbeschreibung	26
	3.2 Sitzungsabläufe mit Resonanzen I	27
	3.3 Resonanzen II	39
	3.4 Resonanzen III	49
4	**»Ich – wir – die anderen« – eine Familie im permanenten Wandlungsprozess – Der Fall Familie G.**	**50**
	4.1 Fallbeschreibung	50
	4.2 Sitzungsabläufe mit Resonanzen I	52
	4.3 Resonanzen II	87
	4.4 Resonanzen III	91
5	**Die »Alten« verteilen ihre Hinterlassenschaft – Der Fall Familie H.**	**92**
	5.1 Fallbeschreibung	92
	5.2 Resonanzen I	100
	5.3 Resonanzen II	109
	5.4 Resonanzen III	114
6	**Übergänge, wenn das Neue noch nicht da ist – Der Fall Frau S.**	**116**
	6.1 Fallbeschreibung	116
	6.2 Resonanzen I	123
	6.3 Resonanzen II	126
	6.4 Resonanzen III	129

7	**Abschluss**		**131**
	7.1	Systemische Beratung im heilpädagogischen Kontext	131
	7.2	Die Metapher der bunten Häuser	134
	7.3	Setting und Settingdesign in der systemischen Beratung und der Heilpädagogik	135
	7.4	Resonanzen III	142

Nachklang zum Abschluss: Resonanzen der Lesenden III **143**

Literaturverzeichnis **144**

Abbildungsverzeichnis **149**

1 Einleitung

Das gemeinsame Erarbeiten eines Vortrags für die Jubiläumstagung des Studiengangs Heilpädagogik an der Fachhochschule der Diakonie, Bielefeld, im Februar 2020 brachte mit dem eigenwilligen Format, eine multiperspektivische Fallanalyse in ihrer Essenz den Zuhörenden zu vermitteln, einen spannenden kollegialen Fachdiskurs dreier Expert*innen für systemische Beratung im Kontext der Heilpädagogik in Gange: Dabei ging es um die Umsetzung systemischer und heilpädagogischer Ansätze und Methoden in der Zusammenarbeit des Autor*innentrios.

Ganz im Sinne systemisch-konstruktivistischer Ansätze eröffneten verschiedene Beobachtungsebenen jeweils andere Betrachtungen und Herangehensweisen an eine Beratung. Das gemeinsame Eintauchen eröffnete Resonanzen und Begegnungen sowie zirkuläres Lernen am Fall und darüber hinaus: tragende Säulen der Heilpädagogik.

Diesen Prozess befanden wir als so bereichernd, dass daraus die Idee für dieses gemeinsame Buch entstand, um gemeinsam im Aufdröseln, Drehen und Wenden von Beratungspraxisfällen Verstehen von systemischer Beratung im heilpädagogischen Kontext zu ermöglichen und entsprechende Lernprozesse anzuregen. Uns verdeutlichte sich dabei, wie verschiedene Disziplinen wie psychologische, psychosoziale und heilpädagogische Beratung und vielfältige berufliche Identitäten ineinandergreifen.

Abb. 1.1: Resonanzrunde (Grafische Umsetzung: Bernd Heide von Scheven)

Mit der Differenz und Multiperspektivität unserer Autor*innentriade sind wir so in einen Aktionsforschungsprozess (Altrichter, Feindt & Thünemann 2022) im Praxisfeld Heilpädagogik und Beratung eingestiegen, um aus den verschiedenen Rollen, Berater*in, Reflecting Team, Intervision, Supervision ganz im Sinne der Kybernetik erster, zweiter oder dritter Ordnung uns und den Lesenden entsprechende Weiterentwicklung zu ermöglichen.

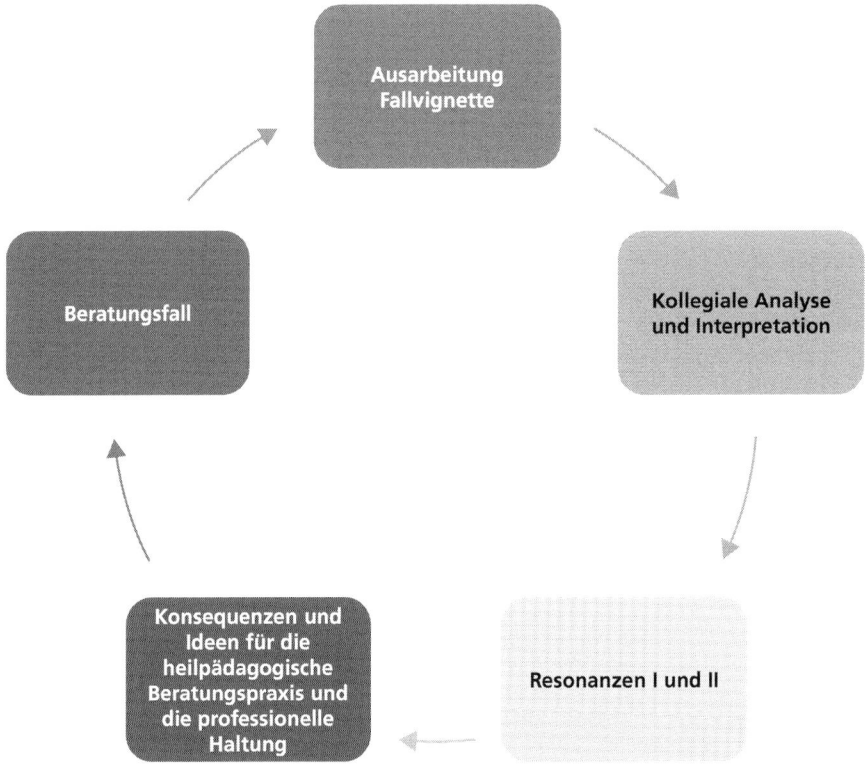

Abb. 1.2: Eigene Darstellung zur Aktionsforschung modifiziert nach Altrichter und Feindt (2008, S. 449)

In diesem ko-kreativen Forschungsprozess konnten wir sehr viel lernen. Schlussfolgerungen und Ideen für die heilpädagogisch-systemische Beratungspraxis konnten generiert werden. Lesenden kann so ein Lernen am Fall und mit seiner Aufschlüsselung aus verschiedenen Perspektiven über systemische Ansätze in der Heilpädagogik ermöglicht werden. Daraus kann eine eigene fachliche Position und Haltung für die Beratungspraxis entstehen und viele Tools und Methoden können in die eigene Praxis transferiert werden.

Aufbauend auf dem Band »Systemische Ansätze in der Heilpädagogik« von Heidrun Kiessl (Kiessl 2019) ist nun das Ziel, mit dem vorliegenden Band ein Praxisbuch vorzulegen, in dem systemische Beratungspraxis in/für die Heilpädagogik sowie entsprechende Methoden im Beratungsprozess aus verschiedenen psychosozialen Handlungsfeldern vermittelt werden.

Über die im Folgenden dargestellten Fallanalysen werden Lesende (Student*innen, Praktiker*innen und Dozent*innen) dazu in einen Ermöglichungsraum heilpädagogisch-systemischer Beratungspraxis eingeladen. Sie können reflektieren und sich in Folge selbst eine Lösung ausdenken.

Im Verlauf des Buches werden wir zusammen mit Ihnen in fünf Beratungsfälle mit verschiedenen Settings eintauchen. Alle Fälle stammen aus der Beratungspraxis der Autorinnen. Aus diesem Grunde werden wir die weibliche Form in der Bearbeitung der Fälle, also in der jeweiligen Fallbeschreibung durch die Falleinbringerin, verwenden, z. B. »die Heilpädagogin/Beraterin«. Die Gedanken der Heilpädagogin/Beraterin sind an manchen Stellen in der Ich-Form verfasst. Die Resonanzen auf Basis von Intervision und Supervision haben einen allgemeinen Charakter und werden gendergerecht ausgeführt.

Die Fälle wurden anonymisiert und mit einzelnen Informationen wie Orten, Berufen etc. verfremdet. Dabei wird das inhaltliche Fallgeschehen widergespiegelt und zum Schutz der betreffenden Personen werden ausgewählte Angaben so verfremdet, dass keine Rückschlüsse auf reale Personen möglich sind.

Im Folgenden werden wir im Text den*die Heilpädagog*in und den*die Berater*in mit einem Schrägstrich getrennt aufführen. Hierzu folgende Geschichte:

Im Modul Beratung an der Hochschule wurde im Seminar von einem*einer Studierende*n die Frage gestellt: »Ich schreibe meine Hausarbeit im Modul Beratung. Mein Handlungsfeld ist aber Pädagogik. Kann ich auch Beispiele aus der Pädagogik nehmen?« Diese Frage wurde von der*dem Lehrenden wie folgt beantwortet:

> »Diese zunächst einfache Antwort auf diese Frage ist aus Sicht der objektiven Hermeneutik sehr interessant, denn sie deckt einige zu differenzierende neue Fragen und Antworten auf – ist also eine sehr komplexe Fragestellung.
>
> 1. Die Fragestellung lässt vermuten, dass sie von einem*einer Pädagog*in gestellt worden ist. Würde ein*e Gesundheits- und Krankenpfleger*in, Heilerziehungspfleger*in diese Frage auch so formulieren?
> 2. Welche Zuschreibung wird der Pädagogik und welche der Beratung gegeben? Hier könnte vermutet werden, dass z. B. die Beratung mehr dem Psychosozialen zugeschrieben wird.
> 3. Es fällt auf, dass zwei verschiedene Begriffe schon eine Definition vorwegnehmen. Das Modul Beratung setzt ein ›Beratungsfeld‹ voraus? Die*der Fragesteller*in hat aber scheinbar nur ein anderes Handlungsfeld zur Verfügung.
> 4. Hieraus entsteht die Frage, was der Unterschied zwischen (Be-)Handlung und Beratung (Rat geben) ist.
> 5. Wenn es diesen Unterschied gibt, ist zu fragen, ob (Be-)Handlung Beratung ausschließt bzw. umgekehrt. Wir müssen uns nun zur Beantwortung dieser Frage zunächst die Definition von Pädagogik ansehen. In der Pädagogik geht es im Wesentlichen und im weitesten Sinne um Erziehung und Bildung.
> 6. In der Pädagogik gibt es aber offensichtlich auf der Handlungsebene der*des Pädagog*in Behandlung und Beratung. Der Beratungsansatz hat demnach mit dem eigentlichen Handlungsfeld nichts zu tun. Er ist aber auch dort etabliert. Man kann also nicht sagen: ›Ich bin Pädagoge, Gesundheitspfleger usw.‹ oder ›Ich bin Berater‹.
> 7. Demnach kann Beratung in den verschiedensten Disziplinen ausgeübt werden. Bleibt die Frage nach dem Vergleich zwischen (Be-)Handlung und Beratung. Einen wichtigen Unterschied erhalten wir auf die Fragestellung: Wer handelt? Handelt die*der Pädagog*in, die*der Ärztin*Arzt, Pfleger*in usw. für den ›Handlungssuchenden‹, weil dieser

es nicht kann, darf oder will? Oder muss eine Person selbst handeln und benötigt dazu die richtige Anleitung, Vorgaben oder Ideen, Möglichkeiten von einer weiteren Person?
8. Muss eine Person für sich selbst handeln, ist zu klären, ob es um Vorgaben und Anleitung (Fremdbestimmung) geht. Das würde Training sein und könnte mit den Techniken des Trainings begleitet werden. Wenn es um Selbstbestimmung, also um die Entwicklung von Ideen, Möglichkeiten oder Hinweise geht, z. B. eine mögliche Deformation, ein Handicap oder eine nicht wünschenswerte Besonderheit zu beseitigen bzw. die Möglichkeit zu schaffen, mit dieser besser zu leben, ist Beratung angefragt. Diese folgt ihrer eigenen Dynamik.
9. Wir müssen also Therapie (bei Kontrollverlust), Behandlung (ich kann es nicht selbst machen), Training (ich werde für etwas fit gemacht) und Beratung (Rat geben zur Selbsthilfe) unterscheiden. Somit hat der*die Pädagog*in eine professionelle Expertise in der Behandlung und eine eigene professionelle Expertise in der Beratung.

Tab. 1.1: Information zur nachfolgenden Fallbeschreibung (eigene Darstellung)

Fall	Kontext Berater*in	Thema	Setting
Fall 1	Psychosomatische Fachklinik für Familienrehabilitation Fachabteilung Heilpädagogik	Familiengeheimnis	Begleitung von Mutter und Sohn aus Fortsetzungsfamilie
Fall 2	Psychologische Beratungsstelle für Familien	Von der Raupe zum Schmetterling	Beratung einer Jugendlichen im familiären Auftragsgeflecht
Fall 3	Psychologische Beratungsstelle für Familien	Ich, wir, die anderen – eine Familie im permanenten Wandlungsprozess	Kernfamilie, Ehepaar mit fünf Kindern
Fall 4	Lebensberatung in der psychologischen Beratungsstelle	Die »Alten« verteilen ihre Hinterlassenschaft	Einzelberatung zur Vorbereitung der Beratung der ganzen Familie
Fall 5	Lebensberatung in der psychologischen Beratungsstelle	Übergänge, wenn das Neue noch nicht da ist	Einzelberatung im Kontext einer Fortsetzungsfamilie

Die Bezugnahme auf Grundlagen systemischer Ansätze erfolgt durch Verweis auf Kiessl (2019).

In diesem Band werden ergänzend erweiternde Wissensbausteine in informativen Kästen im Kontext des jeweiligen Falls vermittelt. Sie dienen an relevanten Stellen zur Erläuterung oder Vertiefung und beinhalten weiterführende Literatur zur entsprechenden Thematik.

Die Falleinbringerin beschreibt ihre Vorgehensweise im Beratungsprozess in den stattgefundenen Sitzungen. Im Sinne der Aktionsforschung wird exploriert, was in den Sitzungen geschieht, welche Methoden eingesetzt werden und was mit Klient*innen und der*dem Berater*in passiert.

Dieses Buch zeichnet sich dadurch aus, dass der Fall aus der Beraterinnenperspektive, sprich aus der Sicht einer falleinbringenden Autorin direkt aus der Praxis beschrieben wird. Daher wird in den Fallbeschreibungen für dieses Praxisbuch teilweise die Ich-Form gewählt. Die Begriffe Autor*innen und Berater*innen werden im Rahmen dieses Buches synonym verwendet, da wir alle drei sowohl Falleinbringende als auch Autor*innen dieses Praxisbuches sind. Die beiden anderen Autor*innen nehmen dann entsprechend die Rollen der Resonanzgebenden ein. Die unterschiedlichen Betrachtungsebenen ermöglichen ein vertieftes Eintauchen in das Fallgeschehen.

Die Struktur des jeweiligen Falles wird mit der Idee herausgearbeitet, dass die jeweiligen Strukturen innerhalb des Systems und in der Wechselwirkung mit der*dem Heilpädagog*in/Berater*in die »Besonderheiten« setzen. Welche Fragen werden vorgebracht, welche Hypothesen aufgestellt, verworfen und verfolgt, welche Regeln bilden sich ab, welches Setting entwickelt sich, wie ist der jeweilige Kontext und das Netzwerk, welche Lösungen entstehen usw. (vieles aus Kiessl 2019, S. 54–139).

Das Herausarbeiten geschieht über einen multiperspektiven, trialogisch-kooperativen Beratungs- und Forschungsprozess der Autor*innen. Dieser ist folgendermaßen strukturiert, wobei die in der Chronologie der Fallbearbeitung verwendeten Piktogramme den Lesenden die Orientierung erleichtern sollen, welche der Resonanzen gerade beschrieben wird.

1. Beschreibung Falleinbringerin Ausgangsbasis Fall/Anamnese/Vorgeschichte/Etappen im Prozess/Markierungen z. B. Sitzung 1–3, 4 usw.
2. Resonanzen I: intervisorische/supervisorische Perspektive durch den*die Mitautor*innen
3. Resonanzen II: Betrachtung des Prozesses (auf Ebene 1 und 2) aus einer weiteren Perspektive
4. Resonanzen III: Die Lesenden werden eingeladen, die eigene Betrachtung der Beratung zu erarbeiten und einen eigenen Standpunkt zu entwickeln. Hier soll der Transfer angeregt werden, was für Lesende über den Fall hinaus ggf. für ihre Praxis relevant sein könnte.
5. Die Lesenden können ihre Reflexion dazu verschriftlichen.

In den gemeinsamen Treffen des Autor*innentrios bestand zunächst eine gewisse Verführung, schon alle Perspektiven zu bündeln, während der Fall (an-)läuft. Die Bereicherung der Forschung entstand in der Verschachtelung der Resonanzen aus verschiedenen Beobachtungsebenen im Nachhinein und einer Feinjustierung der Ausarbeitung mit wiederholter Reflexion im Autor*innenteam.

In diesen Fallbesprechungen des Autor*innentrios erfolgte insbesondere eine sorgfältige Selektion, welche weiteren Fälle beforscht werden, um weitere Lern- und Entwicklungsräume zu erschließen (Fokus auf anderes Setting, anderes Handlungsfeld, methodische Variationen etc.). Innerhalb der einzelnen Fallbeschreibungen wollen wir unterschiedliche Herangehensweisen mit dem Eintritt der Forschenden/Beobachtenden in das beforschte System eröffnen und hoffen, die Lesenden gut auf diese Reise mitnehmen zu können.

Supervision bedeutet hier Fallsupervision oder Intervision, so dass in den Resonanzen I (und II) sowie im dialogischen Austausch reflektiert und diskutiert wird,

1 Einleitung

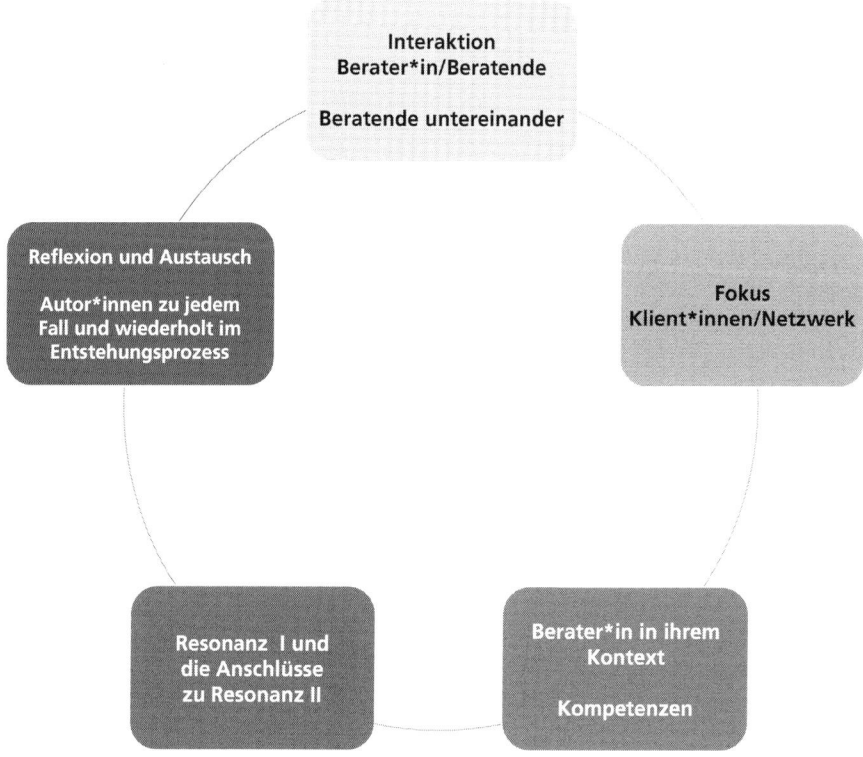

Abb. 1.3: Fallbearbeitung und Resonanzen (eigene Darstellung)

was im Beratungssystem (Falleinbringerin = Autorinnen/Beraterin/Heilpädagogin und Klient*innen) geschieht und besprochen wird. Betrachtet werden der*die Klient*innen und ihr System/Netzwerk, die Beratungsperson und deren Kontext sowie die Interaktion zwischen Beratungsperson und Klient*innen. Immer wieder wird dabei eine Metaperspektive eingenommen und aus dieser heraus reflektiert.

Für die Lesenden sollen die Prozesse im Beratungssystem transparent und verstehbar gemacht werden, so dass mindestens triadische Systeme integriert werden (Rufer 2018, S. 425). Zur Vertiefung und zur Förderung selbstorganisierter Lernprozesse werden Vertiefungsaufgaben/-fragen gestellt.

Kybernetik II

Intervision, Supervision oder Reflecting Team sind die Errungenschaften der Kybernetik zweiter Ordnung (Kybernetik II; Kiessl 2019, S. 22 f.), um weitere unabhängigere Beobachtungsebenen einzuführen. Diese sollen der Beraterin/Heilpädagogin, die im Rahmen der Gespräche zum Teil des Beratungssystems wird, eine »Adlerperspektive« auf den Fall und ihr bisheriges Fallverstehen verschaffen, um ihr neue systemische Hypothesen zu eröffnen, die ihre Möglichkeiten für Interventionen vergrößern. Die Resonanzen I und II sind auch als außenstehende Beobachtungsinstanzen relevant, um der fallführenden Beraterin/Heilpädagogin andere Betrachtungsweisen für ihre Familienberatungen und den Wechselwirkungen im System zu verschaffen und Lesenden verschiedene Perspektiven auf den jeweiligen Fall und die Beratung zu eröffnen.

Familien und ihre interpersonalen Bezüge sind die Basis aller hier im Buch vorgestellten Familienberatungen. Diese Grundpfeiler wollen wir hier zunächst kurz skizzieren.

Familie

Familie ist »dort, wo Menschen verschiedener Generationen dauerhaft füreinander Verantwortung füreinander übernehmen, füreinander einstehen und gegenseitige Fürsorge leisten« (Bundesministerium für Familie, Senioren, Frauen und Jugend 2017, S. 12) umschreibt eine Definition von Familie, die im Rahmen heutiger familiärer Vielfalt und Vielschichtigkeit auf einen kleinen gemeinsamen Nenner hinweist und auf eine große Bandbreite an Familienformen/familiären Zusammensetzungen anwendbar ist (BMFSJ 2021, S. 50, Kardorff & Ohlbrecht, 2023, S. 15–30).

Sie bezeichnet den Wandel in der Gewichtung vom traditionellen Familienverständnis der sogenannten bürgerlichen Normalfamilie (standesamtlich legitimierte Vater-Mutter-Kind-Triade) hin zu zum Teil kontrovers betrachteten facettenreichen Lebens-, Liebes- und Beziehungsformen im »ganz normalen Chaos der Liebe« (Beck-Gernsheim 2010, S. 17). Auf gesellschaftlicher Ebene führt der soziale Wandel ferner zu veränderten Familienformen, Familiengrößen, dem Grad der verwandtschaftlichen Unterstützung, dem Zeitpunkt der Eheschließung oder der Einstellung zur lebenslangen Ehe und Partnerschaft (Ecarius & Schierbaum 2022, zit. n. Kardorff & Ohlbrecht 2023, S. 15). Familie ist gleichzeitig eine »strukturkonservative gesellschaftliche Institution« und unterliegt gleichwohl mannigfacher Transformationsprozesse (Kardorff & Ohlbrecht 2023, S. 18). Die jeweiligen soziohistorischen und soziokulturellen Bedingungen prägen das familiäre Beziehungsgefüge, determinieren es aber nicht (Schneewind 2016, S. 243).

Familie besteht dann, wenn für Kinder Verantwortung übernommen wird, unter Orientierung an dem Leitbild »Kernfamilie« (Funcke 2017, S. 134–145). Dies kann sich vollziehen bei

> »heterosexuellen Kernfamilien, polyamorösen Liebesbeziehungen, Regenbogenfamilien, Singles, Paare[n] im ›Living-Apart-Together‹, Fernbeziehungen, einseitige[n] oder beidseitige[n] Stieffamilien, Patchworkfamilien, Alleinerziehende[n] und Wohngemeinschaften – sie alle können Kinder einbeziehen, als Hauptwohnsitz im Haushalt, als Besuchskontakt im partiellen Haushalt oder als Ort der zufälligen Begegnung mit einem Elternteil« (Ahlers 1998, zit. nach Ahlers 2018, S. 19, zur Datenlage Elternschaft in Deutschland Juncke et al. 2021).

Die Elternschaft kann in sogenannten »unkonventionellen und wenig bekannten Familienformen unklar zu eruieren sein« (Funcke 2009, S. 168). Das heißt, dass die Beratungsperson einer Familie immer genau den soziohistorischen und soziokulturellen Kontext und die familiären Zusammenhänge in unterschiedlichsten Lebens- und Personenkonstellationen individuell zusammenzufügen und zu erforschen hat. Auf jeden Fall bedeutet es, sich von fixen Voraussetzungen, Annahmen und Ideen im Vorhinein zu verabschieden und die Familie darin zu begleiten, ihre Familieneinheit zu identifizieren und zu stärken.

Wie unterschiedlich Familie sein kann, entfaltet sich auch in den Fallausarbeitungen. Es zeigt sich nicht nur hier, sondern in der Beratungspraxis allgemein, dass bei klassisch-traditionell geprägten Familien die jeweilige Familienkultur sehr unterschiedlich ausgeprägt sein kann. Die Auswahl der Fälle ergab sich aus der aktuellen Beratungspraxis. Bei einem weiteren Anschlussprojekt könnte ein Schwerpunkt auf sogenannte unkonventionelle Familien (Funcke 2017, S. 134–145) gelegt werden. Konkret ergaben sich in unserem Buch die »Formen« der Familien in der Beratungspraxis durch die thematische Auswahl verschiedener Settings, Themen- und Handlungsfelder, unter der Prämisse, für Lesende bereichernd zu sein.

In der Ex-post-Betrachtung fällt auf, dass sich der Schwerpunkt eher bei traditionellen und weniger bei unkonventionellen Familien gebildet hat. Aber es gilt für alle gleichermaßen, dass sich in jeder Familie eine eigene Kultur und Dynamik entfaltet, so dass erlebte Brüchigkeit in Beziehungen oder Problembeschreibungen sowie Ressourcen und Resilienzen überall und mannigfach vertreten sein können.

Familienberatung

Die Aufgaben und Funktion der Beratung von Familien orientiert sich an den Prämissen des SGB VIII. Die Kompetenzen und Ressourcen von Familien und ihren Mitgliedern sollen gestärkt werden (BMFSJ 2021, S.18). Die Beratung von Familien, Eltern, Kindern und Jugendlichen erfolgt vor allem in Beratungsstellen. Angeboten werden individuelle Beratungsangebote für Einzelpersonen, Paare, und/oder Familien. Thematisiert werden insbesondere das Thema Trennung und Scheidung sowie familiäre Konflikte im weiteren Sinne (Juncke et al. 2021, S. 62).

Erziehungsberatungsstellen widmen sich (zu 88%) der Erziehungskompetenz, Fragen bezüglich der Pubertät (58%) und zur Nutzung digitaler Medien (48%), aber auch bei Konflikt- und Krisensituationen sowie Trennung und Scheidung (Juncke et al. 2021, 62). Da es oft Überschneidungen in den Beratungsanliegen gibt und multikomplexe Fragestellungen zunehmend auftreten, werden hier die am häufigsten genannten Anmeldegründe dargestellt. Die SGB-VIII-Reform hin zu einer inklusiven Kinder- und Jugendhilfe gilt auch für Beratungsstellen und Beratungsangebote. Insbesondere zeigen Studienergebnisse, dass es einen Beratungsbedarf für die ganze Familie gibt, beispielsweise bei Familien mit einem Kind mit andauernden gesundheitlichen Beeinträchtigungen (Falkson, Heitmann, Tiesmeyer & Schmidt 2022, 121).

Beratung kann auch im Kontext einer heilpädagogischen oder kinder- und jugendtherapeutischen Einzelbegleitung oder im Gruppensetting für Kinder/Jugendliche erfolgen. Bei Erkrankungen oder Beeinträchtigungen der Eltern kann im Rahmen der Angehörigenberatung oder im gemeindepsychiatrischen Kontext sowie im häuslichen Umfeld Beratung stattfinden.

Im Kontext der konfessionellen Beratung bieten Ehe-, Familien- und Lebensberatungsstellen ihre Beratungsdienstleistung für Einzelne, Paare und Familien an.

Auch selbsthilfeorientierte Einrichtungen und Koordinationsstellen erbringen Beratungsleistungen in geringem Umfang (Juncke et al. 2021, S. 58).

Familientherapie

Die Familientherapie unter Einbezug der ganzen Familie sowie mehrgenerationaler Perspektiven fand ihre Ausformung im letzten Jahrhundert (vgl. zur Historie Kiessl 2019, S. 9–12). In der gegenwärtigen Fortschreibung fand die Systemische Therapie als psychotherapeutisches Verfahren für Erwachsene Anerkennung, das nicht nur den Menschen mit entsprechender Diagnose und Indikation therapeutisch mit entsprechenden Behandlungsstrategien begleitet, sondern das therapeutische Setting auf die Familie und zunehmend das Netzwerk ausweitet. Unterschiedliche Konstellationen von Familie und Netzwerk werden in das therapeutische Setting einbezogen. Anerkannte Psychotherapieverfahren verwenden spezifische Psychotherapiemethoden verbunden mit Interventionen oder Techniken, um die angestrebten Behandlungsziele zu erreichen (Hanswille 2020, S.159).

Auf der Ebene der verwendeten Interventionen und Techniken (vgl. Kiessl 2019, S. 71–78) kann es im Rahmen der diesem Buch zugrunde liegenden Fälle Überschneidungen zur Psychotherapie geben, obwohl die Beratenden mit ihrem institutionellen Kontext das Feld der Beratung nicht verlassen. Eine trennscharfe Unterscheidung von Beratung und Psychotherapie ist auf der handwerklichen Ebene von Interventionen oder Techniken in der Beratungspraxis häufig nicht möglich. Die verwendeten Interventionen oder Techniken sind zunächst »oft nicht spezifisch systemisch« (Hanswille 2020, 165). Eine systemische Einfärbung des Beratungsgeschehens entsteht durch systemische Hypothesen und entsprechender Zielformulierung und Auftragsklärung im prozesshaften Geschehen. Getragen wird dies von Systemischen Haltungen. In der Familientherapie sind diese in ein klinisches Modell zum »Zustandekommen und der Aufrechterhaltung von Problemen, Störungen, Krankheiten« sowie Theorien der Veränderung (und gerahmt durch interdisziplinäre Systemtheorie der Synergetik) eingebettet (Geyerhofer, Ritsch & Thoma, 2018, S. 63, zit. n. Hanswille 2020, S. 165, Kiessl 2019, S. 21–35).

Resonanzen

Diese zunächst metaphorische Begriffswahl symbolisierte den stattfindenden Austauschprozess, der auf den verschiedenen Ebenen (s. o.) unter den Autor*innen stattgefunden hat. Verschiedene Betrachtungsebenen und die damit verbundenen Diskussionen konnten als kreative und bezogene Schwingungsprozesse verstanden und erfahren werden, die den Fall und die systemisch-heilpädagogische Praxis sowie das Lernen der Autor*innen und der Lesenden zum Klingen bringen kann (Rosa 2019, S. 282 f.).

Diese Resonanzvorgänge waren inspirierend. An vielem davon mangelte es in der Zeit der Coronapandemie. Umso eindringlicher halten wir an diesem Begriff fest.

In der Vorbereitung dieses Buches fand eine theoretische Untermauerung dieser der Physik entliehenen Metapher statt. In der Psychodynamik wird das Beziehungsgeschehen in der Therapie in einem Resonanzraum umschrieben. Das leitende Gefühl ist in der Psychodynamik, mit sich in einen Resonanzzustand zu gelangen, um in der Lage zu sein, mit anderen Menschen in einen Resonanzzustand zu gelangen. Dieser ermöglicht die Anverwandlung, sowie die »berührende Aneignung und Begegnung« (Rosa 2019, S. 286 m.w.N.).

Der Soziologe Hartmut Rosa arbeitete in seiner Soziologie der Weltbeziehungen Resonanz als Schlüsselkategorie für gelingendes Lebens heraus und etablierte Resonanz als sozialwissenschaftliche Analysekategorie. Resonanz ist Grundbedürfnis und Fähigkeit, aber vor allem ist es ein Beziehungsmodus (ebd. S. 288, 293). Es entspricht dem dialogischen Prinzip, das der Religionsphilosoph Martin Buber (1878–1965) formuliert hat (ebd. S. 289) und an dem sich die Heilpädagogik für Begegnung, Begleitung und Unterstützung verstärkt orientiert.

Für Rosa ist Resonanz eine Antwortbeziehung, in der beide Seiten mit eigener Stimme sprechen. Es erfordert vom Subjekt und der Welt einerseits Geschlossenheit und Konsistenz, um mit eigener Stimme zu sprechen. Andererseits bedeutet es offen zu sein, sich affizieren oder erreichen zu lassen (ebd., S. 298).

Familie ist für Rosa nicht nur »Resonanzhafen der Moderne«, sie ist »organisatorisches Zentrum und institutionelle Zurechnungsinstanz für Akkumulation von ökonomischem, sozialem und kulturellem Kapital (ebd., 352). Dabei bleibt auch heute die Kernfamilie die Idealvorstellung (ebd. S. 343). In der Familie können jedoch »Resonanzblockaden auftreten« (ebd. S. 342), die in der Familienberatung relevant werden. Es gilt, den Hafen sicher zu gestalten und für die Familie Resonanzblockaden wahrnehmbar zu machen, um sie durch neue Sichtweisen auf sich selbst und als Familie aufzulockern oder sogar zu lösen.

Für das Buchprojekt fanden wir uns jeweils mit intrinsischem Interesse und Motivation ein, um Beratung zu beforschen und ein Lehrbuch zu schreiben, um durch Intervision zu lernen. Im gemeinsamen Aufdröseln und Erarbeiten des Buches in vielen Projektsitzungen sowie dem »Ausbrüten« der einzelnen Bestandteile in Klausur gleichermaßen erfahren wir Resonanzbeziehungen und einen kreativen Flow, in denen wir uns wechselseitig erreichen, antworten und verstärken mit der Idee, gleichzeitig »weltwirksam« zu sein, unsere Erfahrungen und Erkenntnisse zu teilen, in einen »kollektiven Transformationsprozess« (ebd., S. 334) einzusteigen und mit dem Buch etwas für Lesende zu erreichen (ebd., S. 275). Dieser sogenannte »Resonanzmodus« (ebd., S. 337) bereicherte unsere Arbeit an dem Buch und damit auch dessen Inhalt unseres Buches als horizontale (Beziehung zu Menschen), diagonale (Beziehung zur Dingwelt), vertikale (Beziehung zur Welt als Ganzes) »Resonanzachse« sehr.

Wir hoffen, dass es gelingt, etwas zu schaffen, das für Lesende von Bedeutung ist und wiederum die heilpädagogische Beratungspraxis noch mehr zum Resonanzraum machen kann.

2 Familiengeheimnis als Kraft zum Trennen und Kraft zum Binden – Der Fall Lukas

2.1 Fallbeschreibung

Lukas, neun Jahre, und seine Mutter kommen wegen Schwierigkeiten und Streitereien untereinander in die Fachabteilung »Familienheilpädagogik« in der psychosomatischen Fachklinik für Familienrehabilitation. Lukas' im Vorfeld des Klinikaufenthaltes diagnostizierte Autismusspektrumsstörung (früher: Asperger-Autismus) und seine Störung des Sozialverhaltens wird von der Mutter im Aufnahmegespräch mit der fallführenden Psychologin als Grund für das Problemverhalten von Lukas beschrieben (auf weitere Diagnosen der Mutter wird zur besseren Veranschaulichung an dieser Stelle nicht eingegangen).

Mit der Anmeldung der Familie in der heilpädagogischen Fachabteilung der Klinik verspricht sich die Psychologin der Station eine Verbesserung der Beziehung und eine Befriedung zwischen Mutter und Sohn. Die Psychologin leitet dann an die Heilpädagogik weiter, wenn die Kinder jünger als zwölf Jahre alt sind oder wenn bei Jugendlichen eine Behinderung und/oder sprachliche Einschränkung ein Thema in der Familie ist/sind.

2.2 Behandlungsgeschehen und Resonanzen I

Einleitung in den Fall

Bewusst entscheidet sich die Beraterin/Heilpädagogin, den in der Fallvorstellung im Team gewonnenen Diagnosen von Lukas keine Beachtung zu schenken und die Akte ungelesen wegzupacken.

Gedanken und Fragen der Heilpädagogin/Beraterin

Was würde passieren, wenn ich davon ausginge, dass Lukas mit seiner diagnostizierten seelischen Behinderung in der Kommunikation und Interaktion sowie in seiner Mentalisierungsfähigkeit so eingeschränkt ist, dass es nicht möglich wäre, mit der Familie die Themen zu bearbeiten und »anspruchsvollere« Methoden einzusetzen? Hier würde die Wirklichkeitskonstruktion »Diagnose« weiter fortgeschrieben werden.

Ich verabschiede mich von diesen Gedanken, mein Verhalten an der Diagnose auszurichten. So nehme ich die Chancen und Möglichkeiten war, die in der Familie und in der Begegnung stecken, um diese zu fokussieren. Möglicherweise wird so eine andere und neue Wirklichkeit konstruiert.

Wie kann ich eine andere Sicht auf das Problem oder Thema ermöglichen? Innerlich registriere ich, dass durch die Diagnose ihr innerer Stressmotor anzuspringen droht. Indem ich das Thema Diagnose beiseitepacke und durchatme, kann ich mich mit Neugier der Begegnung im Erstkontakt öffnen und eine entsprechende Haltung des Nichtwissens einnehmen. Ich lasse mich auf die Begegnung im Erstkontakt ein. Hier kommt zusätzlich zur heilpädagogischen Haltung eine bewusst neutrale Haltung und ein allparteiliches Ausbalancieren in der Verteilung von Aufmerksamkeit und Energie.

Weiter im Fallgeschehen

Als Mutter und Sohn im Anmeldebereich der heilpädagogischen Fachabteilung zum Erstgespräch ankommen, nimmt die Heilpädagogin/Beraterin zu einem liebenswerten kleinen Jungen mit Fußball unter dem Arm und einer sympathischen, gestresst wirkenden Mutter Kontakt auf. Als das Joining (Kiessl 2019, S. 54) und die Erklärungen über die Familienheilpädagogik in der psychosomatischen Fachklinik durch die Beraterin abgeschlossen sind, setzt Frau A. dazu an, vor Lukas in die Problembeschreibung einzusteigen. Lukas wird beim Luft- und Ausholen seiner Mutter sichtlich etwas kleiner.

Gedanken und Fragen der Heilpädagogin/Beraterin

- Wie gelingt es mir, Lukas zu erreichen, eine gute Kooperation und einen Kontakt hinzubekommen sowie gleichzeitig seine Mutter in ihrer Not zu würdigen und auf ihre Bedürfnisse einzugehen?
- Doch wo liegen die Bedürfnisse von Lukas und hat er überhaupt ein Anliegen?
- Wie verläuft die Kommunikation zwischen Mutter und Sohn und was hat das mit ihrer Beziehung zu tun? Die Idee ist: Verändert sich die Beziehung, verbessert sich möglicherweise die Kommunikation (was schon Paul Watzlawick in seiner Kommunikationstheorie festgezurrt hat).
- Kann sich hier in der »Familienheilpädagogik« ein neuer Raum öffnen, in dem die beiden einander zuhören, in einen guten Kontakt kommen und sich das beobachtete Kommunikationsmuster durchbrechen lässt?
- Wie gestaltet sich die Beziehung im Dreieck Mutter – Sohn – Heilpädagogin/Beraterin?
- Wie kann es mir gelingen, nicht in die Problemtrance einzusteigen und die mangelnde Kommunikation und ersichtlich belastete Beziehung zu manifestieren?

Weiter im Fallgeschehen

Bevor es dazu kommt, sich in problematischen Beschreibungen zu verfangen, lädt die Heilpädagogin/Beraterin die beiden ein, sich auf ein gestalterisches Spiel einzulassen, in dem es darum geht, Schätze an alle Familienmitglieder und sich selbst zu verschenken. Jedes Familienmitglied wird mit einem Teller auf dem Tisch mit Namen versehen repräsentiert. Da die Familie groß ist, dauert das Ganze etwas. Es stehen insgesamt fünf Teller auf dem Tisch. Lukas hat noch zwei deutlich kleinere Halbgeschwister aus der aktuellen Partnerschaft. Zu seinem leiblichen Papa hat Lukas guten und regelmäßigen Kontakt.

Einmal werden »Edelsteine« als positive Eigenschaften, Stärken oder etwas, was jemand gut kann (wenn es schwerfällt, etwas Positives an sich oder anderen zu finden), verschenkt und benannt. Anschließend werden Wünsche formuliert und Bedürfnisse an die anderen adressiert.

Frau A. ist zunächst überrascht, genauso Lukas, der entlastet ist und sich nicht mehr im Zentrum der öffentlich gemachten, mütterlichen Kritik sieht. Das Problem drückt besonders Frau A. Sie hat Stress und erhofft sich Entlastung. Die Heilpädagogin/Beraterin begründet ihren Vorschlag mit ihrem Wunsch, die beiden und die nicht anwesenden Familienmitglieder zunächst einmal etwas besser kennenlernen zu wollen. Im Zuge dessen sollen anhand des Spiels, insbesondere mit den formulierten Wünschen, im Ergebnis gemeinsame Anliegen formuliert werden. Lukas ist begeistert dabei und Frau A. springt über ihren Schatten.

Der Fokus auf die guten Eigenschaften und Ressourcen des Einzelnen sowie der Familie und dem Hören und Erzählen der damit verbundenen Geschichten, des Weiteren die spielerische Interaktion ermöglichen es beiden, sich in einer gewissen Leichtigkeit freudvoll und interessiert zu begegnen. Es gelingt, sich zuzuhören und an der Ressource gute Beziehung anzuknüpfen, die bei Beratungsbeginn einer gewissen Problemtrance zum Opfer gefallen ist, und beide schaffen es, sich nicht »im Problem zu verhaken«. Der Alltag und die Mutter-Sohn-Interaktion sind durch die Problemzuschreibungen überlagert und andere oder neue Sichtweisen an sich schwer zu verankern. Die Zugänge zueinander sind dadurch erschwert.

Es gelingt anschließend kooperativ, das zentrale Anliegen beider aufzugreifen, nämlich die Beziehung zueinander zu verbessern. Die anschließende Auftragsklärung und das Kontrakten gelingt sehr schnell. Es kann nun mit beiden konstruktiv an ihren formulierten Themen gearbeitet werden, was in Folge auch geschieht. Das System organisiert sich selbst weiter neu.

Die Heilpädagogin/Beraterin arbeitet weiter ressourcen- und lösungsorientiert. Gleichermaßen bekommt das Thema, wie Lukas seine Familie erlebt, eine größere Bedeutung. An dieser Stelle wird der Auftrag erweitert und Lukas eingeladen, mit Tierfiguren und Materialien seine Familie aufzustellen. Diese Chance nutzt er. Seine Mutter hört und sieht zu. In der Aufstellung bilden sich überraschend tiefgehende familiäre Themen ab, die Lukas mit großer Feinfühligkeit und Sensibilität wahrgenommen und getragen hat.

Am Ende der Beratung gelingt es Frau A. zu erkennen, dass sie sehr viele Gemeinsamkeiten mit ihrem Sohn hat. Lukas gelingt es, seine Befürchtungen und Emotionen bezüglich einem in der Beratung aufgedeckten Familiengeheimnis zu formulieren, das im Gespräch bearbeitet werden kann. Er hat Sorge um seine Mutter. Sie ist häuslicher Gewalt durch den aktuellen Lebenspartner ausgesetzt. Emotionen haben Platz: Ängste, Sorgen, Wut und Trauer. Sie sind da und werden zum Teil in Worte gepackt und geteilt. Das Geheimnis wird in den Beratungsraum gestellt, findet ein Außen und durch die anwesende Heilpädagogin/Beraterin eine gewisse Öffentlichkeit.

Das Thema kann gemeinsam besprochen werden und die beiden finden eine Lösung, wie es Entlastung für Lukas geben kann und was er dafür benötigt. Es entsteht eine große Verbundenheit zwischen Mutter und Sohn. Durch den geteilten Lösungsraum, das Expertentum von Lukas und seiner Mutter entwickelt sich in Kombination mit vielen Ressourcen in wenigen Sitzungen ein wunderbares und zusätzlich überraschendes Ergebnis.

Weitere Gedanken der Heilpädagogin/Beraterin

Ich spüre eine Verbundenheit in und mit der Familie. Bei mir stellt sich eine emotionale Berührtheit ein, eine Resonanz verbunden mit einem respektvollen Staunen über das Ergebnis, den Flow und die veränderte Beziehung zwischen Mutter und Sohn. Die Verbundenheit konnte sich durch eine gute Verabschiedung sowie den Einsatz eines Abschlussbriefes mit verschiedenen Komplimenten lösen. Ich freute mich wiederum über die Dankeskarte der Familie zum Abschluss.

Die als »Eintrittskarte« (Metapher von Steve de Shazer) in die »Familienheilpädagogik« mitgebrachte »Störung der Kommunikation und Interaktion« sind das Thema in der ganzen Familie und Lukas war der Symptomträger. Ihm und der ganzen Familie oblag das Hüten des Geheimnisses, geteilt wurden die Scham und das Tabu verbunden mit eigenen entsprechenden Kommunikationsstrukturen und familiärer Dynamik.

Indem sich die Kommunikation zwischen Mutter und Sohn überraschend positiv verändert, wandelt sich das System »selbstorganisiert aus sich heraus« (Rufer & Schiepek 2014, S. 328). Hier gelingt der Zirkelschluss zur theoretischen Reflexionsfolie der synergetischen Systemtheorie: »Lebende komplexe Systeme sind nicht direktiv instruierbar und steuerbar, sie können sich nur selbstorganisiert aus sich heraus verändern« (Ochs 2019, S. 140). Dahinterliegende Bedürfnisse, Anliegen und Zwecke können durch eine Neurahmung in den Blick genommen und bearbeitet werden (ebd.). Das lösungs- und ressourcenorientierte Bearbeiten und die Haltung der Heilpädagogin/Beraterin ist klar konstruktivistisch geprägt (vgl. Kiessl 2019, S. 25–35).

Zur Identifikation einer Beratung als systemisch hat Ochs entsprechende Grundorientierungen identifiziert:

Grundorientierung einer systemischen Beratung (nach M. Ochs)

- Lösungs- und Ressourcenorientierung,
- Muster und Kontext,
- Auftrag und Kunden,

- Kooperation und Beziehung,
- Neugier und Kreativität,
- Allparteilichkeit und Neutralität (in unterschiedlicher Ausprägung)

Die »Praxeologischen Grundorientierungen« werden zu ca. 50 % über Methoden und Techniken und zu ca. 50 % über eine entsprechende professionelle Haltung in der Beratung umgesetzt (Ochs 2019, S. 152). Matthias Ochs spricht dabei von Erfahrungsevidenz und setzt diese 50/50-Regel an. Eine gewisse Varianz ist möglich.

Das Fallbeispiel verdeutlicht, dass sich diese Grundorientierungen doch deutlich mehr als 50 % in diese heilpädagogische Begleitung eingefunden haben. Sie können auch in weiteren Fällen eine Identifikation systemischer Beratungsanteile ermöglichen. Gleichermaßen lässt sich in dem Fall auch einiges an heilpädagogischem Know-how entdecken. Ohne dieses wäre das Ergebnis möglicherweise auch ein anderes gewesen.

Das außerfamiliäre Mitteilen des Geheimnisses an mich setzte zunächst Emotionen frei, dann Energie hin zu einer spürbaren Entlastung von Lukas sowie eine Berührtheit seiner Mutter über die überraschende Reflexionstiefe und Belastung ihres Sohnes, der die häusliche Gewalt des Stiefvaters gegen seine Mutter bezeugen musste und sich so sehr für seine Mutter und ihre Kinder den Schutz vor dieser Gewalt ersehnt.

So ergeben sich für mich neue Fragen:

- Wie kann ich mich am Prozess orientieren und mir nicht nur eine Meinung bilden, sondern verschiedene Hypothesen entwickeln und im Prozess überprüfen?
- Wie kann ich Symptome im Kontext betrachten? Und Problemsichten dekonstruieren?
- Wie kann ich die dem System innewohnenden Bedürfnisse und Stärken erfassen? Wie kann ich auf die Selbstorganisation vertrauen und dieser Platz einräumen?
- Wieso sollte die Familie das wollen und tun, was ich als Heilpädagogin/Beraterin dazu als für die Klient*innen als »richtig« erachte? Ist das dann Unterstützung und für wen?

Systemische Grundorientierungen als Heilpädagogin/Beraterin zu nutzen, verändert die Haltung, lautet hier meine Hypothese. Dies gilt aber auch für andere Grundorientierungen. Es passt nicht immer. Manchmal ist die Personenzentrierung oder eine stärker psychodynamische Haltung für die Bedürfnisse und Interessen des Adressaten eher angebracht.

Bildhaft gesprochen, ist es mir wichtig, dass ich in meinem heilpädagogischen/ beratenden Wirken auf der kürzeren oder längeren Durchreise der Menschen, die meine Begleitung suchen, verschiedene »Häuser« als Wirkungsorte bereitstelle, die mit den Adressat*innen betreten werden können. Innerhalb der Häuser gibt es möglicherweise sehr unterschiedlich gestaltete Räume und Farben an den Wänden, mit unterschiedlichen Methoden, Konzepten, Formaten und Grundorientierungen in der Atmosphäre und Möblierung, große und kleine Räume, geschützte Räume und offene Räume, Räume, in denen sich mehrere Menschen treffen.

Betrete ich in der Begleitung mit einer Familie oder Einzelperson das systemische Haus, arbeite ich als Heilpädagogin/Beraterin möglicherweise anders als sonst, wenn ich ein anderes meiner methodisch und konzeptionell unterschiedlichen Häuser an der Straße betreten würde. Möglicherweise kann ich nicht immer dieses systemische Haus betreten, wenn ich beispielsweise in einem hinderlichen Arbeitskontext mit entsprechenden Limitationen eingebunden bin.

Wichtig ist in allem, dass Begegnung gelingt, eine heilpädagogische/beratende Begleitung, die sich an den Bedürfnissen orientiert, die beim Verlassen des oder der Häuser der*die Adressat*innen gestärkt auf ihre Weiterreise schickt. Die Heilpädagogin/Beraterin begleitet dann die entlastende Erkenntnis, dass sie das Problem nicht lösen muss. Dies ist nicht nur für die Selbstsorge als Heilpädagogin/Beraterin förderlich. Es befreit ferner Beratung von Hierarchien und ermöglicht mit der Anerkennung der Expertise der Klient*innen Empowerment und Partizipation.

① Resonanzen I: zum Setting

In den Resonanzen zum Setting fällt zuerst der vermutliche Dreiecksauftrag über die Psychologin auf. Sie schickt die Mutter und den Sohn zu dem*der Heilpädagog*in/Berater*in und hat sehr wahrscheinlich damit verbunden eine Intention bzw. einen Entwicklungswunsch für die Familie.

- Wie bindend erlebt der*die Heilpädagog*in/Berater*in diesen möglichen, bisher nicht kommunizierten Behandlungsauftrag?
- Wie geht sie mit möglichen Rückmeldungen zu diesen Auftrag um?

Aus der Falldarstellung wird abgeleitet, dass die Mutter mit dem Sohn in der Klinik aufgenommen wird. Es fehlt dadurch der Vater. Er wird über die Darstellung von Steinen und Tieren mit in das Setting aufgenommen.

- Wie würde der Vater durch seine Sichtweise die Perspektiven und das Erleben bereichern, wenn er real anwesend wäre?
- Gibt es die Möglichkeit, ihn z. B. über Kontakte im Rahmen von Besuchszeiten mit in den heilpädagogischen Prozess mitzunehmen?

Der*die Heilpädagog*in/Berater*in entscheidet sich dafür, unvoreingenommen in Kontakt mit Mutter und Sohn zu treten. Sie hat eine hohe Eigenreflexion. Sie bemerkt, wie aufgrund der Diagnosen in ihrem Inneren der Stress steigt, und steuert sich und das Stresserleben bestmöglich. Durch das unvoreingenommene Inkontakttreten des*der Heilpädagog*in bleiben die Möglichkeitsräume und die Wahrnehmung geweitet. Wie schafft der*die Heilpädagog*in das so erfolgreich?

Resonanzen I: zur Beziehungsgestaltung

Der*die Heilpädagog*in/Berater*in legt den Fokus auf das gemeinsame gestalterische Spiel. Sie gibt keinen Raum für Klagen und schafft es gleichzeitig, mit der Mutter in Kontakt zu kommen.
 Wie hat der*die Heilpädagog*in/Berater*in das geschafft? Welche Haltung steht dahinter? In der familienbezogenen heilpädagogischen Begleitung nimmt der*die Heilpädagog*in/Berater*in die Feinheiten in der Interaktion zwischen Mutter und Sohn auf, sie beschreibt Interesse, Freude in der Begegnung und eine gewisse Leichtigkeit. Das konkrete Verhalten der Beteiligten und das gemeinsame Erleben spiegeln den Auftrag, die Beziehung zueinander zu verbessern. In den Terminen werden die Ressourcen wie die Sensibilität von Lukas fein herausgearbeitet. Es gelingt, den Blick der Mutter dafür wieder mehr zu öffnen.
 Zum*zur Heilpädagog*in/Berater*in: Der*die Heilpädagog*in schafft eine empathische Abgrenzung zu den Klagen und gleichsam einen tragfähigen Beziehungsaufbau. Dadurch wird der gemeinsame Beratungsprozess angestoßen. Der*die falleinbringende Heilpädagog*in/Berater*in hat die Metaebene sehr präsent und es werden in der Beschreibung das Vorgehen, die Haltung und Gedanken dazu sehr deutlich.

Resonanzen I: Weiterführende Resonanzen

- Wie erleben die Mutter und Sohn Lukas die Beziehung zu den anderen Kindern/Geschwistern und untereinander? Wie ist die Beziehung zum Vater?
- Wie schaut das soziale Umfeld auf Lukas und seine Familie? Gibt es Unterstützung?
- Was wäre, wenn das Setting mehr selbstbestimmt und nicht von der Dauer des Klinikaufenthalts determiniert wäre? Hätte das Auswirkungen auf den Beratungsprozess? Gäbe es Unterschiede im Vorgehen oder der Methodenwahl?
- Gibt es einen Übergang oder eine Anschlussbehandlung an den Klinikaufenthalt am Wohnort der Familie? Wäre dazu eine Übergabe hilfreich?

In den weiterführenden Resonanzen steht die Frage im Mittelpunkt, wie das Angestoßene für die Familie weiter gut wirken und sich nachhaltig entwickeln kann. Daher ist die Idee, dass ein*e wohnortnahe Kolleg*in eine Begleitung bei Bedarf anbieten kann. Eventuell kann in diesem Rahmen auch das ganze Familiensystem mit eingebunden und die Resonanzen und Entwicklung somit verstärkt werden.

2.3 Resonanzen II

Der*die Heilpädagog*in/Berater*in beschreibt ein Fallgeschehen, begibt sich dann in die beobachtende Rolle und reflektiert das Fallgeschehen. Wir haben es dementsprechend mit einer Fallarbeit und gleichzeitig mit einer internen Resonanz auf der Metaebene in den Gedanken des*der Heilpädagog*in zum Fallgeschehen zu tun.

Dieser erste Fall hat die Besonderheit, dass er in einer Klinik heilpädagogisch bearbeitet wird. Der*die Heilpädagog*in/Berater*in beschreibt, dass dies in dieser Klinik ein übliches Verfahren ist, wenn Kinder unter zwölf Jahre alt sind, oder wenn bei Jugendlichen eine Behinderung oder sprachliche Einschränkung vorliegt. Auftraggeber*in ist dann der*die Psycholog*in der jeweiligen Station. In anderen Kliniken übernehmen in ähnlichen Fällen Kinder- und Jugendpsychotherapeut*innen die Behandlung.

Der*die Heilpädagog*in/Berater*in beschreibt noch eine weitere Besonderheit. Im klinischen Bereich wird eine Diagnose gestellt, diese ist dann in der Regel Leitlinie für die Behandlung. Sie wird dann im Rahmen entsprechender Standards durchgeführt. Auch bei Lukas liegt eine Diagnose vor. Die Diagnose stellt eine Wirklichkeit dar, die von dem*der Diagnostiker*in nach eigenen Beobachtungen erstellt wurde, selbst wenn dazu Hilfsmittel wie z. B. Testverfahren, die empirisch begründet sind, genutzt wurden. Ein*e andere*r Beobachter*in könnte demnach zu einer anderen Diagnose kommen. Häufig entsteht das Problem, dass eine erstellte Diagnose, wenn sie anschließend für alle im Folgenden handelnden Personen bindend ist, einen Stigmatisierungsprozess auslöst. Dieses scheint den Mitarbeitenden in der Klinik bewusst zu sein, denn der*die Heilpädagog*in/Berater*in schreibt, dass sie die Krankenakte zur Seite legt und die Diagnose nicht liest. Offensichtlich gibt es aber auch einen speziellen Auftrag der Psychologin der Station, bei dem die Diagnose nicht so wichtig ist. Ihr Auftrag im Rahmen des »Dreiecksvertrages« ist, so schreibt der*die Heilpädagog*in/Berater*in, »eine Beziehungsverbesserung zwischen Mutter und Sohn zu erreichen«. Es ist folgerichtig, dass der*die Heilpädagog*in diese Beziehungskonstellation zunächst beobachtet und in den Mittelpunkt ihrer Arbeit stellt. Er*sie beschreibt, dass er*sie die Methodik entsprechend ausrichtet und im Folgenden entsprechend der Beobachtung die Methodenauswahl trifft.

Zum Erstkontakt kommen Mutter und Kind. Bei diesem Setting bleibt es auch. »Alle an einem Tisch« ist nicht nur systemisch gesehen sinnvoll, sondern auch vertrauensbildend. Der Sohn oder die Mutter können hören, was über sie geredet wird. Es wird eine Triade mit dem*der Heilpädagog*in, Mutter und Sohn gebildet. So sind unterschiedliche Koalitionen möglich. In einem Teilsystem der Familie wird durch die dritte Person Heilpädagog*in/Berater*in Vertrauen aufgebaut. Wäre es eine klassische Familienberatung, gehörte jetzt auch der Vater mit an den Tisch. In der Konfliktberatung oder Mediation wird häufiger zunächst ein Gespräch mit den einzelnen Konfliktpartnern gesucht. Dabei steht die Konfliktbereinigung und nicht die Beziehungsverbesserung im Vordergrund.

Die Mutter schildert ihre Wahrnehmung und ihre Schwierigkeiten. Sie ist in großer Not und überfordert. Der*die Heilpädagog*in sucht nach einem Zugang zu dem Jungen und möchte die Wirklichkeit der Mutter dabei nicht in Frage stellen sowie eine mögliche Stigmatisierung durch die Mutter gegenüber dem Sohn nicht verfestigen. Hier stellt sich nicht mehr die Frage, wer der*die identifizierte Patient*in ist, und wer der Behandlung bedarf. Die familientherapeutische systemische

Sichtweise des*der Heilpädagog*in eröffnet möglicherweise einen Perspektivwechsel.

Wie kann eine Triade zum Leben erweckt werden, in der*die Heilpädagog*in, Mutter und Sohn in eine geeignetere Beziehung und Kommunikation treten können? Methodisch übernimmt der*die Heilpädagog*in mit einer Spielaktion die Macht in der Triade, die nun nicht mehr in einem Machtkampf zwischen Mutter und Sohn enden muss. Die Art der Kommunikation verändert sich, der Einstieg gelingt.

Über eine Familienskulptur kommt es zur Offenbarung eines Familiengeheimnisses, das nun zwischen Mutter und Sohn zu einem offenen Familiengeheimnis wird. Es birgt jedoch die Gefahr in sich, dass eine enge Koalition zwischen Mutter und Sohn entsteht, eine verfestigte Koalition in der Triade. Vermutlich würde das eine starke Auswirkung auf das gesamte Familiensystem haben. Zum Beispiel könnte der Vater in einer solchen Triade dauerhaft ausgegrenzt werden. Möglicherweise werden bisherige diagnostische Anteile durch diese Beobachtungen in einem neuen Licht betrachtet und dadurch die Reaktionen von Lukas verständlicher. Die Wahrnehmungen der Mutter erleben durch diese für sie neue Beobachtung, eine Neukonstruktion der Beschreibung zwischen Lukas und Mutter. Es entsteht eine Verbundenheit zwischen Mutter und Sohn.

Heilpädagog*innen haben eine eigene Expertise, so der*die Berater*in. Dass dies in einer Klinik möglich ist, die eigentlich stark hierarchisch strukturiert geordnet ist, spricht für die Qualität der Klinik.

2.4 Resonanzen III

- Wie gehen Sie mit Eingangsdiagnosen um?
- Was sind die Stärken einer systemischen Grundorientierung und wie können Sie diese in Ihr professionelles Handeln integrieren?
- Wie gelingt es Ihnen, beziehungsorientiert zu beraten?

Hier können Sie Ihre Resonanzen verschriftlichen

3 Die Raupe, die sich zum Schmetterling entpuppt – Der Fall Annika

3.1 Fallbeschreibung

Anmeldeanlass

Der Vater meldet sich in der Beratungsstelle per Mail und bittet um einen Termin für seine Tochter Annika. Er ist seit einem halben Jahr mit seiner Frau und der älteren Tochter Chiara, 15 Jahre, bei einer Kollegin in Beratung. Die 15-jährige Schwester sei häufig schulabstinent, trinke Alkohol, halte sich nicht an Absprachen und bleibe teilweise über Nacht von zu Hause fern.

Da die Eltern sich eine neutrale Ansprechperson für Annika wünschen und sie ihren eigenen, von der Schwester getrennten Beratungsprozess erhalten soll, entscheiden die Kollegin und die Heilpädagogin der Beratungsstelle sich für dieses Setting. Die Kollegin arbeitet mit den Eltern und der Schwester, während die Heilpädagogin/Beraterin Annika Einzeltermine im Rahmen von heilpädagogischer Beratung anbietet. So ist die systemische Perspektive auf die Familie eine Grundlage des Prozesses und kann doch gleichwertig mit der individuellen heilpädagogischen Arbeit Synergieeffekte erzeugen. Annika stehe angeblich sehr im Schatten der pubertären Krisen ihrer großen Schwester und man habe Sorge, dass Annika »hinten runterfalle«, vor allem da bald ein Schulwechsel anstehe.

Zur Person

Annika ist die jüngere von zwei Töchtern in einer vierköpfigen Familie und 13 Jahre alt. Sie lebt mit ihren Eltern im Haus der Großeltern väterlicherseits und die Schwester des Vaters wohnt direkt nebenan. Die Großeltern bewohnen das Erdgeschoss, Annikas Familie das Obergeschoss. Annika wird ab Sommer die siebte Klasse der Realschule besuchen, nachdem Sie das Gymnasium nach der sechsten Klasse verlassen hat.

Die Familiengeschichte in den Herkunftssystemen zeichnet sich bei der Kindesmutter durch einen Kontaktabbruch seitens der Großmutter mütterlicherseits ab. Diese formuliere innerhalb und außerhalb der Familie, dass sie keine Tochter mehr habe. Als Auslöser wird benannt, dass die Tochter nach der Hochzeit mit dem Mann zu dessen Familie gezogen sei.

In der Familie des Kindesvaters gibt es eine große Konkurrenz zwischen den Geschwistern und eine hohe Ausrichtung an äußeren Erfolgsfaktoren und Status, wie beispielsweise Job, Auto, Kleidung. Es habe in jeder Generation innerhalb der Familie ein schwarzes Schaf gegeben, dies sei seine Schwester und der Vater von Annika sei der Prinz, auf der Ebene von Annika und ihrer Schwester sei Annika das schwarze Schaf, da sie weniger auf ihr Äußeres achte.

Von der gesamten Fallkonstellation her betrachtet könnte man denken, dass die ältere Schwester das schwarze Schaf aufgrund ihres vergangenen Verhaltens mit Diebstählen, Alkoholkonsum, Schuleschwänzen und Abhauen von zu Hause sei. Das große Pfund der Schwester sei einerseits das Aussehen, der Vater gehe gern mit ihr zu Sport- und Freizeitveranstaltungen, da er sich laut seiner Frau gern mit seiner älteren Tochter schmücke. Und zumindest der Aktenlage nach besuche Annikas ältere Schwester noch das Gymnasium.

Gedanken der Heilpädagogin/Beraterin

Stehen Annika und ihre Schwester unbewusst in Konkurrenz, wer die Rolle der erfolgreichen Vorzeigetochter bekommt oder nicht innehat?

3.2 Sitzungsabläufe mit Resonanzen I

Erster Termin: Kontaktanbahnung, Ankommen, erster Kontrakt

Die Heilpädagogin/Beraterin bietet Annika zu Beginn des ersten Termins an, eine Runde spazieren zu gehen, ein Weg durch Wiesen und Felder ist fünf Gehminuten von der Beratungsstelle entfernt. Gerade für das Erstgespräch mit älteren Kindern und Jugendlichen biete sie den Spaziergang als Einstieg und zum Kennenlernen gern an.

Das Miteinandergehen, in der Beratungsszene als Walk and Talk bekannt, umgeht den frontalen (Blick-)Kontakt und das Gegenübersitzen im Raum, gleichzeitig ist man gemeinsam in Bewegung, dadurch kann die Gesprächssituation, gerade im Erstkontakt, etwas entspannt werden. Bei einem Spaziergang gibt es auch die Möglichkeit, gemeinsam Dinge zu entdecken, und ich bekomme erste Hinweise, wie die Klient*innen Ihre Umwelt wahrnehmen, wie fein sie Außenreize aufnehmen, selektieren oder Ablenkung erfahren. Sozialraumorientiert bekommt die Heilpädagogin/Beraterin auch Anfangshypothesen, wie die Kinder/Jugendlichen ihren Lebensraum wahrnehmen, gestalten und kennen. Ebenso bekommt sie erste Eindrücke davon, wie oft und zu welchen Anlässen sie in der Natur sind.

Zusammen laufen Annika und die Heilpädagogin/Beraterin auf dem Weg. Die Heilpädagogin/Beraterin beginnt den Kontaktaufbau über die Frage zur Idee für die Termine. Wer hatte die Idee, wie findet Annika dies und welche Anliegen sind von ihr und den einzelnen Personen damit verbunden? Was fände sie, die Eltern, Lehrer*innen etc. gut?

Annika geht verhältnismäßig offen in den Kontakt und berichtet zeitnah von Ihrer Aufregung bezüglich Ihres Schulwechsels. Sie hoffe, guten Anschluss in der neuen Klasse zu bekommen, eventuell kenne sie den einen oder die andere Schüler*in aus der Grundschule. Außerdem habe sie die Hoffnung auf ein gutes Klassenklima und nette Lehrer*innen. Als ich sie frage, was sie damit verbindet, konkretisiert sie dies in »freundliche Interaktion, wenig Hänseleien, miteinander lachen können und Lehrer*innen, bei denen man sich traut, etwas zu fragen«. Annika wirkt sehr freundlich im Kontakt, was teilweise ebenso stark anpassungsbereit und unsicher wirkt. Gleichzeitig möchte sie sich selbstwirksam und eloquent präsentieren, berichtet stolz von ihrer großen Schwester, gemeinsamen Freunden und einem ähnlichen Kleidungsstil.

Gemeinsam entdecken wir eine Raupe am Wegrand. Diese ist kräftig orangefarben und hat ein Muster auf dem Rücken, das wie aufgereihte weiße Perlen anmutet. Annika fotografiert diese mit dem Handy und möchte bis zum nächsten Termin herausfinden, was das für eine Raupe ist.

Abb. 3.1: Foto Ahorn-Rindeneule

Gleich kommt sie zum Thema Schule zurück. Sie sei laut eigenen Angaben an der alten Schule mit den Mitschüler*innen in der Klasse nicht so zurechtgekommen und Mobbingsituationen ausgesetzt gewesen. Die Lehrer*innen haben Annika, laut ihrer Aussage, unterstellt, die Klassengemeinschaft aufzuwiegeln. Schulische Leistungen und Annikas Einschätzung dazu sind kein Thema. Gleichzeitig betont Annika, dass sie nach der zehnten Klasse wieder zurück auf das Gymnasium wechsle.

Befragt zu den Hänseleien gibt sie an, dass manche Mitschüler*innen sie bezüglich ihrer Schwester beneiden, was dann genauso schnell in Abwertungen kippen könne, wenn diese »etwas gemacht« habe (z. B. Schule schwänzen oder rauchen). Ebenfalls sei ihre Figur oft Anlass für abwertende Sprüche von anderen, sie würde gern etwas schlanker sein oder über den Sprüchen stehen können.

Um dem Kennenlernen und Einblicken in die Beratung den entsprechenden Raum zu geben, bietet die Heilpädagogin/Beraterin ihr an, in den nächsten Terminen nach ihren Themen und Anliegen zu schauen und die heute verbleibende Zeit dafür zu nutzen, noch offene Fragen zu klären oder zu formulieren, was sie noch von mir wissen will.

Die Heilpädagogin/Beraterin erzählt, dass sie an den Datenschutz und Schweigepflicht gebunden ist und dass sie ihre Arbeit so verstehe, dass sie sie gern ein Stück ihres Weges begleite – ähnlich wie eine Reisebegleiterin. Annika bestimme das Reiseziel, wir planen gemeinsam die Tour zu ihrem Ziel und gehen die ersten Schritte. Ebenso achten wir auf ausreichend Proviant (Ressourcen) und ein angemessenes Tempo auf unserer Reise.

Annika sagt, dass sie das an ihre Wandertage mit der Klasse in der Grundschule erinnere. Wir sprechen darüber, was es für sie zu eher gelungenen oder weniger erinnerungsträchtigen Ausflügen gemacht hat. Hier wird deutlich, wie wichtig Beziehungen für Annika sind und einen Rückhalt in der Gruppe zu erleben. Am Ende des Termins fragt die Heilpädagogin/Beraterin Annika, ob sie sich weitere Termine vorstellen kann, und nach ihrer Bejahung vereinbaren wir den nächsten Termin.

Resonanzen I

①

Der Auftakt der ersten Beratungssequenz ist klar ein heilpädagogischer. Die Beziehung wird angebahnt, Vertrauen hergestellt und auf dem Spaziergang »by the way« erledigt. Das Joining und die anschließende Auftragsklärung (das wäre der systemische Auftakt) wird entschleunigt. Klassisch heilpädagogisch wird mehr in die Beziehung investiert – damit sich Annika einlassen kann. Der Kontakt zu Annika als »geschickte« Jugendliche (vom Vater zur Beratung angemeldet), die möglicherweise nicht freiwillig in die Beratung kommt, wird hergestellt. Der Alltagsbezug Spaziergang ermöglicht es, die Gefahr, dass Schwellen (mögliche Ablehnung/Angst) in den »Fokus« geraten, zu reduzieren. Eine kooperative Arbeitsbeziehung wird begründet und Annika entwickelt in der Folge eigene Anliegen.

Spannend ist die Frage, wofür die »Raupe«, die sich ja zum Schmetterling entwickelt, im weiteren Beratungsprozess stehen wird. Durch das erlebte und geteilte Ereignis Raupe lassen sich für die Folgetermine Ressourcen von Annika aufgreifen. Erst im weiteren Verlauf der Beratung werden Hypothesen aufgestellt. Hier wird zunächst eine ressourcenorientierte und bindungsbasierte Haltung eingenommen. Annika steigt mit der Heilpädagogin/Beraterin voll ein. Sie fasst Vertrauen und öffnet sich.

Hier bieten sich folgende Hypothesen an:

- Insgesamt scheint die Familie wenig emotionale Bezüge zu haben. Möglicherweise werden Beziehungen durch etwas anderes gehalten. Ist das Geld, Leistung oder Schönheit – statt Gefühle?
- Möglicherweise ist es für Annika und ihre Familie ein wichtiger Schritt, sich über Gefühle auszutauschen und emotionale Verbundenheit zu spüren.

Zweiter Termin: Familie

Heute regnet es, was den Spaziergang unmöglich macht. Annika beschreibt, was sie in den letzten Ferienwochen gemacht hat, und möchte heute die Vorbereitung auf den ersten Schultag in den Blick nehmen.

Zuvor präsentiert sie stolz das Ergebnis ihrer Recherche. Sie hat mit ihrer Mutter gemeinsam die Raupe und deren Namen herausgefunden. Es ist eine Ahorn-Rindeneule, die wir beim ersten Spaziergang entdeckt haben und welche sie fotografiert hat. Die Beraterin/Heilpädagogin benennt ihr Engagement und die Ausdauer sowie das Interesse daran. Annika scheint erfreut und ein bisschen verlegen bezüglich der Rückmeldung. Die Raupe lässt sich als Sinnbild einer Transformation betrachten, da auch ein Beratungsprozess eine Entwicklung anstoßen kann.

Beim Thema Schulbeginn arbeiten wir mit einem Teufelskreismodell. Annika benennt ihre Angst, keinen Anschluss in der Klasse zu finden, und die Frage beschäftigt sie sehr, ob die anderen Mitschüler*innen sie mögen werden. Ich erfrage die Werte auf einer Skala von 1 bis 10, wie stark die Sorge vor Ablehnung ist und wo im Körper Annika diese spürt. Sie sagt, auf der Skala ist die Angst 7 bis 8, also sehr hoch. Sie spürt diese vor allem im Bauch. Da fühle es sich an, als wäre dort ein Feuerball drin, und manchmal ziehe sich alles zusammen. Wir ergründen das Bauchgefühl, wodurch es sich verstärkt oder verringert. Sie gibt an, dass wenn sie mit Mama rede, das Gefühl ein bisschen besser wird. Die Beraterin/Heilpädagogin fragt Annika, was sie glaubt, wodurch dies in den genannten Situationen besser wird.

Sie erzählt, dass ihre Mama auch Angst vor fremden Menschen habe und auch sehr nervös sei, wenn was neu ist. Mama verstehe sie auch am besten aus der Familie und nörgle am wenigsten an ihr und ihrem Aussehen oder der Zimmerordnung herum.

Wir erarbeiten ein Genogramm, in dem wir Annikas Familie und die Bezüge zueinander veranschaulichen. Hier wird deutlich, wie wenig Sicherheit es in den Beziehungen gibt und gleichzeitig welch hohe Loyalitätserwartungen und fehlende gelungene Ablösungen im System vorhanden sind. Insgesamt scheint die Schamgrenze in der Familie eher niedrig zu sein und um Scham zu vermeiden, wird eine soziale Anpassung gelebt, die vor die individuellen Bedürfnisse gesetzt wird. Die Großmutter mütterlicherseits habe den Kontakt zu ihrer Tochter abgebrochen, da diese nach der Heirat zu ihrem Mann und dessen Familie gezogen sei.

Der Vater sei durch seine Leistungsfähigkeit und die Karriere bei der Bank als Prinz in seiner Herkunftsfamilie etabliert, der sich laut Annika teilweise für sie wegen ihres Aussehens schäme. Der Vater stehe oft zwischen den Großeltern und

3.2 Sitzungsabläufe mit Resonanzen I

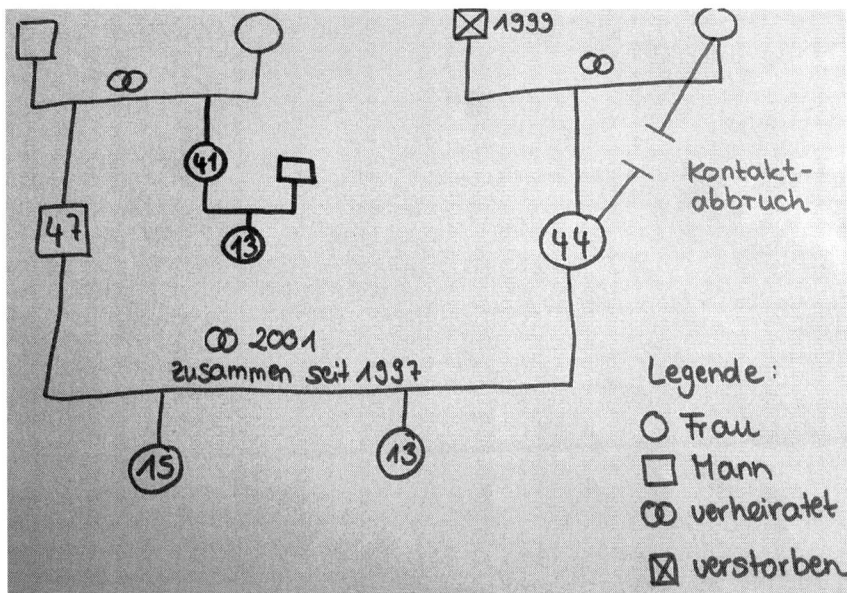

Abb. 3.2: Genogramm Annika

seiner Familie, was Annika vor allem an Diskussionen um den Wohnraum und der Frage, wie die Kinder sich in der Öffentlichkeit verhalten, festmacht.

Zur Cousine nebenan, die im gleichen Alter ist, habe Annika ein ambivalentes Verhältnis. Sie selbst werde als Tochter ihres Vaters von der Oma bevorzugt, was die Cousine sie immer wieder spüren lasse. Anderseits unternehme die Cousine Dinge mit ihr und unterstütze sie. Die Cousine will dann aber viel vorgeben, was es teilweise schwierig mache.

Die Beziehung der Eltern sei durch die Situation mit der älteren Schwester angespannt, sie seien vor Kurzem nach zwei Jahren das erste Mal wieder gemeinsam weg gewesen. Zur Schwester habe Annika ein gutes Verhältnis. Sie sei zwar genervt von deren Ausbrüchen und dass sich alles um sie drehe, gleichzeitig bewundere sie ihre große Schwester und darf teilweise zu Aktivitäten der Schwester mitgehen. Die Schwester traue sich was und es sei ihr egal, wenn sie alle gegen sich aufbringe.

Eine generelle Frage im System scheint zu sein, was Beziehungen hält: Leistung? Schönheit bzw. Attraktivität? Und wenn ich das für mich als nicht erstrebenswert erachte, bin ich dann in der Rolle des Aschenputtels gefangen? So koche Annika beispielsweise für ihre Schwester und Familie. Somit ist die Versorgung der Kinder tagsüber bei der Berufstätigkeit der Eltern gesichert. Am liebsten koche sie Nudeln, Zwiebelsuppe mit Käse, Berner Würstchen und Strammen Max.

Gedanken der Heilpädagogin zur Ressourcenaktivierung:

Was hat Annika im Übergang vom Kindergarten zur Grundschule geholfen? Was ist hilfreich gewesen, als sie neu zu den Pfadfindern kam?

- Ihre freundliche Art
- Ihre Hilfsbereitschaft
- Ihre Offenheit und Interesse
- Andere Kinder, die sympathisch wirken, ansprechen

Heilpädagogische Interventionen: Mama interviewen, was ihr hilft und wie sie angstbesetzte Situationen meistert, sowie Glücksbringer aus einer kleinen Schatzkiste aussuchen.

Resonanzen I

Durch die Intervention Hausaufgabe (vgl. Kiessl 2019, S. 129–139) wird der Übergang von der zweiten zur dritten Sitzung hergestellt. Möglicherweise kann die Hausaufgabe Tochter-Mutter-Interview Verbundenheit erzeugen sowie Neugier und Interesse aneinander wecken.

Das gemeinsame Thema »Angst« und »Angst meistern« verbindet. Dies wird dann zu einem wichtigen Moment bzw. Aspekt, in dem Emotionen einen Platz haben und Verbindung schaffen. Gleichzeitig werden die Ressourcen von Mutter und Tochter aktiviert.

Eine aus dem Genogramm abgeleitete spannende Hypothese lautet: Möglicherweise steht der »Ausschluss« und das Kappen von Beziehungen dafür, dass der Rest der Familie »Gemeinschaft, Verbindung und Zusammenhalt« spüren kann. Dann müsste immer eine Person klar vom Ausschluss bedroht sein. Ein wichtiger Schritt wäre getan, wenn die Familie dieses Muster erkennen und anerkennen würde.

Dritter Termin: Netzwerk, Gesundheit und Körper

Der Schulbeginn sei Annika leichter gefallen als gedacht, in der Pfadfinder-Ferienfreizeit habe sie einen zukünftigen Klassenkameraden kennengelernt. Mit diesem habe sie dann ein vertrautes Gesicht und direkt ein Thema, auch in der Schule, gehabt. Wie viel von dieser Erfahrung schreibt Annika sich zu oder deklariert es als Zufall und Glück, den Klassenkameraden getroffen zu haben?

In einer Systemblüte (nach Arbeitsmaterialien des IFW, Brüggemann, Ehret & Klütmann 2016, S. 86) halten wir Annikas Netzwerk fest und sie visualisiert ihre diesbezüglichen Ressourcen. Annika habe ihre Mama interviewt und daraus den Schluss gezogen, dass sie sich und den anderen eine Chance gibt und gleichsam sich gut um sich und ihre Angst kümmert, beispielsweise durch bewusstes Atmen in den Bauch und den »Helfersatz«, dass die Angst sie nicht ärgern will. Heute möchte Annika zu dem Thema Gesundheit mit mir sprechen.

Hypothese der Heilpädagogin/Beraterin:

Die präsentierten Themen der letzten Stunden werden wenig vertieft oder im nächsten Termin fortgesetzt. Für was ist das gut? Bietet es Annika Sicherheit, die

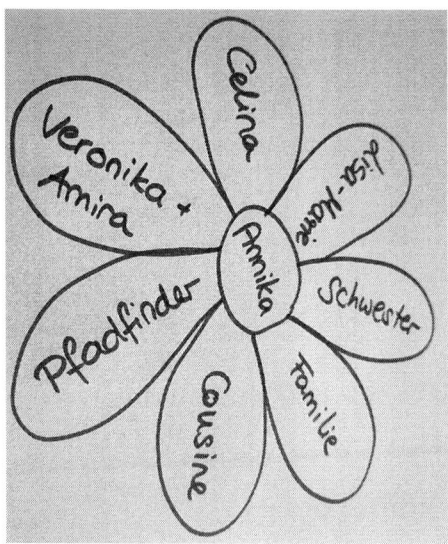

Abb. 3.3: Systemblüte Annika

Themen nicht allzu tief zu betrachten? Möchte sie mir über die Erfolgsberichte ein Stück gefallen?

Zum Thema Gesundheit äußert Annika, dass sie sich in ihrem Körper wohlfühlen und gern wieder Jeans anziehen möchte und auch mal bauchfrei tragen wolle. Im Rahmen eines systemischen Interviews sprechen wir über Essensgewohnheiten, Ausnahmen, Zielvisionen und was dann anders als heute wäre. Wer würde wie reagieren und wer würde sich am meisten freuen?

Die Themen aus der Genogrammarbeit tauchen auch hier wieder auf. Die Großeltern wären auf 180, wenn sie bauchfrei tragen würde, der Vater verborgen stolz. Die Mutter möge sie, wie sie sei, und komme gegen ihre Schwiegerfamilie kaum an. Bezüglich ihrer sozialen Kontakte erhoffe sie sich mehr Akzeptanz von anderen durch Schlanksein.

Ihre Cousine habe sie in ihre Gewichtsreduktionspläne eingeweiht und sie gehen jetzt drei Mal die Woche mit dem Hund die Abendrunde gemeinsam. Gleichzeitig habe der Vater einen Probetermin für sich und Annika im örtlichen Fitnessstudio vereinbart. Dazu befragt, wie Annika das findet, sagt sie, dass es bestimmt helfe abzunehmen und mit laufendem Fernsehgerät würde sie auch auf einem der Indoor-Fahrräder im Studio fahren. Im Gespräch wird die Begeisterung dünner und ich frage mich, ob Annika dies eher dem Vater zuliebe mitmacht.

Im Verlauf der letzten Termine stellt sich die Heilpädagogin/Beraterin immer wieder die Frage, wie Annika emotional begleitet wird und in welchem Umfang sie Emotionen (neben der Angst, die sie mit der Mutter verbindet) wahrnehmen und benennen kann. Vor allem Ärger und aversive Gefühle scheinen kaum vorhanden oder benennbar zu sein.

① **Resonanzen I**

Das Besprechen der Hausaufgabe aktiviert die Ressourcen von Annika und befähigt sie, selbständig eine Lösung für ihre »Angst« zu finden. Sie erlebt Selbstwirksamkeit und wird empowert. Die Heilpädagogin/Beraterin nutzt in dieser Beratungssitzung die Fragetechniken des systemischen Interviews.

In dieser Sitzung scheint Annika an der »Oberfläche« zu bleiben und nicht weiter einzusteigen. Die Gegenhypothese dazu wäre, dass dies für Annika so passend ist, dies ihre Vorerfahrungen beachtet und Tempo sowie Entwicklungspotenziale der Klientin inkludiert.

Was wäre, wenn sich Annika mehr einließe? Passt es zum Rahmen und Setting? Beratung vs. Therapie? Möglicherweise testet Annika an dem Thema Gesundheit aus, ob die Beraterin/Heilpädagogin wie die Eltern redet oder an ihr selbst interessiert ist.

Vierter Termin: Helfertiere

Annika eröffnet den Termin mit der Schwärmerei über die neue Schule, dass sie gute Freunde habe und dass es Schicksal war, dass alles so gut gekommen sei. Ich ergänze, dass ich auch ihr Bemühen im Umgang mit der Angst und dem Ansprechen von Klassenkamerad*innen als Wirkfaktor sehe (Selbstattribution!).

Danach erzählt sie, dass sie gestern und heute nicht in der Schule gewesen sei. Sie habe solche Bauch- und Kopfschmerzen gehabt und sei auch beim Hausarzt gewesen. Auf die Frage, wann die Beschwerden auftreten, äußert sie immer nach dem Essen, morgens und nachmittags, abends sei es gut. Befragt zu Lebensmittelunverträglichkeiten in Zusammenhang mit der Übelkeit nach dem Essen gab sie eine bekannte Laktoseunverträglichkeit an, die sie mit entsprechenden Lebensmitteln gut im Griff habe. Im Bauch sei es eher wieder der Feuerball, der so doll drücke.

Die Heilpädagogin/Beraterin bietet ihr an, mit Hilfe von Tierfiguren die Situation anzuschauen, und sie sucht sich als Stellvertreterin für sich einen Delfin aus. Für den Bauch- und Kopfschmerz symbolisiert sie einen Elefanten. Ich bitte sie, den Elefanten und den Delfin auf einer ca. 60 mal 60 cm großen Holzplatte so hinzustellen, dass deutlich wird, wo und wie sie zueinanderstehen. Der Delfin steht ziemlich auf der Kante mit der Schwanzflosse schon überstehend nach hinten, der Elefant steht mittig davor. Nach Sätzen für die jeweiligen Tierfiguren gefragt sagt Annika, dass der Delfin sage: »Geh weg, das nervt.« Der Elefant äußere: »Ich bleibe trotzdem!« Zu den zugehörigen Gefühlsqualitäten befragt benennt Annika Trauer beim Delfin. Diese symbolisiert sie mit einem daumengroßen Kieselstein. Beim Hinlegen des Steins entspinnt sich ein Dialog. Der Elefant meint, dass ihm der Stein egal sei, und äußert: »Das ist mir so egal, es sind deine Gefühle und nicht meine.«

Der Delfin argumentiert, dass es dem Elefanten auch nicht gut ginge, wenn er so traurig wäre und ähnliche Gefühle hätte. Darauf entgegnet der Elefant: »So lange es mir gut geht, ist es egal, wie es Dir geht.«

3.2 Sitzungsabläufe mit Resonanzen I

Abb. 3.4: Tieraufstellung 1

Daraufhin äußert Annika, dass sie wütend werde, und sagt dem Elefanten, dass Delfine nicht so harmlos sind, wie sie aussehen und auch Haie umbringen können. »Er sieht zwar nicht so aus, als könne er viel ausrichten, das kann er aber wohl.«

Dann schaut Annika die Heilpädagogin/Beraterin an und sagt: »Der Delfin ist wie ich, ich versuche auch immer, freundlich sauer zu werden.« In diesem Moment lacht sie, vermutlich wird ihr die Diskrepanz klar und sie sagt, wie schwer das sei. Ich bestätige das und frage sie, ob sie mir ein Beispiel für solch eine Situation schildern könne. Sie beschreibt eine Situation, in der sie von Freunden beleidigt werde. Wir reden über Freundschaft, Grenzen von Spaß und Verletzung sowie die Möglichkeit, dies zu artikulieren. Die Heilpädagogin/Beraterin sagt Annika, dass in solch einer Situation jeder Delfin Bauch- und Kopfschmerzen bekomme (Normalisieren).

Abb. 3.5: Tieraufstellung 2

Mit dem Verweis auf die Tierfiguren fragt die Heilpädagogin/Beraterin, was der Delfin bräuchte, um es mit dem Elefanten aufnehmen zu können. Sie holt den Löwen und sagt, dass es echte und gute Freund*innen brauche, die zusammenhalten, und jede*r ihre*seine Fähigkeiten mit einbringt. Bei ihrer Freundesgruppe, symbolisiert durch den Löwen, ist eine Freundin dabei, die sich Gehör verschaffen kann, eine ist etwas ruhiger und trägt gute Ideen bei, eine Freundin ist körperlich sehr groß und vermittelt dadurch Schutz.

Als Annika den Löwen mit dazustellt, geht der Elefant einen Schritt zurück. Während Annika von ihren Freundinnen erzählt, geht sie mit dem Elefanten einen Schritt nach dem anderen rückwärts. Am Ende sagt sie und stellt es mit den Figuren dar: »Wenn der Löwe bei dem Delfin steht, geht die Traurigkeit zum Elefanten.«

Intervention der Heilpädagogin: Würdigung des Geschehen in der Stunde und Beobachtungsaufgabe, was damit bis zum nächsten Termin passiert sowie wann und wo sie dem Löwen begegnet bzw. ihn dabeihat.

① **Resonanzen I**

Die Heilpädagogin/Beraterin wurde nun genügend getestet. Die Vertrauensbasis ist hergestellt. Annika nimmt die Einladung zur Gestaltung an. Die Heilpädagogin/Beraterin macht diesbezüglich ihre Vorgehensweise transparent und lädt zu einer systemisch-gestalterischen Aufstellung ein. Sie verwendet hier Elemente aus der heilpädagogischen Spieltherapie und dem Psychodrama.

Bei Annika zeigt sich in der Aufstellung ihre Selbstwirksamkeit und erneut, dass sie viele Ressourcen zur Verfügung hat. Das Thema von Annika ist möglicherweise auch das Thema der Familie. Möglicherweise haben in der Entwicklung von Annika, aber auch beim Rest der Familie in der Kommunikation und Interaktion aversive Emotionen wie Wut und Ärger kaum einen Raum.

Nun rückt die Wahl des Settings »heilpädagogische« Einzelbegleitung noch stärker in den Fokus. Ist es »unterstützend« oder eher »blockierend« in Bezug auf die Entwicklungsherausforderung der gesamten Familie?

Fünfter Termin: soziale Interaktion, Beziehungsmuster

Annika bringt zum fünften Termin eine Freundin mit und fragt, ob sie dabei sein kann. Ich stimme zu, wenn es für Annika (es ist ihre Terminzeit, die sie aktiv mitgestaltet) und ihre Freundin okay ist. Die beiden äußern direkt, dass sie ein Thema hätten und das gerne besprechen würden. Es geht um eine Freundin aus ihrer »Löwengruppe«, die eventuell Unwahrheiten erzählt hat, um gut dazustehen. Sie meinte, mit einem Jungen zusammen zu sein, der aber behaupte, nicht mit ihr näher befreundet zu sein. Die Freundin suche viel Selbstbestätigung im Netz und die Freundinnen wüssten nicht, wie sie damit umgehen sollen.

Zunächst tauschen sich die Mädchen über die Verhaltensweisen ihrer Freundin und den gemeinsamen und unterschiedlichen Interpretationen aus. Dann wird deutlicher, dass es ein großes Loyalitätsthema darin gibt, da die Mädchengruppe (=Löwengruppe) sich »im Gegensatz zum Mainstream nicht über Modellmaße definiere« (O-Ton). Darin bestehe ein großer Zusammenhalt ähnlich »wie bei den In-Girls der Klasse«.

Wir besprechen nun, ob sie ähnliche Situationen schon einmal erlebt haben und was ihnen da geholfen hat. Wer präferiert welchen Lösungsweg? Darf es auch unterschiedliche Herangehensweisen geben oder soll es eine einheitliche Idee geben?

Mit Hilfe eines Soziogramms, in dem wir alle Freundinnen und deren Bezüge eintragen, erarbeiten wir erste Ideen. Dabei wird sichtbar, wie getroffen und sauer Annika im Unterschied zu ihrer Freundin ist. Diese sieht es als Angeberei, Annika hat eine eher generalisierende Perspektive auf das Verhalten der Freundin. Die Heilpädagogin/Beraterin fragt sich, ob Annika teilweise in der Viererkonstellation und deren sozialen Dynamik Mühe habe und sich mit der Generalisierung leichter tue. Durch die generelle Sichtweise müsse sie eventuell weniger differenzieren und aushalten, dass alle Menschen für mich angenehme und weniger angenehme Seiten haben. Diese Polaritäten wie bspw. gut und böse/schwarz und weiß kenne sie vermutlich auch aus der Herkunftsfamilie.

Nächste Woche steht eine Klassenfahrt an, welche die Mädchen als Chance sehen, um miteinander ins Gespräch zu kommen und das Miteinander durch Freundinnenzeit zu stärken.

Resonanzen I

Indem ich meine Freundin mitbringe, verschaffe ich mir Distanz zur Sitzung. Ein eleganter Hinweis, denn gleichzeitig weise ich durch die entwickelte Idee der letzten Stunde auf meine Ressourcen hin, da ich die Freundin gleich mitbringe.

Annikas Ressource ist eine proaktive Strategie, sozial angepasst zu bleiben und sich trotzdem abzugrenzen. Sie hat die Fähigkeit, die Freundin zu mobilisieren. Das Soziogramm untermauert dies. Das Empowerment funktioniert prima. Die Reflexion über das »passende« Setting ist dringend erforderlich. Kann es eine gemeinsame Beratung aller vier Familienmitglieder geben?

Durch diese Reflexion auf der Metaebene kommt es zu einer wichtigen Hypothese: Möglicherweise wird das Muster »eine*r fällt immer raus«/»eine*r ist immer das schwarze Schaf« im Setting, das die Beratungsstelle gestaltet hat, aufgegriffen und verstärkt. Die aktuelle Situation im Freundeskreis könnte eine ähnliche Charakteristik entwickeln in dem Sinne, dass eine Freundin aus der Freundesgruppe fällt.

Bei Annika greift die Selbstwirksamkeit. Dies ist zu reflektieren und möglicherweise nicht durch eine weitere heilpädagogische Begleitung zu schmälern. Kann es ein anderes Setting – die Familie zusammen – geben und kann dies insbesondere der Vater zu lassen? Hier gibt es fitte Kinder, die sich für die Themen der Familie, auf der Paarebene und mehrgenerational engagieren und sie auf den Tisch bringen.

Möglicherweise gestaltet sich Beziehung als Rechnung. Wie können die Eltern in ihrer Elternrolle und elterlichen Präsenz gestärkt werden? Wie kann die emotionale Verbundenheit in der Familie gestärkt und verdeutlicht werden? Wie kann dafür eine Sprache gefunden und Ressourcen aktiviert werden?

Sechster Termin: Annikas Abschied/Los- und Auflösung

Ein Tag vor dem vereinbarten Termin mailt der Vater von Annika der Heilpädagogin/Beraterin, dass sie seit mehreren Tagen heftige Diskussionen führen würden, da Annika nicht mehr zur Beratung kommen möchte. Ausgehend von den Resonanzen und Hypothesen, dass Annika in ihrem Selbstwirksamkeitserleben gestärkt wurde und vermehrt die transgenerationalen und familiären Themen an die Eltern zurückgibt, befindet die Heilpädagogin/Beraterin dies als eine sehr selbstbewusste und starke Entscheidung. Denn Annika stellt sich entsprechend dem Gegenwind ihrer Eltern und vertritt ihre Position.

Die Heilpädagogin/Beraterin schreibt dem Vater, dass sie seinen Wunsch nachvollziehen kann, und beschreibt, dass sie die klare und deutliche Entscheidung Annikas sehr positiv konnotiere und es eine große Entwicklung im Bereich Empowerment und Autonomie bedeutet. Sie bietet dem Vater an, Annika zu fragen, ob Sie den Termin am nächsten Tag als Abschlusstermin wahrnehmen möchte, und bittet ihn, ihr diesbezüglich eine Rückmeldung zu geben. Ebenfalls fokussiert die Heilpädagogin/Beraterin gegenüber dem Vater auf die positiven und Entwicklung beschreibenden Facetten in Annikas Verhalten. Vielleicht könne er es weniger als Abbruch und ein Wegrennen vor den Problemen deuten. Aus dem Prozess heraus teile sie ihm mit, dass Annika intensiv für sich an ihren Themen gearbeitet habe.

Der Vater meldet zurück, dass Annika keinen Abschlusstermin wünscht. Die Heilpädagogin/Beraterin schreibt ihm, dass sie Annika zum Abschied einen Brief schreiben werde, um den Prozess zu beschließen und abzurunden. Sie bestärkt den Vater noch einmal, dass Annikas authentisches Verhalten erfreulicher zu bewerten ist, als wenn sie aus einem empfundenen sozialen Druck heraus zu den Terminen kommen und perspektivisch wenig für sich mitnehmen würde.

Im Weiteren vereinbart der Vater einen Termin zur Elternberatung bei der Kollegin in der Beratungsstelle. Hier fällt ebenfalls eine Trennung auf. Die Elternberatung wurde bisher stark auf die ältere Schwester ausgerichtet und es gelang bislang mit dem Vater wenig, das gesamte System in den Blick zu bekommen. Nachdem sich die Eltern mehr eingelassen haben, konnte die Elternberatung auch mit dem Blick auf Annika zusätzlich gewinnen und um die Perspektive auf das gesamte Familiensystem erweitert werden.

Dies hat Annika mit ihrer Intervention angestoßen: In den Brief an Annika beschreibt die Heilpädagogin/Beraterin rückblickend den gemeinsamen Prozess, die Entwicklungsschritte, die Annika gesetzt hat, wie sie aktiv den Prozess gestaltet, ihre Themen eingebracht und an Lösungen gearbeitet hat. Zudem betont die Heilpädagogin/Beraterin Annikas Ressourcen und Fähigkeiten und schickt ihr einen kleinen Leuchtstern mit, der sie immer an ihre Stärken wie Einfühlungsvermögen, freundschaftliches Engagement und ihre »Tieranteile« erinnern soll. Sie bedankt sich für ihr Vertrauen und die Ehrlichkeit, sich für das Ende der Beratung zu entschließen, sich dafür einzusetzen, würdigt ihren Mut und wünscht ihr alles Gute. Sie kann sich jederzeit wieder melden und, wenn sie möchte, auch mit ihrer Freundin kommen, falls es Bedarf gäbe.

3.3 Resonanzen II

Die Konstruktion eines professionellen Unterstützungsnetzwerkes zur Unterstützung der Familie B. und Auftrag

In der Erziehungsberatungsstelle wird eine Beratung angefragt. Die älteste Tochter macht den Eltern Schwierigkeiten. Die Erziehung scheint den Eltern aus den Händen zu gleiten. Sie wünschen sich eine Beratung. Dies ist eine klassische analoge Beratungsanfrage. Das Kind fällt aus der Rolle, lässt sich nicht mehr von den Eltern erziehen. Die Eltern erleben dies als Erziehungsversagen und möchten von einer Expertin den fachlichen Rat.

Die Familie B. besteht aus Vater, Mutter, Tochter (15 Jahre) und Tochter (13 Jahre). Die 15-jährige Tochter zeigt Auffälligkeiten. Die Eltern fühlen sich überfordert und suchen Hilfe bei einer professionellen Beraterin in einer Beratungsstelle. Die Eltern und die Beraterin entscheiden sich für die Einbeziehung einer weiteren Beraterin für die 13-jährige Tochter Annika. Die Eltern befürchten, auch hier als Erziehende ihrer Aufgabe nicht gerecht zu werden. Das bedeutet auch, dass Annika an der Beratung für die Schwester nicht teilnimmt. Die Beratungssettings sollen parallel und unabhängig voneinander stattfinden. Ein Austausch oder eine Rückkopplung untereinander ist nicht vorgesehen, deswegen auch nicht geplant.

Der*die falleinbringende Heilpädagog*in/Berater*in erhält die Beratungsanfrage, vermittelt über den*die Berater*in der Familie, vom Vater. Der Auftrag lautet: Annika soll eine*einen neutrale*n Ratgeber*in haben. In diesem Beratungsprozess soll Annika die Möglichkeit bekommen, ihre eigene Identität zu entwickeln. Die Heilpädagogin/Beraterin nimmt den Auftrag an – soweit die Szene zu Beginn.

Gedanken der resonanzgebenden Person

Seine*Ihre erste Irritation entsteht bei der Betrachtung der Konstruktion des professionellen Systems der Unterstützenden:

- Geht es um die Familie? Geht es um einzelne Personen, die so »repariert« werden sollen, dass sie sich wieder regelkonform verhalten?
- Geht es um Veränderungsprozesse, die das soziale System Familie entwickeln und daran lernen muss?
- Haben sich die Umwelten geändert, indem die Peers wichtige Bezugspersonen werden?
- Befindet sich die Familie im beginnenden Auflösungsprozess, in denen sich die einzelnen Teile des Familiensystems für sich entwickeln müssen?
- Warum entscheiden sich zwei Expert*innen, die den Anspruch haben, systemisch zu arbeiten, für ein analoges Setting? Wenn das so ist, welche Art der Beratung benötigt die Familie jetzt eigentlich? (▶ Tab. 3.1 und Kasten »Conjoint Family Therapy«)

- Warum darf Annika nicht mit am Tisch der »Großen« sitzen?

Einige erste Hypothesen:

- Es wird in der Beratung nicht systemtheoretisch gearbeitet. Das »Ganze ist mehr als die Summe aller Teile«. Warum nicht »alle an einen Tisch« entsprechend der »Conjoint Family Therapy« nach Virginia Satir?
- Mit Annika wurde die Komplexität für die Beraterin zu groß, sie reduziert diese durch den Ausschluss von Annika.
- Es werden Geheimnisse zwischen Eltern und der Schwester verhandelt. So soll Annika vor der »bösen Schwester« behütet werden.
- Es soll ein konkurrierendes Beratungsverfahren entstehen, in der die Familie die Beratungsergebnisse adaptieren soll.
- Die Berater*innen scheuen in der Anfangsphase den Machtkampf, der durch das Beratungsparadox entsteht (▶ Tab. 3.1 und Kasten »Conjoint Family Therapy«).

> **»Conjoint Family Therapy« (Satir 1964)**
>
> Familientherapeutisches Denken entwickelte sich wohl ab 1950 durch den US-amerikanischen Psychiater und Psychoanalytiker Nathan Ackerman (1908–1971). Ackerman bezog die gesamte Familie ein, wenn bei einem Kind eine »Störung« vorlag. Er gründete in New York 1960 sein »Family Institute«. Diese Entwicklung wurde erst später in der Arbeit mit psychiatrisch erkrankten Menschen wieder aufgegriffen.
>
> Durch die Entwicklungen in der Kommunikationstheorie im Mental Research Institute in Palo Alto und in der Universität in Stanford, Kalifornien (vgl. Kiessl 2019, S. 21), gewann in den 1960er Jahren auch dort die Arbeit mit der gesamten Familie an Bedeutung. Insbesondere ist Virginia Satir (1916–1988) hier zu benennen. Sie bezeichnete ihre Form der Arbeit als »conjoint« (so wurde auch ihr Buch aus dem Jahre 1964 betitelt) und wurde mit »Alle an einem Tisch« ins Deutsche übersetzt.
>
> Bei den verschiedenen Strömungen der Familienberatung ist der Kern die Arbeit mit der gesamten Familie. Diese Aussage führt allerdings zur Annahme, dass alle Gespräche immer mit allen Familienmitgliedern zu führen sind. Das ist im Prinzip auch richtig. Virginia Satir z. B. vertritt, wie auch andere Vertreter*innen der Familienberatung/-therapie, den Standpunkt, dass dieses Vorgehen im Interesse der Therapie ist, weil damit Dyaden, Triaden und Misstrauen gegen den*die Therpeut*in vermieden werden. Es gibt aber durchaus eine Reihe von Situationen, in denen ein Abweichen von diesem Prinzip hilfreicher ist.

Tab. 3.1: Unterscheidung 1972 – Annedore Schultze in Blätter des Westf. Kooperationsmodells (IX/72)

Mögliche Bezeichnung	Berater*in/Therapeut*in	Konstellation
Conjoint Family Therapie	ein*e Berater*in/Therapeut*in	die Familie als Ganzes
Ehepaar-Therapie	ein*e Berater*in/Therapeut*in	nur das Ehepaar
Konkurrierende Familientherapie	ein*e Berater*in/Therapeut*in	Familienmitglieder oder nur das Ehepaar als Gruppe nacheinander
Kombinierte Familientherapie	ein*e Berater*in/Therapeut*in	Familie als Ganzes oder Untergruppen
Kollaborative Familientherapie	mehrere Berater*innen/Therapeut*innen unabhängig voneinander aus mehreren Institutionen	Familienmitglieder oder Gruppen nebeneinander

Setting

Das Setting zu Beginn der Beratung gliedert sich in zwei Phasen, dem Aufnahmegespräch und dem Kontrakt und der Vereinbarung im Helfersystem mit Annika. Mir scheint, dass es eine wichtige Bedeutung für den gesamten Beratungsprozess hat. Der*die Heilpädagog*innen/Berater*innen entscheiden sich für eine »Kollaborative Familienberatung« und damit gegen eine »Conjoint- Familienberatung«. Die Beratung findet autonom, ohne einen Austausch der gewonnenen Erkenntnisse des*der Heilpädagog*in/Berater*in und der Therapeutin der Restfamilie untereinander statt. Auch ist nicht vorgesehen, die Familienmitglieder über ihren Erfahrungsaustausch nach den jeweiligen Beratungssitzungen untereinander zu befragen.

Auftrag

Am Auftrag beteiligt sind auf der Seite des Auftraggebers der Vater: »Annika soll nicht hinten runterfallen«, ein pädagogischer Entwicklungsauftrag, der aber eine umfassende Interpretation zulässt. Die Beraterin interpretiert ihn für sich so, dass Annika ihre eigene Beratung bei der Entwicklung ihrer Identität bekommen soll. Welchen Familienregeln diese Identitätsentwicklung folgen soll, wird nicht besprochen. Damit ist der Kontrakt abgeschlossen. Welchen Auftrag Annika erteilt, ist noch nicht klar.

Meine Hypothese: Der geheime Auftrag von Annika ist, dass sie mit am »Tisch der »Großen in der Familie« sitzen möchte. Der*die Heilpädagog*in/Berater*in soll sie dafür fit machen. Er ist Teil des Arbeitsbündnisses zwischen dem*der Heilpädagog*in und Annika. Der*die Heilpädagog*in ist Mitarbeiter*in einer Beratungsstelle, also von ihrer Organisation delegiert. Sie berät auf der Grundlage systemischer und heilpädagogischer Beratung. Nach der ersten Entwicklung einer tragfähigen

Beziehung entsteht ein Arbeitsbündnis. Hierbei wird der Auftrag durch Annika prozesshaft in den folgenden Beratungssitzungen differenziert und gestaltet. Inwieweit dieser Auftrag mit der Beauftragung des Vaters kompatibel ist, scheint nicht geklärt. Es gibt auch bis zum Schluss keine weitere Rücksprache mit dem Vater, der ja auch Auftraggeber ist. Eine Rückkopplung zum Familiensystem ist auch im Kontrakt nicht vorgesehen, da der*die Heilpädagog*in/Berater*in Annika Verschwiegenheit zusichert.

Ich bin irritiert und habe folgende Hypothese: Der Vater verhält sich in der Familie wie in seiner beruflichen Rolle als Chef einer Firma. Jeder muss seine Rolle spielen und die Regeln der Familie beachten. Wer eine Rolle nicht einnimmt und Regelbrüche begeht, bekommt einen Coach. Fehlt nur noch, dass die Mutter eine Beratung erhält. Der*die Heilpädagog*in/Berater*in nimmt diesen Auftrag als heilpädagogischen Auftrag an und unterfüttert ihn mit einer systemisch orientierten Haltung, die besonders in der Methodenwahl zum Ausdruck kommt.

Sollte sich diese Hypothese bewahrheiten, würden folgende Fragen entstehen: Wer will was von wem? Wie gestaltet sich die Asymmetrie und Symmetrie in der Beratung? Warum verzichten der*die Heilpädagog*in/Berater*in auf Forderungen von Leistungen der Ratsuchenden, die sie für ihre Beratung benötigen?

Soziale Systeme

Soziale Systeme geben sich Regeln. Eine Familie benötigt Familienregeln, welche die Erwartungen untereinander und damit die Struktur der Familie sichern sowie einen Raum des gegenseitigen Vertrauens schaffen. Wer die Regeln bricht, wird sanktioniert (vgl. Kühl 2020, S. 24). Es muss bei dem Vorhandensein dieser Regeln nicht mehr ständig alles überprüft werden. Die Regeln konstruieren eine Wirklichkeit, auf die Verlass ist, und sichern eine tragfähige und vertrauensvolle Beziehung untereinander. Allerdings bewirken die Regeln auch, dass Veränderungen nur schwer herbeizuführen sind.

Meist werden die Veränderungen durch Konflikte eingeleitet (Watzlawick 1974, S. 25, zit. nach Simon 2013, S. 187). Haben Regeln eine sichernde Funktion, können Regelbrüche eine Veränderung provozieren. Damit haben Konflikte und Regelbrüche eine wichtige Funktion und spielen eine Rolle in der Konstruktion von Veränderungen. Sie sind notwendig, um eine Morphogenese (Entwicklung) zu ermöglichen. Dazu haben sie auch die Eigenschaft, dass sie einzelnen Familienmitgliedern zugeordnet und diese dann verantwortlich gemacht werden können.

Obwohl die Ursache des Regelbruchs von der ganzen Familie konstruiert wurde und ein Problem des Systems ist. Bezogen auf den geschilderten Fall ist die Familie in ihrer eigenen Wahrnehmung okay, nur die Tochter nicht.

Intake mit Annika

Der*die Heilpädagog*in hat sich für die Methode Walk and Talk entschieden. Diese Methode verbindet wesentliche Elemente, die wir z. B. auch bei Watzlawick wiederfinden: Der Beziehungsaspekt dominiert den Inhaltsaspekt.

Durch gemeinsames Handeln (Walk) wird Beziehung aufgenommen und in Kommunikation umgesetzt, der Auftrag ist zunächst nachrangig. Es wird Bewegung aufgenommen, dabei darf sich etwas Vertrauen entwickeln. Die Kopplung der Beziehung entsteht in der Szene bei der Entdeckung einer Raupe, gleichsam ein Sinnbild für Entwicklung: die Raupe, die sich in einen Kokon begibt, um sich zu einem wunderschönen Schmetterling entwickeln zu können. Der*die Autor*in der Resonanzen I sieht in seiner*ihrer Resonanz die heilpädagogische Orientierung, in dem der*die Heilpädagog*in sich auf die Beziehungsaufnahme konzentriert und im gemeinsamen Handeln die Basis zum gegenseitigen Vertrauen aufbaut und so dem Arbeitsbündnis einen Sinn gibt. Dieser Punkt sollte später, zum Ende der Beratung aufgegriffen und bedacht werden!

Kontrakt

Nach meiner Beobachtung bleibt der Kontrakt offen, er wird nicht schriftlich fixiert und auch nicht offen kommuniziert, sondern bleibt im Geheimen bei Annika und dem*der Heilpädagog*in. Der Vorteil ist, dass er eine Prozessorientierung zulässt. Dies erfordert allerdings ein ständiges gemeinsames Reflektieren, Überprüfen und Nachjustieren.

Hypothese: Hier sind durch die nicht geklärte Situation mit den Auftraggebern vielleicht Konflikte vorprogrammiert.

Familie, Umwelt und Transformationsprozesse

Das Kernsystem im Netzwerk

Der*die Heilpädagog*in beschreibt das soziale Kernsystem als Teil eines größeren Systems. Die Eltern und die Schwester väterlicherseits wohnen in räumlicher Nähe. Dieses soziale Großsystem kann man als Unterstützungssystem und gleichzeitig als Kontrollsystem begreifen, wenn es sich auch für die Außendarstellung verantwortlich fühlt (Schaufenstereffekt). Jedes soziale System hat eine eigene Außendarstellung, so auch die Kernfamilie von Annika – Vater, Mutter, Schwester, Annika. Es ist nicht immer deutlich, wer die Außendarstellung in einer kleinstädtischen Gemeinschaft wahrnimmt. Das Familiengroßsystem ist für die Kernfamilie, zu der Annika gehört, eine Innere Umwelt. Gleichzeitig kann es aber sein, dass Annikas Vater für die Außendarstellung verantwortlich ist. Sie sind ein eigenes soziales System und gleichzeitig Mitglied im Großsystem der Familie. Das innere Gefüge des Systems weist in der Regel Abweichungen von ihrer Außendarstellung auf.

Familienregeln sollen für eine Übereinstimmung von Fremdbild und Selbstbild sorgen. Das gelingt jedoch nur eingeschränkt. Das Kernsystem gerät dadurch unter

Druck. Häufig werden die Regelverstöße den Kindern zugeschrieben. Allerdings sind die Regelverstöße notwendig, damit Veränderungen, die anstehen, bewältigt werden können. Die Kinder werden Erwachsene und müssen, wollen sie im Leben bestehen, ihre eigene Identität entwickeln. Das gesamte soziale System der ratsuchenden Familie wird sich in den nächsten fünf Jahren zunehmend auch in der Außendarstellung neu beschreiben müssen. Diese Aufgabe können nicht die Kinder allein bewältigen. In der Familie beginnt der Loslösungsprozess aus dem sozialen »Kernsystem«. Damit startet eines der stärksten Veränderungsprozesse in einem Familiensystem. Es wird in Zukunft nichts mehr so sein, wie es vorher war. Morphogenesen (Loslösungsprozesse) sind im System immer mit Ambivalenzen verbunden. Die älteste Tochter provoziert einen Prozess der Entfernung über Regelverstöße, benötigt aber die Unterstützung und Zuwendung der Eltern. Annika möchte sich auch gerne in diesen Prozess begeben. Ihr fehlen dazu aber die entsprechenden Peers, um nicht einsam zu sein. Wieder ist zu fragen, ob das Setting stimmt oder ob die Familienberatung, in der »alle an einen Tisch zusammenkommen«, ein sinnvoller Ansatz wäre.

Kernsystem im Netzwerk

Veränderungsprozesse zwischen

1. Personalem System (Person)
2. Sozialem System (Kern- oder Hauptfamilie)
3. Innerer Umwelt (das soziale System als Großfamilie)
4. Äußerer Umwelt (das soziale System als Gesellschaft, ökologische Systeme, ökonomische Systeme des Marktes etc.)

Der Freiraum von Mitgliedern einer Kernfamilie ist relativ groß, dennoch begrenzt. F. B. Simon (2013, S. 86) schreibt: »Auch hier gilt zwar, dass auffällt, wer *nicht* tut, was von ihm im jeweiligen (sub-)kulturellen Kontext erwartet wird, oder tut, was *nicht* erwartet wird, doch die Erwartungen sind positiv wie negativ sehr begrenzt. Die Regelung der öffentlichen Interaktion dient nicht irgendwelchen zielgerichteten, sachlichen Aufgaben, sondern der Herstellung und Sicherung der Kommunikationsfähigkeit.«

Die zweite Sitzung

In der zweiten Sitzung beschreibt Annika ihre Ängste vor und im Umgang mit anderen Mitschüler*innen und in Bezug auf Veränderungen. Durch das Bild der Raupe und der Suche nach deren Namen ist Annika mit der Mutter vermehrt in Kontakt gekommen. Sie haben gemeinsam recherchiert und herausgefunden, dass die Raupe eine Ahorn-Rindeneule ist. Daraus ergab sich mit der Mutter ein Gespräch über Ängste im Allgemeinen, die Ängste der Tochter und die der Mutter. Annika berichtet erleichtert, dass ihre Mutter die sozialen Ängste und Ängste vor Neuem bzw. Veränderungen teilen könne.

In dieser Sitzung war es möglich, das schwierige Thema Selbstbewusstsein zu besprechen. Es bekam seinen Raum bei den Themen Aussehen und Ordnungssinn. Annika erfüllt nicht die Erwartungen des Vaters und der »inneren Umwelt« der Großfamilie. Dass die Mutter die Ängste teilen kann, ist offensichtlich eine Stärkung. Dies in der zweiten Sitzung thematisieren zu können, ist ein Vertrauensbeweis und eine Einwilligung in die gemeinsame Arbeit.

Der*die Heilpädagog*in/Berater*in nimmt den Faden auf und bespricht die Ängste, die Annika vor dem Schulbeginn in einer anderen Schule hat. Methodisch versucht sie, Annika auf die Gefühlsebene zu bewegen, damit Annika ihr »Bauchgefühl« wahrnimmt, und fragt nach Entlastung. Dieses führt zur Erkenntnis, dass die Mutter eine zentrale »Entlastungsrolle« für Annika mit ihren Ängsten hat.

Mit der Genogrammarbeit nimmt der*die Heilpädagog*in/Berater*in den Faden auf und schließt an die erste Sitzung an. Das Verhältnis der Kernfamilie zur Großfamilie mit dem Beziehungsgeflecht und entsprechender Außendarstellung wird auch für Annika deutlich. Es werden der Regelverstoß und der sich anschließende Prozess der Ausstoßung zwischen Mutter und Großmutter mütterlicherseits thematisiert. Es gibt in der Familie dementsprechend Erfahrung in Bezug darauf, was bei einem Regelverstoß passieren kann. Annika erfährt aber auch, was geschieht, wenn man sich wie der Vater verhält. Sie hat entsprechende »Vorbilder« und »Versteher*innen«. Die angepasste, von Verlustangst geführte Haltung führt sie in die Rolle des Aschenputtels. Die Selbstbewusste, die selbst Entscheidungen trifft, führt zur Ausstoßung. Eine Falle, ein Paradoxon (siehe Kasten). Wie kann der*die Heilpädagog*in/Berater*in Annika dabei unterstützen, dieses Paradoxon aufzulösen?

> **Familiendynamik**
>
> In seinem Aufsatz beschreibt Helm Stierlin (1984) mögliche Auswirkungen, wenn Kinder sich in der Familie nicht regelkonform verhalten. Bei den Eltern entstehen Gefühle des »Versagens in der Erziehung« und bei den Kindern Gefühle der Verletzung der Loyalität gegenüber den Eltern. Dies kann in der Folge zur Ausstoßung führen – das Kind wird aus der Familie genommen, bleibt aber im sozialen System der Familie – und zur Versiegelung dieser Ausstoßung. Damit ist ein Mitglied des familiären Systems dauerhaft zugehörig und gleichzeitig nicht vorhanden. Ein Paradoxon.

Die dritte Sitzung

Annika war in einem Ferienlager und hat Kontakt zu anderen Kindern bekommen, die auch teilweise in Zukunft ihre Klassenkamerad*innen sein werden. Nun möchte sie in dieser Sitzung zum Thema Gesundheit reden. Sie berichtet von ihrem Wunsch, sich in ihrem Körper wohlzufühlen. Sie möchte bauchfrei tragen, mit dem Wissen, damit bei den Großeltern anzuecken.

Die Mutter, aber auch der Vater unterstützen sie bei dem Bemühen, schlanker zu werden. Im Gespräch mit der Mutter ist ihr klargeworden, dass sie sich um sich selbst kümmern, »Selbstfürsorge« betreiben muss. Sie will sich verändern, um für andere attraktiver zu sein. Sie möchte die »Veränderung«.

Es tauchen einige neue Themen auf, die das Thema Gesundheit zur Nebensache machen. Annika hat ein sie führendes Verhalten erkannt und will es ändern. Sie selbst hat dafür Lösungsvorschläge. Sie wird aktiv, sie ist aufgewacht. Dieser Veränderungsprozess wird emotionale Begleitung erfordern. Die Kernfamilie ist besonders gefordert. Jetzt »alle an einen Tisch« oder, wie der*die Autor*in der Resonanzen I schreibt, heilpädagogische Einzelbegleitung zum Abbau des Widerstandes und zur Entwicklung einer Konfliktfähigkeit? Aber schließt das eine das andere aus? Vielleicht benötigt Annika ein neues Netzwerk, benötigt sie ihre Peers? Das Setting bleibt, wie es ist. Es bleibt eine Aufgabe, auf die sich der*die Heilpädagog*in/Berater*in konzentrieren will.

Der*die Autor*in der Resonanzen I schreibt: »eine heilpädagogische Einzelbegleitung mit Elementen aus der Spieltherapie und dem Psychodrama«. Dies ist zu unterstreichen und lässt sich wie folgt ergänzen: »mit dem Blick auf das Kern- und Großsystem«.

Rollen und Rollenveränderung

- *Hypothese 1:* Im Großsystem ist der Vater der Star oder Prinz. Er ist der erfolgreiche Manager. Das ist das, was er beherrscht. Dementsprechend verhält er sich in seiner eigenen Familie.
- *Hypothese 2:* Die Schwester von Annika ist »Influencerin«. Sie ist voll in der Szene und wird von den Peers beneidet. Sie hat eine »Macherrolle«. Annika ist in der »Rolle der Dienenden«. Annika möchte ihre Marke anders beschreiben, aber wie? Beide, Schwester und Annika, sind auf der Suche nach einem neuen Platz in der Familie.

Aus der Sicht der resonanzgebenden Person benötigt es eine gemeinsame Kommunikation der Kernfamilie über die Fragen: Wie wird unsere Familie in fünf bis zehn Jahren sein? Wer wird dann wo leben und was tun? Hier wäre eine gemeinsame Kommunikation der Familie an einen Tisch sicher hilfreich.

Durch den Fund einer Raupe wurde ein gemeinsamer Code, eine Metapher als Code geschaffen. Diese Metapher kann in den folgenden Sitzungen immer wieder aufgerufen werden. Es gelingt sogar, diesen Code ins Kernsystem mitzunehmen, indem Annika zusammen mit der Mutter nach dem Namen der Raupenart und sinnbildlich vielleicht nach der Identität sucht. Es reicht aber nicht, sich nur mit der Mutter auf die Suche zu machen. Rollen können in einer Gruppe eingenommen werden. Diese einzunehmen alleine reicht aber nicht, sie werden erst ein »Eigen«, wenn sie von den Gruppenmitgliedern auch gegeben werden.

Die vierte Sitzung

Annika hat die Schule gewechselt. Sie schwärmt von der Schule, dem Neubeginn. Sie hat eine Freundin gefunden. Sie ist glücklich. Ihr Bauchgefühl signalisiert allerdings Störungen. Sie beschreibt ihre Schwierigkeiten als »freundlich sauer werden«.

Annika ist mitten im Veränderungsprozess. Das Alte trägt nicht mehr, das Neue ist noch nicht da. Sie kommuniziert mit einer Doppelbindung. Der*die Heilpädagog*in/Berater*in fragt nach Lösungen. Die findet Annika, indem sie delegiert: »Man braucht Freundinnen, die sich Gehör verschaffen«. Noch kann Annika sich diesen Aspekt nicht zu eigen machen. Sie fühlt sich noch zu schutzlos. In dieser Sitzung beschreibt Annika auch, wie fragil für sie das soziale System der Peers noch ist und es ferner einiges an Kommunikation und Streit benötigt, um eine tragfähige Basis zu bekommen.

> **Theorie der Doppelbindung (Double bind theory)**
>
> Die Wirkungen von Paradoxien in menschlicher Interaktion durch eine inkongruente Kommunikation auf der Inhalts- und der Beziehungsebene wurde zum ersten Mal 1956 von Bateson, Jackson, Haley und Weakland unter dem Titel »Toward a Theory of Schizophrenia« beschrieben. In diesem Zusammenhang werden verbal und nonverbal Mitteilungen gegeben, die nicht übereinstimmen. Es wird also etwas ausgesagt und gleichzeitig auch etwas über die eigene Aussage ausgesagt. Das ist jedoch so zusammengesetzt, dass diese Aussagen nicht miteinander vereinbar sind.
>
> Beispiel: Wenn ein Kind den Zorn oder die Feindseligkeit eines Elternteils wahrnimmt, so verneint dieser sofort den Zorn und beharrt darauf, dass auch das Kind ihn verneint. So steht das Kind vor einem Dilemma: Folgt es den Eltern oder der eigenen Sinneswahrnehmung? Was soll das Kind glauben? Wenn es seinen eigenen Wahrnehmungen vertraut, behält es den Kontakt mit der Wirklichkeit. Vertraut es jedoch dem Elternteil, so behält es die notwendige Beziehung bei, verzerrt aber seine Wirklichkeitswahrnehmung. Das Kind kann sich dieser inkongruenten Kommunikation nicht durch Metakommunikation (Kommunikation über Kommunikation) oder Flucht entziehen.

Auftrag und Pädagogik

Der Auftrag ist ein heilpädagogischer. Annika möchte sich entwickeln. Der*die Heilpädagog*in/Berater*in soll sie dabei als Expertin begleiten. Wie sie sich entwickelt, soll und will Annika für sich herausfinden. Hier wird die systemtheoretische Haltung von dem*der Heilpädagog*in/Berater*in deutlich: »Ich kann sie begleiten und manchmal führen, tun muss sie es selbst« (vgl. Kiessl 2019, S. 25).

Es geht um die Basis und die Frage, wie Annika an Werten ausgestattet wurde, an Haltungen, Ressourcen, Muster etc. Was will sie entwickeln, um in Zukunft zu ihrer Identität zu finden? Dies kann das Kernsystem so nicht leisten, es verkörpert das Alte. Dazu benötigt sie Peers. Sie hat diese in der neuen Schule wohl schon gefunden, aber wie ist dies zu festigen? Dies spricht für eine Einzelberatung.

Die fünfte Sitzung

In der fünften Sitzung bringt Annika ihre Freundin mit. Es geht um das soziale System der Peers, das für Annika eine große Bedeutung hat, und um Identität, Abgrenzung, Vertrauen und Loyalitäten in einer Gruppe. Dies alles sind auch wichtige Themen in ihrer »Kernfamilie« und »Großfamilie«. Annika kennt das Gefühl, sich dagegen nur schlecht zur Wehr setzen zu können. Vielleicht ist der Austausch mit der Freundin und dem*der Heilpädagog*in/Berater*in hilfreich. Es entsteht die Vorstellung, dies demnächst klären zu können. Wichtig scheint es zu sein, dass Annika eine eigene Position für sich findet und nicht den Rückzug in ihr Inneres antritt. Es muss etwas geklärt werden. Wenn Annika diese Haltung mit in die Familie einbringt, wird sich die Familie einer Morphogenese nicht mehr entziehen können. Ist das die Rolle, die Annika ausfüllen soll, für die Veränderung sorgen? Sie bringt zu diesem Thema ihre Freundin mit. Ist die Freundin der »Löwe«, der in der letzten Sitzung auftauchte? In diesem Fall nicht. Annika ist sauer, die Freundin eher verständnisvoll und vermittelnd. Ein interessanter Rollentausch. Ist das die Veränderung?

Die sechste Sitzung

Annika will nicht mehr zur Beratung kommen. Dies ist ein heftiger Streitpunkt, den sie mit ihrem Vater hat. Letztendlich kommt Annika auch zu keinem Abschlusstermin mehr. Sie hat sich verändert. Es deutete sich in der letzten Sitzung schon eine Veränderung an. Sie kann es allein, braucht keinen »Löwen« mehr. Sie gehört nun mit an den »Tisch der Großen«. Familienberatung im Sinne von Zukunftsberatung ist angesagt.

Vision

Es ist faszinierend, wie Annika gezielt an sich arbeitet und wie die Beraterin dies ermöglicht. In jeder Sitzung gibt es einen vorausschauenden Blick auf die nächste Sitzung. Der Spaziergang und die Raupe. Der Wunsch des Wachsens. Die Suche nach Loyalität und Unterstützern, verbunden mit der erlebten Angst, ausgestoßen zu werden. Die vierte wird, wie die erste, zu einer zentralen Sitzung. Es geht um Gefühle und Beziehung sowie Zukunft. Annika spricht ihre Essstörung an und koppelt dies mit ihren Peers, denen sie sich beweisen muss/will, in denen sie aber auch Unterstützer*innen findet und Loyalität erlebt. Sie kommt zu der Erkenntnis: »Ich muss mich verändern und habe die Ressourcen dafür und dazu habe ich einen professionellen Coach.« Das wird sogar in der fünften Sitzung noch unterstrichen, zu der Annika eine Freundin, eine Löwin, mitbringt. Sie steht zu ihrer Beratung. Sie kann ihr Paradoxon auflösen. Dies ist ein anderer Weg als derjenige, den die Schwester geht. Dies wird auch im Beziehungsgeflecht, der Systemblume (hier als Soziogramm), deutlich.

Hypothese: Annika definiert sich als Beraterin in ihrer Löwengruppe und sucht so ihre Identität und Anerkennung bei ihren Peers; sie will eine Führungsrolle in der

Beziehungsarbeit der Peers – wenn es mal »eng« wird – übernehmen. Das Setting und der Auftrag müssen nun neu geklärt werden. Sie braucht diese Beratung nicht mehr. Noch krabbelt die Raupe und wird sich bald – wie bereits die Schwester – verpuppen. Der Schmetterling wird nun von Annika selbst konstruiert. Dazu benötigt sie keine*n Heilpädagog*in/Berater*in.

Es wäre gut, wenn die Beratung sich nun zu einer Familienberatung verändern könnte, bei der alle Familienmitglieder an einem Tisch sitzen. Annika wäre auf Augenhöhe und würde keine Sonderbehandlung benötigen. Dies dokumentiert sie zum offiziellen Abschied, indem sie den offiziellen Abschied verweigert. Da es aber keine Kommunikation mit der Kollegin und dem Rest des Familiensystems gibt, kann ein »Alle an einen Tisch« nicht von dem*der Heilpädagog*in/Berater*in eingefordert werden. Eine paradoxe Verabschiedung. So verweigert Annika die »Sonderberatung« als sichtbaren Beweis, gewachsen zu sein. Annika bleibt sich treu. Nun kann sich die Identitätsentwicklung mit neuer Erkenntnis fortsetzen.

3.4 Resonanzen III

- Wie befinden Sie das Splitting im Setting (Einzelberatung plus Beratung für den Rest der Familie)?
- Wie gestalten Sie in Ihren Beratungen das Setting?
- Wann präferieren Sie eine Einzelberatung und wann die Beratung der gesamten Familie?

Wie würden Sie Ihre Resonanzen beschreiben?
_____
_____
_____
_____
_____
_____
_____
_____
_____
_____

4 »Ich – wir – die anderen« – eine Familie im permanenten Wandlungsprozess – Der Fall Familie G.

4.1 Fallbeschreibung

Die Familie lernt die falleinbringende Heilpädagogin/Beraterin in der kinder- und jugendpsychiatrischen Praxis kennen. Zu dieser Zeit ist sie im letzten Monat der Ausbildungszeit zur Systemischen Familientherapeutin. Die Mutter schildert im Rahmen der Gespräche und Diagnostik der beiden jüngsten Kinder wiederkehrende Themen im Familiensystem, die einen hohen Stress- und Frustrationspegel verursachen. Die Idee für eine Familienberatung nehmen alle sieben Familienmitglieder auf.

Die Eltern kennen sich seit 1986, sie haben sich auf einem Mittelalterfest in W. kennengelernt. Der Mann kommt aus der Region, die Frau hat bis zu ihrer Jugend in Italien mit einer italienischen Mutter und einem deutschen Vater gelebt. Sie ist in Italien zweisprachig aufgewachsen und habe jährlich die Großeltern besucht, die in Deutschland leben. Durch ihren Vater hat sie schon immer eine große Nähe zur deutschen Kultur gehabt und hat sich daher entschlossen, als Austauschschülerin während der Krankenschwesternausbildung für sechs Monate nach Deutschland zu gehen.

Die Eltern der Mutter haben sich während der Jugendzeit der Klientin getrennt und nach der Scheidung ist der Vater von Italien zurück nach Deutschland gegangen. Die Beziehung zu ihrem Vater beschreibt die Mutter als distanzierter, er hätte sich immer einen Jungen gewünscht und zwei Töchter bekommen. Gleichzeitig freut sie sich, ihm räumlich etwas näher zu sein, da sie ihn sehr vermisst habe, seit er nach Deutschland gezogen sei.

Die Mutter habe zu ihrer Mutter ein ambivalentes Verhältnis, diese komme regelmäßig zu Besuch zur Klientenfamilie nach Deutschland und wohne dann bei der Familie im Haus mit dabei. Laut der Frau lebt ihre Mutter einen stark ausgeprägten Katholizismus mit einer hohen moralischen Aufladung.

Zur Schwester der Mutter, die in Italien lebe, bestehe seitens der Familie G. kein Kontakt. Sie seien grundverschieden und befänden sich laut der Klientin in einer Situation starker Geschwisterkonkurrenz. Während der Genogrammarbeit kommt der Mutter die Idee, dass sich ihre Schwester und sie im Buhlen um die Anerkennung des Vaters so zerstritten haben.

Nach dem ersten Kennenlernen des Paares, der folgenden Treffen und der zunehmenden Zuneigung zueinander beginnen sie eine Fernbeziehung, als die Frau für das Ende der Ausbildung nach Italien zurückkehrt. Nach einem Jahr Fernbeziehung und erfolgreich bestandenem Abschluss entschließt sich das Paar zu einer gemeinsame Zukunft.

Die Frau bewirbt sich als Krankenschwester im Krankenhaus der Stadt W., zieht nach Deutschland und arbeitet in ihrem Beruf, bis das erste Kind zur Welt kommt. Der Mann arbeitet als Mechaniker und absolviert abends die Meisterschule.

Die Familie des Mannes spiele eher eine untergeordnete Rolle, obwohl diese in der gleichen Stadt wohne. Der Mann führte während der Genogrammarbeit die Metapher »Vogeleltern« ein, da er, seit er erwachsen sei, »aus dem Nest draußen ist« und es wenig Verbindendes gibt. So gab es auch kein Interesse an der Großelternrolle, »die eigenen Kinder seien der Job der Eltern«, so formuliert der Vater die Haltung seiner Eltern. Zu seiner Schwester habe er sporadisch Kontakt, eher wenig, da jede*r mit seinem*ihrem Leben genug eingespannt sei.

Die Kinder der Familie G. sind 21, 17, 15, zehn und acht Jahre alt. Nach dem dritten Kind erlitt die Mutter eine Fehlgeburt im ersten Trimester der Schwangerschaft. Elenor studiert nach dem Abitur Tier-Osteopathie, Alessa macht gerade das Abitur und Lucien, Paul sowie Tirza besuchen die Schule: Die zwei älteren Söhne gehen in eine Integrierte Gesamtschule mit allen drei Schulzweigen, die jüngste Tochter zur Grundschule.

Die beiden jüngsten Kinder haben eine ADHS-Diagnose mit Schwerpunkt Hyperaktivität von der Kinder- und Jugendpsychiaterin erhalten. Die jüngste Tochter erhält eine zusätzliche Diagnostik, um eine kindliche Depression auszuschließen. Beide Kinder werden durch ein Selbstinstruktionstraining und Lernprogramme begleitet, eine Medikation findet nicht statt.

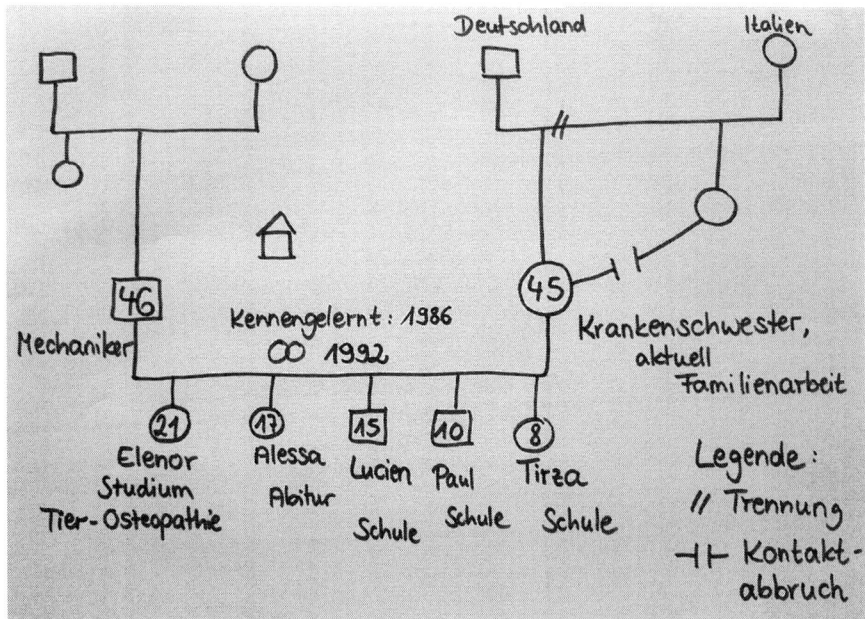

Abb. 4.1: Genogramm Familie G.

4.2 Sitzungsabläufe mit Resonanzen I

Bezugnehmend auf die vorstehende Falleinführung des*der Heilpädagog*in/Berater*in aus dem Autor*innentrio mache ich mir als resonanzgebende Mitautor*in parallel zum Lesen gleichzeitig Gedanken, frage mich, was sie wohl nicht gemacht bzw. welche Hypothesen sie hinten angestellt hat.

Ausgangssituation und Kontaktaufnahme

Die Heilpädagogin/Beraterin kennt die Familie bereits aus der heilpädagogischen Förderung in der kinder- und jugendpsychiatrischen Praxis. Die Mutter ist mit ihrem jüngsten Sohn, zehn Jahre, und der jüngsten Tochter, acht Jahre, wegen der Hyperaktivität beider Kinder zur Behandlung gekommen. Mit beiden Kindern wird heilpädagogisch gearbeitet. Nach Gesprächen mit der Mutter und den beiden Kindern wird der Mutter ein niederfrequentes Elterncoaching und Einzelförderungen für Paul und Tirza sowie Geschwistertermine für die beiden Kinder angeboten. In der Folge kam es mit der Mutter zur Überlegung, ein familientherapeutisches Angebot zu starten. Die anderen Familienmitglieder signalisierten über die Mutter im folgenden heilpädagogischen Termin ihr Interesse. Daraufhin schickt die Heilpädagogin/Beraterin an alle Familienmitglieder jeweils einen Brief mit einem Umschlag und einem Anschreiben an jeden Einzelnen, sowie bunte Kärtchen zum Notieren der Antworten der im Anschreiben gestellten Fragen.

Einladungsschreiben:

> Sehr geehrte Familie G.,
>
> wir sind eine Einrichtung mit viel Erfahrung im Umgang mit und der Begleitung von Familien. Diese Erfahrungswerte und Ihre Ideen werden gute Impulse für ein weiteres gelungenes Stück Familiengeschichte sein. Auf unseren ersten gemeinsamen Kontakt freue ich mich sehr. Für dieses Treffen haben wir am Donnerstag, dem ……. ein Zeitfenster von ca. 1,5 Stunden eingeplant.
>
> Ich möchte Sie gerne bestmöglich unterstützen, damit Ihre aktuellen Herausforderungen bald überwunden sind, sich Ihr Familienleben entspannt und neue Impulse wie ein guter Rückenwind für Ihre Vorhaben wirken. Deshalb möchte ich sehr gerne von Ihnen wissen, welche gute Entwicklung Sie sich im Miteinander wünschen. Ich möchte daher jedes einzelne Familienmitglied konkret fragen:
>
> - Was wäre für Sie/für Dich ein gutes Ergebnis unseres ersten Gesprächs?
> - Was möchten Sie gemeinsam mit mir erreichen?
> - Woran werden Sie merken, dass sich immer mehr Erfolge einstellen?
> - Woran werden Sie merken, dass wir auf dem richtigen Weg sind?
>
> Für Ihre Antworten habe ich kleine Zettel in einem Briefumschlag beigelegt. So können auch die Anliegen der Familienmitglieder, die eventuell nicht die Möglichkeit haben, persönlich beim Gespräch dabei zu sein, ihren Weg hierher finden.
>
> Herzlichen Dank und herzliche Grüße bis zu unserem Gespräch!

Resonanzen I

Der*die Familienberater*in kennt die Familie bereits. Die Mutter ist verunsichert und erschöpft, sucht Unterstützung von außen. Von der heilpädagogischen Behandlung (eingebunden in eine kinder- und jugendpsychiatrische Praxis) verspricht sie sich eine Normalisierung der Hyperaktivitäten ihrer beiden jüngsten Kinder.

Auf der Basis der guten Behandlungserfahrung und aufgrund des Elterncoachings (ohne Vater) wünscht sie sich eine Beratung für die ganze Familie. Sie kann die anderen Familienmitglieder zur Mitarbeit aktivieren. Selbst hofft sie auf eine Reduzierung der Belastung im Rahmen ihrer Familienarbeit insgesamt.

In seiner*ihrer Rolle als Familienberater*in mit heilpädagogischem Hintergrund, stellt der*die Falleinbringende ein Familiensystem vor, das sich in einer multikomplexen Veränderungssituation befindet.

Kontrakt und Setting

Nach Mitteilung, dass alle Familienmitglieder bereit sind mitzumachen, lädt der*die Heilpädagog*in/Berater*in alle Familienmitglieder mit einem Brief ein. Der Brief ist in einer einladenden, aktivierenden Form geschrieben. Er weist auf das Positive in der Vergangenheit (gelungenes Stück Familiengeschichte) hin, spricht neue Herausforderungen der Gegenwart an und weist auf eine mögliche gute neue Entwicklung für die Zukunft hin.

Obwohl es noch keinen Kontrakt mit allen Familienmitgliedern gibt, bittet der*die Familienberater*in in dem Brief jedes einzelne Familienmitglied, für sich allein Fragen zu beantworten und die Antworten zur ersten gemeinsamen Sitzung mitzubringen. Bei dieser Form der aktivierenden Befragung, die auch in der Gemeinwesenarbeit genutzt wird, exponieren sich die Familienmitglieder. Je größer der Grad des Exponierens ist, desto größer ist die Wahrscheinlichkeit der aktiven Teilnahme für die anstehende Beratung. Damit kann eine Schwelle überwunden werden und der Brief wirkt als Türöffner.

> Diese Hypothese entspricht auch den Überlegungen des US-amerikanischen Psychologen Abraham Harold Maslow (1908–1970) zu mehr Wachstum. Maslow geht davon aus, dass der Mensch im Spannungsfeld nach Sicherheit einerseits und nach Veränderung im Sinne von Wachstum andererseits strebt. Er steht somit in einem Spannungsverhältnis, das ihn in der Entwicklung parallelisiert. Er schlägt vor:
>
> 1. Die Wachstumsvektoren zu fördern, z. B. attraktiver und lustvoller zu gestalten.
> 2. Die Ängste vor dem Wachstum zu verringern.
> 3. Die Sicherheitsvektoren zu verkleinern, d. h. sie wenig attraktiv zu machen.
> 4. Die Ängste vor Sicherheit, Verteidigungshaltung, Pathologie und Regression zu steigern. (1973, S. 60)

Erste Sitzung

Auftragsklärung und Problembestimmung:

- Was für Bemühungen haben Sie für ein verbessertes Familienklima und vermehrte Familienzeit schon unternommen?
- Was davon war hilfreich?
- Wer hat was dazu beigetragen?
- Was ließe sich bei einem weiteren Anlauf gut nutzen?
- Was wäre der erste Schritt in die gewünschte Richtung?

Hypothesen des*der Heilpädagog*in/Berater*in:

- Die Mutter ist treibende Kraft in der Idee der Familientermine.
- Die Mutter hat enormen Leidensdruck.
- Paul kann die Termine nutzen, um seiner Mutter eine weitere persönliche Seite von sich zu zeigen.
- Der Vater bringt eine weitere Erziehungsperspektive mit ein.
- Es gibt wenig gemeinsame Familienzeit.
- Die Mutter sieht sich mit Erziehungsratschlägen, vor allem von Seiten ihrer Mutter, konfrontiert und kritisiert.
- Die Geschwister sind neugierig interessiert.

Methode: Zentrale Fragen

- Thema 1: Einladung zur Familienberatung und Arbeit mit den mitgebrachten Umschlägen
- Thema 2: Zirkuläre Fragen:
  - Was glaubst du, XY, was Mama auf die Kärtchen in ihrem Umschlag geschrieben hat? Was wünscht sich Mama, was anders werden soll?
  - Wer kam denn heute mit dem größten Optimismus hierher?
  - Wer steht auf Rang 2, 3, …?
  - Wobei, denken Sie, können die Termine hier hilfreich sein?

Abschlusskommentar per Brief:

Liebe Familie G.,

Sie haben es organisiert und geschafft, dass Sie heute als komplette Familie hierhergekommen und auf neue Ufer zugesteuert sind. Dafür möchte ich Ihnen allen und jedem Einzelnen ein dickes Kompliment machen.

Sie sind gerade im Meer der Veränderung unterwegs. Sie haben ein neues Haus gekauft und den Umzug Ihrer siebenköpfigen Familie gestemmt. Ebenso startet Ihr Mann gerade beruflich mit einem eigenen Unternehmen durch, wobei er deutlich seinen Mut und seinen Tatendrang unter Beweis stellt.

Ihr Kinder bewährt Euch gerade im Kontakteknüpfen und Fußfassen in Eurer neuen Umgebung. Ebenso gelingt es Euch, in unterschiedlichen Ausprägungen, auch den Kontakt zu Freunden aus dem Stadtteil zu halten, in dem Ihr früher gewohnt habt.

Besonders hervorheben möchte ich Tirzas Engagement in Sachen Kreativität, die gleich darauf achtet, auch ansprechende Farben für den »Dreck-weg-Plan«, wie Ihr ihn getauft habt, zu nutzen.

Das Engagement der großen Geschwister ist auch zu bestaunen. Ihr packt mit an, steuert wertvolle Ideen bei, auch wenn Du, Elenor, beispielsweise schon ausgezogen bist oder Alessa gerade intensiv fürs Abi büffelt.

Lucien, Du schlägst mit Paul oft eine Brücke zwischen der sogenannten »älteren« und »jüngeren« Geschwisterriege.

Sie als Eltern schaffen eine gute Rahmung für Ihre Kinder und Familie und denken immer wieder auch an die Basis, nämlich an Sie als Paar, z. B. beim romantischen Event mit Mondscheinkino.

Ich habe heute von vielen guten Ideen gehört, die Euch in Richtung der Insel »Gelassener Familienalltag« führen. Eine Idee hat bei Euch sofort sportlichen Ehrgeiz ausgelöst und ich hatte die Idee, die ersten packen schon sinnbildlich das Schiff für die Reise.

Ihr wollt bis zum nächsten Termin den Wochenplan in einer gemeinsamen Familiensitzung reaktivieren. Ich bin gespannt auf die Absprachen, die getroffen werden, und den gestalteten Plan, den ihr dann mitbringt. Toi, toi, toi …

Resonanzen I

Auf allen Ebenen scheinen gleichzeitig massive Veränderungen stattzufinden, die bereits einzeln bearbeitet zu erheblicher Komplexität führen werden. Nun findet alles zur gleichen Zeit in ein und demselben Familiensystem statt. Es entsteht eine Familiendynamik, in der sich die einzelnen Entwicklungen gegenseitig beeinflussen und mobilisieren.

Der*die Familienberater*in beschreibt, wie er*sie zur Sitzung eingeladen hat und es kommen alle Familienmitglieder. Ein Erfolg und eine Anerkennung für die Mutter. Die Erwartungshaltung wurde über Zettel von jedem Einzelnen im Vorfeld abgefragt. Drei Punkte scheinen dann in den Mittelpunkt zu rücken:

- Absprachen einhalten
- Familienklima verbessern
- Die zweitälteste Tochter soll häufiger zu Hause sein, sich verantwortlich zeigen

Die Punkte betreffen die Familienkultur, es geht um Kommunikation und Verbindlichkeit, präsent sein und Verbesserung der Atmosphäre in der Familie. Dies sind typische Themen in Wandlungsprozessen. Es häufen sich die Missverständnisse. Das »Wir« rückt in den Hintergrund. Das Vertrauen zu den anderen Familienmitgliedern schwindet. Jede*r versucht, sich auf seine Art zu schützen. Es entsteht Distanz. Das »Selbstverständliche« bekommt neue unterschiedliche Definitionen und muss ständig wieder überprüft werden, ob es noch stimmt. Dadurch wird Komplexität aufgebaut. Das Familienklima leidet immer mehr unter Vertrauensschwund. Jede*r macht »sein eigenes Ding«.

Die Themenbereiche können als erste Bestätigung der o. g. Hypothese verstanden werden. Der Wandlungsprozess hat bereits begonnen, darüber geredet wurde bisher jedoch noch nicht. Was noch gilt oder nicht mehr, lässt sich ersatzweise besonders gut an Erziehungsfragen thematisieren. Da mischt sich auch die Mutter der Eltern, Großmutter der Kinder, gerne mit ein. Für die Mutter entsteht eine nicht mehr durchschaubare Komplexität, die immer schwieriger und unbeherrschbar wird. Ihr

Wunsch nach Reduzierung der Komplexität ist verständlich, aber wahrscheinlich zunächst so nicht erfüllbar.

> **Familiengefühl (vgl. ausführlich Reich 2019, S. 359–375)**
>
> Früh gelingt es Säuglingen, auf einer »Handlungsebene« parallel unterschiedliche Beziehungen zu unterschiedlichen Personen aufzunehmen. Es gibt dyadische Erfahrungen (Mutter/Vater – Kind), triadische (Vater – Mutter – Kind), tetradische (Vater – Mutter – Kind – Oma) und polyadische (mit vielen). Diese Interaktionen, die innerlich repräsentiert werden, um dann durch Wiederholungen generalisiert zu werden, sowie Stimmungen und atmosphärischen Eindrücke befördern wohl das Herausbilden eines Familiengefühls und einer Familienidentität als die Summe aller Repräsentanzen verbunden mit der Integration unterschiedlicher Erfahrungen und Beziehungsmuster.
> »Die Familie als Ganzes wird ein ›inneres Objekt‹, wobei die Familie kognitiv als eine Art Landkarte, auf der die verschiedenen Personen und Beziehungen abgebildet werden und Emotionen durch das Wir-Gefühl sowie die Gefühle zu den einzelnen Personen verbunden werden« (Reich 2021, 365).

Der*die Heilpädagog*in/Berater*in gibt in Form eines Abschlusskommentars ein Feedback. Mit positiven Verstärkern geht sie auf die verschiedenen Themen ein, zeigt auf, was alles geschafft wurde, beschreibt die Selbstverwirklichungen der beiden älteren Geschwister und lobt den älteren Sohn als Brückenbauer zwischen den Geschwistern. Der*die Heilpädagog*in/Berater*in weist auf einige Aktivitäten lobend im Rahmen des Wandlungsprozesses hin. Abschließend formuliert sie einen einladenden aktivierenden Übergang zur nächsten Sitzung. Dies ist ein Teil ihrer Beziehungsarbeit. Sie baut für den Übergang zur nächsten Sitzung eine Brücke per Resümee, hält den Spannungsbogen zu jeder Person in der Familie aufrecht und ermöglicht auf der anderen Seite der Brücke den Rückblick auf die Veränderung.

Nach dem Lesen der Fallbeschreibung habe ich erste Hypothesen. Ich bin gespannt, ob die Prozessentwicklung in der Geschichte diese Annahmen bestätigt oder umfassend anders modelliert werden muss.

Die Mutter ist aufgrund ihrer Familienarbeit überlastet. Dies wird wahrscheinlich nun besonders in dem sich vollziehenden Wandlungsprozess im Rahmen der Familienberatung deutlich. Die beiden älteren Kinder gründen Untergruppen, eigene Teilsysteme mit Partner*innen. Dieser Prozess führt zu einer neuen strukturellen Zusammensetzung. Es kommen zwei Personen dazu. Die Eltern haben ein Haus gekauft und bezogen. Alle müssen sich in einem neuen Umfeld zurechtfinden.

Der Vater macht sich selbständig in seinem Beruf. Sein Streben nach Selbstverwirklichung ist spürbar. Dieses Streben nach Selbstverwirklichung stellt auch immer das »Wir« der Familie in Frage und fordert eine Neudefinition des »Wir« heraus. Es entsteht ein Veränderungsprozess. Alte Strukturen werden in Zukunft so nicht mehr vorhanden sein. Neue Strukturen sind noch nicht klar in Sicht. In einem Wandlungsprozess werden die in den bisherigen Regelwerken des Familiensystems definierten Strukturen, Vereinbarungen und Regeln erneuert oder sie verändern sich selbstgesteuert. Damit stellt sich auch die Sinnfrage im »Wir« der Familie. Das bisherige Familiensystem wird sich erneuern, wachsen und Antworten auf eine veränderte Umwelt finden, das ist sicher.

> **Kontinuierliche Wandlung eines Familiensystems**
>
> Eine Familie ist als solche nicht Handlungssubjekt, sondern die Menschen, die in diesem sozialen System »Familie« formieren. Sie sind die eigentlichen Handlungssubjekte. Diese kommen, aus welchen Gründen auch immer, unter Druck, und müssen sich neu begreifen, um sich dann neu zu hinterfragen. Das kann z. B. bei Erziehungsfragen genauso geschehen wie bei Fragen der Trennung, wenn Kinder erwachsen werden und aus dem Elternhaus ausziehen. Es kann sich ausdrücken, indem Konfliktfelder aufgespürt werden, Beziehungsverluste entstehen oder die Darstellung nach außen so nicht mehr stimmt. Der Familie wird dann bewusst, dass sie sich in einem permanenten Veränderungsprozess bewegt und ständig auch den Sinn der Familie und das »Wir« neu definieren muss (vgl. ausführlich Tiefensee, 2014, S. 48).

Dieser Prozess verläuft selbstgesteuert. Die Familie kann aktiv daran teilnehmen und damit auch Teil der Steuerung sein. Verzichtet sie auf diese Aktivität, wird sie passiv teilnehmen müssen und dabei ihr Schicksal vielleicht beklagen. Die Neudefinition, das neue »Wir«, bezieht sich auch auf die Paarbeziehung von Vater und Mutter. Erwartungen an Aufgabenteilung der beruflichen Arbeit und der Familienarbeit die von Frau an Mann und umgekehrt bestehen, müssen neu verhandelt werden. Die Verquickung von beruflicher Arbeit und Familienarbeit wird bei dem »Familienunternehmen« wahrscheinlich stärker werden. Die Paarbeziehung der Eltern wird zumindest für die erste Zeit des Wandlungsprozesses fragiler. Die kleineren Geschwister haben noch andere Bedürfnisse und Ansprüche an die Familie. Für ihre Möglichkeiten des Wachsens und der Selbstverwirklichung benötigen sie die Begleitung und Erziehung durch ihre Eltern. Noch haben die Peers weniger Einfluss. Für sie kommt der Wandlungsprozess vielleicht zu einem ungünstigen Zeitpunkt. Veränderungsprozesse lösen Vertrauensverlust und Verlustängste aus. Vielleicht agieren sie als Reaktion darauf mit »Hyperaktivität und Konkurrenzdenken«? Sie spielen die Rolle der »Symptomträger«, denen noch mit besonderer Aufmerksamkeit zu begegnen ist.

In der Vorstellung der Mutter gibt es ein traditionelles Familienbild. Die Mutter fühlt sich verantwortlich für die Familienarbeit. Sie ist auch zuständig für den Sinnerhalt der Familie und für die Familienkultur. Als »Führungskraft« des Bereiches »Familienarbeit« hat die Mutter einen schweren Job. Selbst wenn die kleinen Geschwister nicht mehr auffällig wären, würde ihre Überforderungssituation, verbunden mit dem Gefühl, nicht »ausfallen« zu dürfen und ihr Pensum nicht zu schaffen, sich nicht verbessern. Die Mutter ist dementsprechend gehörig unter Druck und sucht Entlastung in der Familienarbeit, will ihre Rolle aber behalten.

> **Sorgearbeit**
>
> »Sorgearbeit gilt auch heute noch als dauerhaft verfügbare, weibliche Ressource, an der man sich gesellschaftlich bedient (Schutzbach, 2021, S. 111).«
> »Die mentale und emotionale Verantwortungslast (mental load) (Schnering & Verlau, 2020, S. 30) bleibt oft bei den Frauen im Familiensystem. Selbst wenn andere Familienmitglieder Aufgaben übernehmen, bleibt sie die Projektleiterin, die den Überblick über Arzttermine, Kindergeburtstage, usw. hat. So ist sie auch als Familienarbeiterin für den Zusammenhalt der Familie leitend verantwortlich und fühlt auch so. Häufig wird sie direkt oder indirekt von den Familienmitgliedern und der Gesellschaft hierfür verantwortlich gemacht. Dieses ist besonders in Zeiten z. B. der Coronapandemie mit der verpflichtenden Einführung des Homeoffice noch einmal besonders deutlich geworden« (vgl. ausführlich Schutzbach, 2021, S.111 ff.).

Übergänge brauchen »Entgrenzung«. Die bisherigen Regeln und Strukturen, welche die Grenze des sozialen Systems darstellen, stimmen nicht mehr und müssen korrigiert oder den »Inneren Umwelten (den einzelnen Personen im System) und äußeren Umwelten« angepasst werden. Gleichzeitig möchte das System die alte Stabilität in der Homöostase (Gleichgewicht, vgl. Kiessl 2019, S. 23) wiederherstellen. Aufgrund dieser Hypothese stellt sich die resonanzgebende Person die Frage, wer in der Familie für oder gegen die Entgrenzung oder Sicherung des bisherigen »Zustandes« sorgen wird. Sind es die beiden in Behandlung befindlichen Kinder als Symptomträger, die Jüngsten? Die älteren Schwestern und der Vater sorgen für das »Neue«. Sie verändern mit ihren Aktivitäten und Verhaltensweisen die bisherigen Strukturen, bringen Freund und Freundin mit ins System. Die Jüngsten benötigen noch die Stabilität des bisherigen Zustandes. Sie werden ihrerseits ebenfalls aktiv auffällig. Wie werden die Strukturen und Regeln neu entstehen? Hatte die heilpädagogische Behandlung das Ziel, alte Begrenzungen zu sichern und die Familienberatung das Neue zu schaffen?

> **Der positive Beitrag des Symptomträgers**
>
> Der*die Familientherapeutberater*in/Berater*in sieht das in der Familie auftretende Symptom als Versuch, die Familienhomöostase in einer kritischen Situation zu bewahren oder wiederherzustellen. Der Symptomträger leistet also einen positiven Beitrag zur Erhaltung oder Wiedergewinnung der Balance der Familie, die in ihren Entwicklungsmöglichkeiten eingeschränkt ist. In der Epistemologie der Familie jedoch wird der Symptomträger gerade als der definiert, der die Ursache der Schwierigkeiten und Belastungen der Familie ist. Um die positive Bedeutung und Funktion des Symptoms sichtbar werden zu lassen, eignet sich die Skulptur besonders gut (Schweitzer & Weber 1982, S. 123).

> **Triadisches Denken**
>
> Triadisches Denken versteht sich zunächst einmal als Ergänzung oder Alternative zur zweiwertigen Logik des Denkens »mit Ja/Nein-Entscheidungen« (Rappe-Giesecke, 2008, S. 62; Busse, 2001, S. 16). Der »triadische Blick« auf soziale Zusammenhänge differenziert und vervielfältigt die Wahrnehmung von sozialen Phänomenen; er geht von der prinzipiell triadischen Logik von lebens- und arbeitsweltlichen Beziehungen und somit auch von Beratungskonstellationen aus (vgl. ausführlich Busse 2001, S. 16; Rappe-Giesecke, 2008, S. 62; Busse & Tietel, 2018; Busse, 2019).

Die Zustimmung zu dieser Hypothese könnte folgende Konsequenzen haben:

1. Bewusstmachung der notwendigen Veränderung als Übergang vom nicht mehr tragfähigen sozialen System zu einer neuen Zukunft
2. Einleitung eines Lernprozesses
3. Installation eines Familienrates mit allen Familienmitgliedern
4. Den Wandlungsprozess moderierend und über Kontextsteuerung mitsteuernd zu begleiten
5. Unterstützen beim Aufbau neuer Strukturen und Regeln
6. Mentoring für die Familienmitglieder bei der Rollenfindung einer neuen zukünftigen Rolle
7. Der Mutter helfen, dass sie andere Formen der Kommunikation und Haltung für ihr Führungs- und Projektmanagement in der Familienarbeit entwickeln kann (z. B. mehr Agilität)
8. Der Mutter helfen, dass sie ein guter Coach für die persönlichen Übergänge im »Lebenslauf« der Kinder sein kann
9. Anschließend für eine geraume Zeit in größeren Abständen begleitende Beratung der Familienkonferenz, die eher einer Supervision gleicht

> **Der Familienrat oder auch die Familienkonferenz (zu 3.)**
>
> Der Begriff »Familienkonferenz« wurde von Thomas Gordon (1918–2002) geprägt. Als Familientherapeut entwickelte er die Familienkonferenz aus der Sicht der »gewaltfreien Erziehung« als »niederlagenlose Methode« und stellte den Dialog zwischen Eltern und Kindern in den Vordergrund (Gordon, 1973). Aus systemischer Sicht ist die Familie ein Netzwerk. Das Mikrosystem Familie bedarf der Netzwerkarbeit. Das Verstehen und die Bearbeitung von Netzwerkstrukturen sind wichtige Anliegen in der systemischen Arbeit. Deuten wir den Familienrat als Netzwerk und Sozialraum, wäre das der Raum, in dem der Austausch innerhalb des Familiensystems aktiviert werden und Kommunikation möglicher Gefährdungsmomente einzelner Systemmitglieder stattfinden könnte. Diese Idee geht weit über die Ansätze der Familienkonferenz nach Gordon hinaus. Im Rahmen des Familienrates können Familienmitglieder ihre Eigenverantwortung

und ihr Selbstbewusstsein weiterentwickeln oder stärken und in den Dialog miteinander bringen. Die Spannungsfelder der komplexen Strukturen und professionellen Interaktionsverhältnisse, die besonders bei Wandlungsprozessen hervortreten, machen deutlich, dass den Professionellen diese Spannungen gerade in der Beratung, Begleitung oder Moderation eines Familienrates bewusst sein sollten und sie diese nicht auflösen können (vgl. ausführlich Früchtel & Roth (2017), S. 72, Kiessl 2019, S. 113).

Zweite Sitzung: Beziehungsarbeit und Beziehungsentwicklung

Ausgangssituation: Die Familie kommt zum zweiten Familiengespräch, die älteste Tochter hat eine Studienveranstaltung und kann deswegen nicht teilnehmen.

Beobachtungen und Hypothesen des*der Berater*in:

- Die Mutter wirkt stark belastet; sie sucht Entlastung in der Aktivierung der Kinder, z. B. bei der Hausarbeit.
- Implizites Familiengebot: Ältestes, daheim wohnendes Kind übernimmt viel Verantwortung, vor allem in Bezug auf die jüngeren Geschwister
- Wertschätzung und Anerkennung scheinen wenig kultiviert.
- Kommunikation wirkt eher zufällig, kein geläufiges Stilmittel.
- Die Familie hat eine intensive Zeit mit Umzug hinter sich und steht noch wegen der Neuorientierung und Aufbau der Selbständigkeit des Vaters unter Strom.
- Die nicht mehr zu Hause wohnende Elenor nimmt eine wertvolle Außenperspektive ein, möchte ihr Ältestenamt an Alessa übertragen, die es augenscheinlich nicht annimmt.
- Dynamik: Flucht oder Belastung?
- Tirza zeigt störendes Verhalten, wenn sie sich zu wenig gesehen fühlt.
- Die Kinder sind sehr selbständig.
- Die Eltern haben förderliche, teils unterschiedliche Erziehungsideen, die Zeit für Austausch darüber ist aufgrund zeitlicher Ressourcen kaum vorhanden.
- Das Eingespanntsein der Eltern bietet Freiraum für Mediennutzung der Kinder, hierbei wird den Kindern eine Eigenverantwortlichkeit zugesprochen, die nicht angemessen scheint.
- Die Paarbeziehung wirkt stabil, nur in manchen Erziehungsfragen störanfällig.
- Die Familie wirkt sehr tolerant und aufgeschlossen gegenüber der Homosexualität der zweitältesten Tochter. Als Thema für die Familienberatung hat es den eigenen Aussagen zufolge keine Relevanz. Gab es zuvor eine Beratung zu diesem Thema oder sind die Ressourcen diesbezüglich üppig? Muss die Familie hier von traditionellen italienischen Vorstellungen abweichen?
- Nach 20 Jahren Familienalltag im großen System wirken die Eltern darin etwas müde.

- Die Eltern streben immer wieder neue Herausforderungen an, wo sind die Kraftquellen hierfür? Was würde passieren, wenn die Familie in eine Ruhe- bzw. Regenerationsphase käme?
- Wie sehen die einzelnen Geschwister die Geschwisterkonstellation? Welche Bedürfnisse sind vorhanden? Welche Bilder und Rollenannahmen?

Anliegen/Ziel des Klienten/der Familie:

- Absprachen einhalten
- Familienklima verbessern
- Alessa soll häufiger zu Hause sein, sich verantwortlich zeigen

Zentrale Fragestrukturen:

- Thema 1: Dreck-weg-Plan
  - Wie ist es Ihnen gelungen, einen Familienrat-Termin zu finden?
  - Wer hat welche Ideen mit in den Familienrat gebracht?
  - Bei welcher Idee gab es den größten Überraschungseffekt? Das größte Staunen?
  - Wer übernimmt aktuell welche Rolle?
  - Was gelingt XY hierbei gerade besonders gut?
  - Was wäre die Fortsetzung der gut gesetzten Schritte oder was braucht es, diesen Erfolg wie zu sichern?
- Thema 2: Wertschätzung innerhalb der Familie
  Mit einer Einwegkamera fotografieren die einzelnen Familienmitglieder ein jeweils »liebenswertes Detail« des Gegenübers.
- Thema 3: Interview, jeweils zu zweit, inklusive Eltern, anschließend Präsentation in der Runde
  - Woran merkst du als Erstes, dass der Frühling jetzt da ist? (Vogelgezwitscher, ...)
  - Welche guten Ideen/Vorsätze vom Jahresbeginn hast Du bisher schon gut genutzt?
  - Wie gelingt es dir, neue Kontakte zu knüpfen, wenn Du irgendwo neu bist (Verein, Klasse, Nachbarschaft, ...)?
  - Wobei bräuchtest Du Hilfe oder Unterstützung?
  - Was hilft Dir von Deinen eigenen Fähigkeiten und Ressourcen?

Verschriftlichter Abschlusskommentar:

> Ein dreifach donnerndes WOW!!!
> Ihr zeigt nicht nur im Karnevals- und Fußballverein guten Teamgeist, eben durfte ich live dabei sein, wie Ihr hier die guten Ideen für Euren »Dreck-weg-Plan« präsentiert und verfeinert habt. Jede und jeder hat Ideen beigetragen und damit das weitere Gelingen vorangebracht. Ebenso kamen beim Interview viel vereinende Gedanken, hilfreiche Ideen und Hilfsmöglichkeiten ins Gespräch. Das liebenswerte Detail zu fotografieren, war nach anfänglichem Zögern eine Riesengaudi und eure Idee, daraus eine kleine Fotocollage zu gestalten, ist grandios. Im Einzelnen bin ich auch besonders beeindruckt!
> Du, Tirza, hast die Idee der Lose für die Rotation beim Dreck-weg-Plan hier eben geäußert und gleich spontan gebastelt.

Lucien, Du zeigst erhöhtes Engagement und möchtest lieber gleich mit doppelter Kraft fahren. Stark!

Du, Paul, hast immer wieder darauf geachtet, dass alle gedanklich an Bord sind, und hattest das Ziel im Auge.

Alessa, du bringst wertvolle Vorerfahrungen mit ein und überlegst, was schon gelungen ist.

Sie, Herr und Frau G., schauen gut nach den Fähigkeiten Ihrer Kinder und machen sich Gedanken, wer sich in welcher Rolle gut einfinden kann.

Die Bereitschaft aller, jetzt gut in die zweite Runde der Kampagne – wie man beim Karneval hier sagt – zu starten, finde ich beachtlich und hat viel Ansteckendes.

Um Sie in Ihren neuen Ideen gut zu unterstützen, gebe ich Ihnen hier Lachgesichter mit, die Sie an andere Familienmitglieder weiterschenken. Damit geben Sie dem jeweils anderen das Signal, dass sie es schaffen werden und der Empfänger des Lachgesichts sich schon dafür bemüht.

Heute hätte jeder Einzelne von Euch einen ganzen Strauß Lachgesichter für die tolle Zusammenarbeit und die vielfältigen Ideen bekommen.

① Resonanzen I

In der Fallgeschichte geht es um Beziehungsarbeit und Beziehungsentwicklung. Dies gilt auch für das Verhältnis zwischen Berater*in und jeder einzelnen Person in der Familie. Der*die Berater*in muss von der Familie die Erlaubnis zur Steuerung erhalten. Zu diesem Vertrauensverhältnis gehört auch eine Allparteilichkeit gegenüber jeder einzelnen Person. Wenn der*die Familienberater*in diese Allparteilichkeit nicht durchhalten kann, endet die Beratung.

An der zweiten Sitzung nehmen alle in der Familie lebenden Familienmitglieder teil, die älteste Tochter, die bereits ausgezogen ist, hat eine Studienveranstaltung. Die jüngere Schwester übernimmt viel Verantwortung in Bezug auf ihre jüngeren Geschwister, lehnt aber die Übernahme der vakanten Rolle der älteren Schwester ab. Der Versuch der Entgrenzung setzt sich fort. Die ältere Schwester ist nun »außen«, »äußere Umwelt« und gleichzeitig auch Teil des Systems, »mittendrin«. Die älteste Schwester kann ihre Rolle nicht wirklich abgeben, denn sie wird immer die ältere Schwester sein. Sie kann sie aber im Kontext mit den anderen Familienmitgliedern neu definieren. Dazu bedarf es wahrscheinlich einer Neudefinition aller Rollen, die in dieser Sitzung nicht stattfindet. Die Familie führt Familienkonferenzen ein. Es ist gelungen, einen Termin zu finden. Diese Konferenzen, »Familienratssitzungen«, ermöglichen neue Rollenbeschreibungen für jede Rolle. Auch die Rolle des*der Familienberater*in ändert sich. War ihr Fokus bisher auf »ermöglichen« gelegt, verändert er*sie ihn nun stärker auf »Reflexion«, z. B. der Familienratssitzungen.

Auch dieses Mal gibt es ein lobendes Feedback. Jedes einzelne Familienmitglied wird angesprochen, erhält damit auch ein wenig Rollenzuschreibung von außen. Rollenzuschreibung in dieser lobenden Form ist sehr motivierend. Sie dient auch der Mitsteuerung. Die Kehrseite ist allerdings, dass Fremdzuschreibung nicht unbedingt mit der Selbstzuschreibung übereinstimmt. Es kann dann schwer werden, eine Fremdzuschreibung durch eine*n Expert*in abzulehnen. Zudem kommen die traditionellen Rollenvorstellungen der Eltern als ein Anspruch an ihre Kinder, die unbewusst in der Haltung der Eltern mitschwingt.

Die Rollenzuschreibung von außen ist eine Form der Kontextsteuerung. Rollen kann sich eine Person im sozialen System nehmen oder sie werden ihr gegeben. Erst die Kommunikation über das Geben und Nehmen ermöglicht, dass die Rollen auch entsprechend im sozialen System gespielt werden dürfen.

> **Die Familie als Gruppe**
>
> In dem Mikrosystem Familie gibt es gegenüber anderen Gruppenkonstellationen eine Besonderheit. Die Rolle in der Familie ist durch die Entstehung der Familie fixiert. Vater bleibt immer Vater, Mutter immer Mutter, ältestes Kind usw. Dies gilt auch für Familien, in denen sich die Eltern getrennt haben, ein Elternteil oder Kinder verstorben sind oder Kinder erwachsen sind und ein eigenes Familiensystem gegründet haben. Diese Rollen müssen mit der Identität der einzelnen Rollenträger gefüllt und interpretiert werden. Über die Art und Weise dieser Interpretation gestaltet sich die Kultur des sozialen Systems. Dieser Vorgang der Interpretation entsteht immer wieder aufs Neue in einem sozialen System über verbalisierte oder nicht verbalisierte Kommunikation.

Dritte Sitzung: Gruppenbildung und Solidarität

Ausgangssituation: Die Familie kommt zum dritten Familiengespräch, der Vater hat eine ärztliche Untersuchung und kann deswegen nicht teilnehmen.

Hypothesen:

- Die Mutter kann wenig Gelassenheit in den Alltag transportieren, wünscht sich dies mehr.
- Es gibt viele negative Annahmen im Kontakt mit und bezüglich des Gegenübers.
- Gerechtigkeitsideen sind unter den Geschwistern oft präsent.
- Mädchen- und Jungenrollenzuschreibungen in der Familie sind in manchen Bereichen eher hierarchisch und traditionell angeordnet.
- Anliegen werden geäußert, bei Nicht-darauf-Eingehen entsteht oft Resignation.

Anliegen/Ziel der Klienten/der Familie:

- Absprachen einhalten
- Familienklima verbessern
- Alessa soll häufiger zu Hause sein, sich verantwortlich zeigen

Zentrale Fragestrukturen:

- Thema: Familie in Tieren, mit Tierfiguren
  Jedes Familienmitglied sucht für sich spontan eine Tierfigur aus und stellt sie so auf, wie die aktuelle Situation in der Familie auf den Aufstellenden wirkt. Dazu geht jede*r in einen separaten Raum oder arbeitet ohne Sichtkontakt in zwei verschiedenen Bereichen eines Raumes. Danach werden alle Aufstellungen besucht und Fähigkeiten und Stärken der betreffenden Tiere benannt. In der Ge-

samtrunde wird dann eine Tier-Familienaufstellung der Wunschfamilie oder Zielfamilie aus den vorher genutzten Tieren gemeinsam gestaltet.

Verschriftlichter Abschlusskommentar:

Liebe Familie G.,

Sie haben heute »tierisch gut« losgelegt. Wir haben mit Hilfe der Tiere viele Talente und Fähigkeiten jedes einzelnen Familienmitglieds und der gesamten Familie zu Tage gefördert. Ich habe immer wieder in neugierige und überrraschte Gesichter geschaut. Es ist schön zu erleben, wie neu und interessiert der Blick des anderen auf die Familie erscheint. Zudem entsteht viel Verbundenheit in dem gemeinsamen Hinschauen und Hinhören sowie dem Entdecken von Ressourcen.

Mir fällt die tierische Vielfalt auf, die Ihr stellvertretend für Euch ausgesucht habt. Es sind Raub- und Jagdtiere vertreten, gemütliche Tierarten, Sammler und Vögel, kleine und große Tiere, Meerestiere und Landbewohner – welch bunte Mischung. Diese Vielfalt findet sich auch in Eurer Familie. Mit solch unterschiedlichen Facetten bereichert jedes Familienmitglied Eure Familie. Manchmal ist es sicher nicht einfach, diese Unterschiede unter einen Hut zu bekommen oder die gemeinsame Schnittmenge/einen kleinsten gemeinsamen Nenner zu finden. Und bei manchen Gelegenheiten ist eine Übereinkunft vielleicht auch nicht möglich. Gleichzeitig ist es ein reicher Fundus an Ideen, Fähigkeiten und Eigenschaften, welcher in bestimmten Situationen, Fragestellungen und Erfahrungen abrufbar ist.

Mir imponierte heute ebenso besonders die gemeinsame Gestaltung Eurer Zielfamilie. Jede*r Einzelne hat Vorschläge eingebracht, Ihr habt sorgfältig überlegt und so Tier für Tier zu Eurer Wunschvorstellung gefunden. Meinungen wurden ausgetauscht und ihr arbeitet sehr ruhig und dabei absolut zielstrebig an der gestellten Aufgabe.

Ich möchte heute die Arbeit der Männer erwähnen, die konkrete Ideen einbrachten und ebenso geduldig den Überlegungen der Frauenliga Raum ließen. Die Frauen der Familie G. haben gut abgewogen und ihr Vetorecht genutzt.

Ein Team mit vielen Ressourcen und sehr erfolgreich in der Umsetzung. Herzlichen Glückwunsch!

Für die kleine Sommerpause bis zu unserem nächsten Termin darf sich jede*r eine von den bunten Fragekarten ziehen, den Detektivfähigkeiten freien Lauf lassen und die Ergebnisse in der nächsten Runde präsentieren. Wer bringt dem Papa die Karte und den Auftrag mit? Viel Vergnügen!!!

Fragekarten:

- Welche Fähigkeiten und Talente zeigt Paul vor allem in der Sommerzeit?
- Was sind Elenors Lieblingseissorten? Wie genießt sie noch den Sommer?
- Bei welchen drei Aktivitäten im Sommer treffe ich Dich mit Deiner Familie an? Was trägt Papa zum besonderen Gelingen bei?
- Wie sieht für Tirza – abgesehen vom Fußball – das optimale Sommermärchen aus?
- Welche drei Dinge machen Mama nahezu automatisch Sommerlaune?
- Woran erkennst Du, dass Lucien in Ferienstimmung ist? Nenne drei Dinge.
- Was sind Alessas drei große Ferien-Highlights?

① **Resonanzen I**

Außer dem Vater kommen alle Familienmitglieder. Die anfängliche Hypothese scheint sich weiter zu bestätigen. Die Selbstverwirklichungswünsche lassen häufig das Wir zurücktreten. Anliegen werden geäußert, von den anderen aber nicht als relevant angesehen. Hierzu gibt es keine Rückmeldung. Die geäußerten Anliegen bleiben im Raum stehen.

Der*die Heilpädagog*in/Berater*in führt die Methode einer Familienaufstellung mit Tieren ein. Nach der Aufstellung der Gegenwartssituation wird eine Ziel- bzw. Wunschvorstellung gestellt und gestaltet. Der Fokus liegt auf den vorhandenen und genannten Ressourcen. Interessanterweise gibt es in dieser Sitzung eine Männer- (ohne Vater) und eine Frauenfraktion, die mit unterschiedlichen Vorstellungen verhandeln.

Wie auch in den letzten Sitzungen gibt es ein Feedback. Es werden Ressourcen und Rollenverhalten lobend erwähnt. Zur Überbrückung der »kleinen Sommerpause« gibt es einen Arbeitsauftrag wieder mit Hilfe von Fragekarten. Diese aktivierende Aufgabe ermöglicht in der nächsten Sitzung einen guten Bezug zur Wiederaufnahme der Beziehung zu den letzten Sitzungen.

Es ist zu beobachten, dass die Dramatik zunimmt. Die Akteure treten gegeneinander an. Das ist eine neue Perspektive. Es ist fraglich, welche Position der*die Heilpädagog*in/Berater*in hier in ihrer Rolle als Frau einnimmt. Die Darstellung ist die Interpretation des*der Heilpädagog*in/Berater*in und lässt Hypothesen auf deren Parteilichkeit zu. So entsteht z. B. auch die Frage, ob die Älteren in der Familie die Jüngeren dominieren und ob das ein Verhaltensmuster ist.

Vierte Sitzung: Bindung und Freiheit

Ausgangssituation: Die Tochter Tirza wurde von der Lerntherapeutin an Frau F., Kinder- und Jugendpsychiaterin in hiesiger Praxis, empfohlen, um eine kindliche Depression fachärztlich abklären zu lassen. Austausch dazu im Teamgespräch.

Weiteres Prozedere: Vier Termine zur diagnostischen Abklärung einer möglichen Depression und parallel weitere Familiengespräche.

Hypothesen:

- Wünsche werden verhalten oder gar nicht verbalisiert, sollen von den anderen Familienmitgliedern »gerochen« werden.
- Die Mutter ist die »treibende Kraft« hinter den Terminen, Elenor unterstützt sie darin »aus der Ferne«.
- Elenor hat die Idee, dass alle Geschwister die gleichen Maßstäbe, die bei ihr angelegt wurden, auch erfüllen müssen. Wie kann sie eine unabhängige ältere Schwesternrolle entwickeln?
- Der Vater legt momentan Priorität auf seine Selbständigkeit.
- Wie sieht die Unterstützung für die Familie, das soziale Netzwerk aus?
- Tirza nutzt eigene Freiräume durch Rückzug.

Anliegen/Ziel der Klienten/der Familie:

- Absprachen einhalten
- Familienklima verbessern

- Gemeinschaftsgefühl stärken
- Alessa soll häufiger zu Hause sein, sich verantwortlich zeigen

Zentrale Fragestrukturen:

- Sommermomente: Sie haben die Sommermomente-Fragen-Karten am Ende des letzten Termins von mir bekommen und diese heute wieder mitgebracht.
    - Wie haben Sie/Ihr die Präsentation für Ihren Mann, Euren Vater gestaltet? Wann und wo?
    - Wie haben Sie diese Fragen im Sommer begleitet? Als ständige*r Begleiter*in, als gelegentliche Erinnerung oder als Last-Minute-Angebot?
    - Was sind Ihre familiären, freundschaftlichen und Kraft spendenden Sommer-Highlights?
    - Was macht XYs Highlight zu einem Highlight? Warum wurde dieses wohl ausgewählt?
- Werbeplakat
Bringen Sie sich bitte mit Ihren Sommer-Highlights in Ihre ganz persönliche Ferienstimmung. Sie genießen gerade einen Grillabend auf Ihrer Terrasse, die Grillen zirpen und sie fantasieren mit Ihrer Familie die ausgefallensten Ideen. Da kommt Ihnen der Einfall schlechthin. Sie werden mit Ihrer Familie eine ganz andere Form von Urlaub entwickeln und diese erfolgreich vermarkten.
Sie bieten anderen Familien Ferien bei sich – in Ihrem Zuhause – an. Diesen Familien dürfen sie jetzt schon über dieses Werbeplakat einige Schmankerl von Ihnen vermitteln und so ihre Vorfreude auf den Familienurlaub bei der liebenswürdigen Familie G. wecken. Das Motto könnte beispielsweise lauten: »Urlaub bei Familie G., da muss ich hin!«
Aufgrund der Vielzahl an kreativen Köpfen in ihrer Familie möchte ich sie bitten, sich in zwei Gruppen zu teilen. Eine Gruppe wird hier im Raum bleiben und die andere Gruppe nach nebenan in den freien Raum gehen. Nun wünsche ich Ihnen viel Spaß und rühren Sie mächtig die Werbetrommel!
Anschließende Präsentation der in den Gruppen erarbeiteten Plakate.

Schriftlicher Abschlusskommentar:

Liebe Familie G.,

Sommer, Sonne, Sonnenschein … Das fiel mir im Laufe des Termins immer wieder ein, wenn ich an Ihre reichen Sommermomente denke. Wie liebevoll und aufmerksam sich jeder Einzelne auf den Weg gemacht und die Augen für die Sommermomente des jeweils gezogenen Partners offengehalten hat.

Sie, Frau G., haben die neuen Gartenmöbel eingeweiht und ihre Terrasse mit neuem, sommerlichem Sitzkomfort erlebt.

Ihren Mann und Euren Vater habt Ihr als Grillmeister gekürt, da er die leckersten Würstchen grillt und so wesentlich zu sommerlichen Gartenevents beiträgt.

Für Paul war das Ferienhighlight sein Fußballcamp und das Armband der Camp-Olympiade trägst Du am Handgelenk als Erinnerung daran.

Du, Elenor, warst regelmäßig schwimmen und hast Deinen Freund in Berlin besucht. Gemeinsam habt ihr diese lebendige Stadt erobert.

Tirza war mit den Pfadfindern zelten und hat sich sehr selbständig gezeigt.

Alessa war sehr aktiv und hat in den Ferien viel mit ihrer Freundin und der Clique unternommen, wobei z. B. auch die Badeseen der Umgebung erkundet wurden.

Lucien ist unermüdlich mit seinen Freunden Fahrrad gefahren und hat mit seinem Schlagzeug einen enormen Fortschritt beim Üben gemacht.

Ihre zwei Werbeplakate haben so ein intensives Urlaubsgefühl gezaubert und ich würde diese besondere Art von Urlaub sofort buchen. Was da alles in einem Urlaub bei Familie G. drinsteckt. Verschiedenste Sportmöglichkeiten, ob Reiten, Fußball, Laufen oder Schwimmen, da ist für jede*n etwas dabei.

Das Großfamiliengefühl kann man auch bei abenteuerlichen Ausflügen in den Hochseilgarten noch besser kennen lernen. Für kulinarische Genüsse bürgt die vielversprechende Kombination aus italienischer und deutscher Küche. Zudem kann man sich bei Ihnen auch kreativ betätigen: entweder mit Alessa schicke Taschen nähen oder mit dem Familienvater die ersten Schritte der Holzbearbeitung kennenlernen.

Sie sind gut informiert, was kulturelle Angebote in ihrer Umgebung betrifft und können ohne großen Aufwand ein Ferienprogramm für mindestens zehn Tage gestalten. Wer käme da nicht gerne in den Ferien zu Ihnen?

Um Ihr enorm vielfältiges und grandioses Angebot noch etwas mehr zu veranschaulichen, möchte ich Sie bis zum nächsten Mal bitten, das Plakat mit entsprechenden Fotos zu bestücken. In welchen Momenten haben Sie schon entsprechend Ihrem Werbeplakat Fotos geschossen, welche die Botschaft Ihres Plakats in Verbindung mit einem traumhaften Familienurlaub gut unterstreichen? Ich möchte Sie einladen, in ihren Fotoalben oder Fotokisten zu stöbern und sich jeweils zwei bis drei Fotos auszusuchen und diese auf dem Plakat beim nächsten Mal mitzubringen.

Bis bald!

Resonanzen I

Die Sitzung beginnt mit der Information, dass der jüngsten Tochter eine Untersuchung zur Abklärung, ob eine kindliche Depression vorhanden ist, empfohlen wurde. Dieser für den*die Heilpädagog*in/Berater*in sehr interessante Einstieg könnte auf ein Spiegelphänomen hindeuten. Gibt es in dieser Sitzung auch eine »Depression«? Es wird schwierig, gemeinsame Termine zu finden. Die Mutter versucht, die Termine zu sichern, bekommt Unterstützung von ihrer ältesten Tochter, von außen. Der Vater nimmt auch diesmal aus terminlichen Gründen nicht teil. Der*die Berater*in begegnet dieser scheinbaren Lähmung mit dem kreativen Projekt »Sommerurlaub«. Es wird in zwei Arbeitsgruppen gearbeitet.

Im Feedback wird deutlich, dass die Familie sehr kreativ mit dem Auftrag umgegangen ist und Vorstellungen vom Sommerurlaub entwickelt hat. Für den Übergang soll die Familie bis zur nächsten Sitzung ihre plakatierten Vorstellungen vom Urlaub mit Bildern illustrieren.

Wird es zu einer weiteren Sitzung kommen? Ist diese letzte Sitzung schon der Beginn der Verabschiedung?

Fünfte Sitzung: ich – wir – die anderen

Ausgangssituation: Die Familie hat sich einen weiteren Termin gewünscht, auch mit der Aussicht, wieder mit dem Vater gemeinsam einen Termin zu haben. Tirza ist zu einem Kindergeburtstag eingeladen und deshalb heute nicht dabei. Die Diagnose kindliche Depression wurde nach Abschluss der Diagnostikphase nicht gestellt.

Hypothesen:

- Wünsche und Bedürfnisse (vor allem der Mutter) werden nicht direkt ausgesprochen.
- Die Familie hat hohe Ansprüche an ihre eigene Organisation, legt hohe Maßstäbe an ihr Familienleben an.
- Der Vater kommt gut in seiner Selbständigkeit an.
- Den Umzug und der Schritt in die Selbständigkeit hat die Familie weitestgehend allein gestemmt.
- Die Familie hat wenige Rituale, Gelungenes wirken zu lassen oder zu feiern.
- Die familiäre Kommunikation ist störanfällig und es kommt schnell zu negativen Annahmen und Zuschreibungen.
- Es gibt in manchen Kontexten eine starke Abgrenzung innen/außen, z. B. bei den Schwiegereltern in spe der ältesten Tochter Elenor. Diesen gegenüber gibt es eine starke Abgrenzung, teilweise auch eine Herabsetzung. Darüber herrscht Einigkeit in der Familie.
- Die Söhne schalten ab, sobald die Mutter mit Bitten und Vorwürfen versucht, Handlungsmotivation und Aktivität bei den Söhnen zu erzeugen.
- Alessa wünscht sich Anerkennung ihrer Leistung und Engagements.

Anliegen/Ziel der Klienten/der Familie:

- Absprachen einhalten
- Familienklima verbessern
- Gemeinschaftsgefühl stärken
- Alessa soll häufiger zu Hause sein, sich verantwortlich zeigen
- Anliegen werden direkt und sachlich formuliert

Zentrale Fragestrukturen:

- Werbeplakat-Fotos
  - Sie haben sich Fotos zur Gestaltung ihres Werbeplakates ausgesucht.
  - Wieso dieses oder jenes Bild?
  - Welche Botschaft schwingt in diesem Bild für Sie mit?
  - Wo wurde es aufgenommen? Zu welchem Anlass? Wer war dabei?
  - Was strahlen die Personen auf den Bildern aus?
  - Wer fehlt auf dem Foto? Warum?
  - Welches Lied, welches Motto passt zu diesem Bild?
  - Und welches Motto trägt Euer Familienurlaub-Werbeplakat?
- Genogrammarbeit
  - Welche Rahmung bekommt Euer Familienstammbaum? Welchen Hintergrund?
  - Wo fangen wir an? Bei der Großelterngeneration oder bei den Kindern?
  - Wie alt ist …?
  - Wo wohnt …?
  - Wie sind die Beziehungen zwischen … und …?

- Wo gibt es Unausgesprochenes, Unerledigtes?
- Wer hält ... zusammen?
- Welche Rolle übernehmen die Frauen?
- Welche Spezialitäten haben die Männer?
- Wie gelingt der Spagat zwischen den Kulturen, der italienischen und der deutschen?
- Welchen Stellenwert haben Familienfeiern? Wer kommt? Wer nicht?
- Wie werden Geburtstage ausgerichtet?

Schriftlicher Abschlusskommentar/Familienpost:
Ab dieser Sitzung schickt die Heilpädgogin/Beraterin der Familie eine »Familienpost« nach Hause, die sie im Anschluss an das Gespräch verfasst hat, um der Komplexität des Systems gerecht zu werden und den Abschlusskommentar nachhaltiger wirken zu lassen. Es kann zudem in Schriftform immer wieder nachgelesen werden. Am Ende betone ich mündlich kurz die Schritte der aktuellen Sitzung, fasse neue Erkenntnisse oder Sichtweisen zusammen und würdige den Beitrag des einen und anderen dazu.

Sehr geehrte Familie G.,

hier ist Ihre erste Familienpost, mit der ich einen kleinen Rückblick auf unseren letzten Familientermin und einen Ausblick auf Ihre »Hausaufgabe« oder »Expertenaufgabe« im Sinne Ihres Familienprojektes geben möchte.
Ich wollte Ihnen gern noch einmal ein dickes Kompliment für Ihr großes Engagement und enorme Mitarbeit machen.
In unserem letzten gemeinsamen Termin ist Ihr Familienstammbaum – mit allen Facetten des Miteinanders – gewachsen und zeigte eine enorme Vielfalt in Ihrer Familie. Sie haben sich als Rahmung ein Fußballfeld auf einem DIN-A2-Plakat ausgesucht, das Ihre Sportlichkeit, Ihren Teamgeist und Ihre enorme Ausdauer gut darstellt. Tirza hat das Fußballfeld gezeichnet, mit Mittelkreis und Elfmeterraum, während wir schon erste Daten gesammelt haben.
Nicht nur zwischen den unterschiedlichen Ländern Italien und Deutschland schlagen sie Brücken, sondern auch in der Bandbreite unterschiedlichster Persönlichkeiten. Sie schaffen es, Ihre »Schwiegerkinder« bestens zu integrieren, und nehmen sogar einen zweiten Anlauf, wenn der erste nicht so geglückt ist.
In den unterschiedlichen Beziehungen wachsen immer wieder Herausforderungen, die Sie immer wieder angehen, meistern oder auch vertagen. Es gibt Wünsche, besonders an die Großeltern bezüglich der von Ihnen betonten Fairness. Sie wünschen sich für Ihre Kinder das gleiche Interesse und Engagement seitens der Großeltern wie für die Cousins und Cousinen. Das führte auch schon zu familiären Funkpausen und ich finde es bemerkenswert, wie doch immer wieder Annäherung möglich ist und dass einzelne Familienmitglieder nach ihrem Geschmack und Tempo den Kontakt früher oder später suchen können, ohne dafür in der Familie Kritik oder die Bedrohung der Beziehung zu erfahren. Sie zeigen eine große Toleranz gegenüber den Bedürfnissen des Einzelnen, auch wenn ein anderes Familienmitglied gerade eine andere Sicht auf die Situation hat.
Sie, Frau G., fragten vorsichtig bei Ihrer Tochter bzgl. ihres Beziehungsstatus für das Genogramm nach. Ich schätze es als großen Vertrauensbeweis mir gegenüber und auch als eine Meisterleistung Ihrer Familie, gleichgeschlechtliche Beziehungen anzuerkennen und damit einen Umgang bis hin zur Offenheit in diesem Rahmen zu finden.
Sie benannten als Familienressourcen außerdem Ihren Zusammenhalt, Ihre Vertrautheit und den Ehrgeiz, im Leben etwas zu erreichen. Und genau da sind Sie oft gefordert. Ihre Eltern, Frau G., haben sich getrennt und Ihr Vater ist zurück in die Heimat, nach

Deutschland. Sie schaffen es, durch Telefonate und Besuche auch dort die Vertrautheit aufrechtzuerhalten, was Ihnen, wie Sie es schildern, auch wichtig ist. Und trotzdem darf man in der besonderen Situation des Besuches und dem »ungewohnten« Beiwohnen der Großmutter über mehrere Tage im Familienalltag mal genervt und auch erleichtert sein, wenn sie abreist. Beides hat seine gute Berechtigung und Ihr Mann erinnert Sie immer wieder liebevoll daran.

Sie suchten gemeinsam auch nach den Ressourcen und Stärken der Frauen der Familie und fanden

- Organisationstalente,
- Spontaneität,
- Fleiß und
- Verantwortungsgefühl.

Bei den Männern der Familie punkteten

- Sportlichkeit,
- Genussfreude und
- Verantwortungsbewusstsein.

Sie sind mit Ihrer Familie super aufgestellt und bewiesen gerade in letzter Zeit enorme Flexibilität, Mut zu Neuem, Organisationstalent und Anpassungsfähigkeit. Das Tempo, mit dem Sie Ihren Umzug in ein neues Haus und parallel das Selbständig-Werden gemeistert haben, können nicht viele Familien mitgehen.

Ihre Kinder beweisen Ihre Selbständigkeit und Ihr Engagement in Ihren Nebenjobs und sind immer wieder mit Ihrem Familiensinn unterwegs.

Ich darf Sie nun einladen, bis zum nächsten Mal in einer Ihrer Familienratssitzungen den Stammbaum dazuzuholen und zu schauen, welche Anekdoten Ihnen einfallen, welche Talente bei den einzelnen Familienmitgliedern zu finden sind und was Ihnen noch so alles zu Ihrem Stammbaum und Ihrer Familie einfällt. Ich bin gespannt auf die Lieblingsfamiliengeschichte.

Viel Freude dabei!
Herbstlich bunte Grüße

(1) Resonanzen I

In der Schilderung des Falles scheint hier ein Bruch zu bestehen, bei der näheren Betrachtung der gesamten Fallgeschichte. Im Gegensatz zur bisherigen Erzählung wird weniger über den Verlauf der Sitzungen berichtet. Die Familie befindet sich scheinbar im Lösungsprozess. Der beginnende Urlaub könnte eine Trennlinie sein. Es ist ungewiss, ob und wie es nach dem Urlaub weitergeht. An dieser Stelle, so schreibt der*die Heilpädagog*in/Berater*in, wird die Familienpost eingeführt, als wertschätzendes und mit positiven Verstärkern versehenes methodisches Kommunikationsmittel – wenngleich Briefe im Allgemeinen nicht mehr die aktuellsten Kommunikationswege sind.

Aber auch in der Weitererzählung verändert sich das Setting. Die Beratung geht weiter. Die Familie beginnt, sich »selbst« neu zu organisieren, und nutzt dazu die strukturgebende Beratung auf der Metaebene, der zweiten Ordnung.

Die Depression hat sich nicht bestätigt. Auch die Familie als Gruppe hat sie scheinbar überwunden. Es wird noch ein Termin gewünscht, der mit dem Vater stattfinden soll. Der Termin findet statt. Es fehlt aber die Jüngste. Sie ist zu einem Kindergeburtstag eingeladen.

In dieser Sitzung wird die Abgrenzung der »Kernfamilie« zur inneren und äußeren Welt besprochen. Als methodisches, strukturgebendes Hilfsmittel wird das Arbeiten mit einem Genogramm gewählt. Die Genogrammarbeit fordert die Familie zur Selbstbeschreibung und zur Abgrenzung in diesem Familiennetzwerk auf. Themen wie Familienkultur, Rituale, Rollen usw. werden besprochen. Es ist Ausdruck für die Selbstverwirklichung des »Wir« der Familie und soll ein wesentlicher Baustein im Wandlungsprozess sein.

Eine Antwort gibt vielleicht das schriftliche Feedback im Rahmen einer Familienpost. Damit ist ein neues Hilfsmittel eingeführt, das mehr als ein Feedback ist. Der*die Heilpädagog*in/Berater*in geht hierbei auf die Zusammenführung der unterschiedlichen Kulturen in der Familie ein und lobt dies als besondere Leistung. Toleranz ist hierbei eine wichtige Eigenschaft.

Sechste Sitzung: Bilanz und Zukunft

Ausgangssituation: sechster Familientermin, der auch als (Jahres-)Bilanz dient.

Hypothesen:

- Die Familie hat wenig Zugang zu ihren Ressourcen. Diese zeigen sich in den Familienterminen schnell und haben auch gute Effekte.
- Welche Vorteile hat das Bescheidensein/Nicht-auffallen-Wollen für die Familie?
- Wie hat die Familie es so lange geschafft, sich im Gleichgewicht zu halten? Wodurch bekam sie das Gefühl, dies jetzt nicht mehr zu können?
- Die Familie hat ein Modell für einen Sieben-Personen-Familienalltag, jedoch nicht für den Auszug der Kinder.
- Das Paar rückt wieder mehr in den Mittelpunkt.
- Die Kinder übernehmen viel Verantwortung, der Mutter scheint es nicht genug.
- Die Mutter kann schwer Verantwortung abgeben, wünscht sich sehnlichst Entlastung.

Anliegen/Ziel der Klienten/der Familie:

- Familientermine bringen neue Themen in die Familie.
- Man hat Qualitätsfamilienzeit im Rahmen der Familientermine.
- Die positive Veränderung möchte die Familie fortführen.

Zentrale Fragestrukturen:

- Thema 1: Genogramm
  - Welche drei Merkmale oder auch Geschichten unterstreichen, dass Ihre Familie ein Erfolgsensemble ist?

- Wenn Lebensgenuss prämiert würde, wer zeigt sich in Ihrer Familie prämienverdächtig und wofür erhält er*sie die Auszeichnung?
- Wo gibt es Schatten im Stammbaum? Wie gehen Sie als Familie, der*die Einzelne damit um?
- Welche Fähigkeiten blitzen beim Betrachten Ihres Stammbaums auf?

• Thema 2: Bilanz
Zum Jahresendspurt möchte ich gerne mit Ihnen auf Ihr Jahr zurückblicken. Wir haben uns im späten Frühjahr in dieser Konstellation kennengelernt und ich durfte Sie auf dem Weg zu einem gelasseneren Familienalltag und einem ruhigeren Umgangston schon ein großes Stück begleiten. Nun werden wir die Früchte ernten, die über all die Jahre gewachsen, gediehen und im letzten Jahr nochmal so herrlich gereift sind. Dafür habe ich symbolisch diese Äpfel ausgeschnitten, auf denen wir die reiche Ernte dokumentieren.

- Was haben Sie als Familie in diesem Jahr gut gemeistert?
- Welche Erfolge sehen Sie bei …?
- Worin hat … Ihre Erwartungen übertroffen?
- Was ist … besonders gut gelungen?
- Wie hat … es geschafft, …?
- Welche Erfahrungen haben Sie aus Hürden und Krisen für sich und Ihre Familie gewonnen?
- Welche kleinen Erfolge haben sich schon eingestellt/leuchten wie helle Sterne am Himmel?
- Wie lautet Ihr Motto für dieses Jahr?
- Was muss im nächsten Jahr auf jeden Fall auch dabei sein, was dieses Jahr hilfreich war?
- Welchen Titel trägt dieses Jahr rückblickend?

Schriftlicher Abschlusskommentar/Familienpost:

Liebe Familie G.,

vielleicht sitzen Sie gerade gemütlich bei einer heißen Tasse Tee, leckerem Punsch oder duftendem Kaffee zusammen. Falls nicht, können Sie sich noch mit einem solchen Getränk zusammenfinden. Ich möchte mit dieser Familienpost unser Bilanzgespräch kurz zusammenfassen.

Sie haben alle sehr lebendig zu Ihrem Stammbaum noch Ergänzungen beigetragen.

Jede*r hatte auch seine*ihre persönlichen Sternmomente damit, ob es eine verbindende Gemeinsamkeit zu einem anderen Familienmitglied gibt oder eine lustige Anekdote, die einen zum Lachen bringt. Sie haben viele wertvolle Schätze geborgen und damit Ihre höchstpersönliche Schatzkiste ergänzt.

Ich erinnere mich besonders gern an die entdeckten Talente bei Paul, er kann seinen Vater prima in der Werkstatt unterstützen und zeigt dabei kreativen Ideenreichtum.

Tirza hat in Sekundenschnelle ein Motto für ihr vergangenes Jahr geboren: *Ein neuer Anfang!* Nachdem das letzte Jahr anfangs unter dem Titel »Katz und Maus« stand, verheißt das neue Motto viel Gutes und enorme Entwicklungspotenziale.

Sie, Frau und Herr G., bemerkten stolz, dass die Streitpotenziale von ursprünglich 5 (auf einer Skala von 0 = kein Streit bis 10 = täglich Streit) sich auf 2 reduziert haben.

Sie haben auch die Firmung von Paul sehr genossen, die ein gemeinsames Familienfest im griechischen Restaurant mit der Oma aus Italien folgen ließ.

Sie, Frau G., betonen, dass Sie an diesem Tag auch einen besonders guten Draht zu Ihrer Schwester hatten und sich bis heute der Kontakt freundlicher gestalte. Außerdem bemerken Sie eine Veränderung in der Beziehung zu Ihren älteren Töchtern und wachsen vermehrt in eine Kommunikation auf Augenhöhe. Sie genießen diese, wie Sie sie nannten, »reifen Gespräche«.

Elenor freut sich über ein lebendiges Zuhause, wenn sie Sie besuchen kommt. Es finden mehr Gespräche statt und einmal auch ein spontanes Waffelbacken, zu dem sich die gesamte Familie nach und nach einfand.

Alessa arrangierte einen Familienausflug zum Familienskaterpark mit fünf Familienmitgliedern. Auch wenn Sie sich das hehre Ziel auf Vollständigkeit der Familie gesetzt haben, war es ein ausgelassener Nachmittag, der viel Gesprächsstoff bat und manch einen über sich hinauswachsen ließ. Und auch dort bewiesen Sie guten Zusammenhalt!

Wer weiß, vielleicht ist gerade Ihr Erlebnisbericht der Ansporn und die geweckte Neugier, dass beim nächsten Mal alle dabei sein können, die Erzählungen üben einen unheimlichen Sog aus! Alessa hat sich auf jeden Fall als gute Eventmanagerin unter Beweis gestellt.

Lucien berichtete von einem Geschwisterevent, bei dem er maßgeblich für die Musik verantwortlich war. Du warst sichtlich angetan, dass Du Deine Geschwister so begeistern konntest. Alle habt Ihr erzählt, schon lange nicht mehr so gelacht zu haben.

Geburtstage gibt es in unterschiedlichsten Formen in Eurer Familie und Großfamilie und Euer nächster anvisierter Projektschritt im neuen Jahr soll ein gemeinsam kreiertes Geburtstagsritual sein. Alle Achtung, ich bin schon heute total gespannt auf die Ideen und Anregungen.

Nun möchte ich Sie bitten, dass jede*r zum nächsten Termin ein Symbol mitbringt, das für ihn*sie das Motto »Ein neuer Anfang« repräsentiert. Ihren und Euren Ideen sind keine Grenzen gesetzt!

Bis Februar, eine schöne und zauberhafte Weihnachtszeit und einen guten Rutsch in ein gelingendes neues Jahr!

Resonanzen I

Der Wandlungsprozess nimmt Fahrt auf. Das Elternpaar rückt in den Mittelpunkt, die Kinder übernehmen mehr Verantwortung. Es gibt aber noch keinen Plan für die Zukunft, z. B. was in drei bis 5 Jahren sein wird. Es wird weiter am Genogramm gearbeitet und Bilanz gezogen.

Nach dieser Sitzung gibt es wieder eine Familienpost. Die Familienpost nimmt Bezug auf die Bilanz in der vergangenen Sitzung. In der Familienpost weist der*die Familienberater*in auf alle bisher gelungenen Aspekte im Rahmen des Wandlungsprozesses hin. Bis auf die Mutter scheinen alle sich in ihrer abgewandelten neuen Rolle einzufinden.

Siebte Sitzung: Start in den Neuanfang

Ausgangssituation: Die Familie kommt zum siebten Familientermin mit allen Familienmitgliedern. Das neue Jahr soll unter dem Motto »Ein neuer Anfang« stehen.

Hypothesen:

- Der Anfang ist schon gemacht, kommt jetzt mehr ins Bewusstsein der Familie.
- Der Jahresauftakt bündelt Energien für Vorhaben und Projekte in der Familie.

- Der Blick wird verstärkt auf die Ressourcen gerichtet.
- Die Mutter ist die »Hauptkundin«, die anderen machen mit.
- Für ihr Engagement möchten die Kinder einen Ausgleich oder besonders Gehör für ihre Ideen finden.
- Die Eltern entwickeln Strategien für mehr Zeit als Paar.
- Die Männer in der Familie zeigen sich bei emotionaler Aufregung der Mutter betont ruhig.

Anliegen/Ziel der Klienten/der Familie:

- Geburtstagsritual entwerfen
- Dreck-weg-Plan weiterführen
- Positive Kommunikation in der Familie weiter ausbauen

Zentrale Fragestrukturen

- Thema 1: Symbole
  - Welches Symbol hat wohl ... mitgebracht?
  - Warum mag sich ... gerade dieses Symbol ausgesucht haben?
  - Welche Bedeutung hat dieses für Dich?
  - In welchem Zusammenhang steht ... mit Eurem Motto »Ein neuer Anfang«?
  - Was gab es schon für Anfänge?
  - Wer ist Federführer*in, wer Mitstreiter*in?
  - Wer feuert an, wenn der Anfang teilweise schwierig zu werden droht?
  - Wer warnt vor der Macht der Gewohnheit?
- Thema 2: Kommunikation
  - Wo finden gute Gespräche bei euch zu Hause statt?
  - Wie findet ein Gespräch einen Anfang?
  - Was zeichnet für Euch ein gutes Gespräch aus? Und wie kann ich das Gegenteil erreichen, wie scheitern Gespräche?
  - Was braucht es an äußeren Faktoren, um ein gutes Gespräch zu ermöglichen?
  - Wie meldet ihr dem*der anderen zurück, dass euch das Gespräch gefallen hat?
  - Wie fallen die Reaktionen darauf aus?
  - Aktion: Kraft- und Energietankstellen

Ich teile kleine Karten mit einem Tankstellensymbol aus. Da jedes Projekt auch Energie benötigt, darf jede*r auf seine*ihre Karte die persönlichen Krafttankstellen aufschreiben oder aufmalen.

Schriftlicher Abschlusskommentar/Familienpost:

Sehr geehrte Familie G.,

hier ist nunmehr Ihre dritte Familienpost, die Ihnen ins Haus flattert! Wir sind im Februar in das nächste Jahr gestartet und Sie hatten gleich konkrete Ideen und Anliegen, die Platz im Termin finden sollten. Sie berichteten von einigen Veränderungen und Projekten und teilweise hatte ich das Gefühl, dass bei all der Neugier und dem Zauber der Veränderung es auch ganz schön viel werden kann.

Sie suchen eine Bürokraft für den Betrieb, Herr G., was einer fantastischen Auftragslage und einer notwendigen Entlastung entspricht.

Bei Dir, Alessa, winkt das Abitur und Du bist fleißig am Punktesammeln.

Elenors Freund geht für vier Monate ins Ausland und Du überlegst daher einen Umzug, was in Hinblick auf Deine Jobs günstiger wäre.

Für Paul läuft das letzte Schuljahr und er schaut sich nach Stellen für ein Freiwilliges Soziales Jahr und einer eventuell weiteren Schullaufbahn um.

Deshalb kommen die Kraft- und Energietankstellen wie gerufen! Und Sie sind ja wahre Wundertalente, wenn es darum geht, etwas zu finden, was Ihnen guttut, neue Energie und Kraft gibt. Ganz oben auf der gemeinsamen Hitliste stand das Spiel Phase 10, dann sind Ihre Freunde wichtige Kraftquellen und sicher auch wertvolle Helfer, wenn es eine fleißige Hand braucht.

Tirza, Deine Kraftquelle ist zeichnen und Du, Lucien, kannst beim Schlagzeugspielen neue Energie tanken.

Der Rest der Familie füllt beim Sport die Energiereserven wieder auf, ebenso mit einem Stadionbesuch am Wochenende oder einem gemütlichen DVD-Abend.

Bei diesen Energiequellen kann jede Herausforderung besser gemeistert werden und Sie können sich schon richtig aufs Auftanken, die erfrischenden Pausen und energiereichen Zwischenstopps freuen.

Besonders imponierten mir Ihre langen Spieleabende im Kreise Ihrer Lieben an Weihnachten und zwischen den Jahren. Es scheint mir, als sei bei Ihnen das Phase-10-Fieber ausgebrochen. Das gemeinsame Spielen ist eine gemeinsame Qualitätszeit, die Ihnen allen sehr wichtig geworden ist.

Das Spielen zwischen Pflicht und Alltag ist eine Familieninsel, die Sie im Miteinander bestärkt und gut im Kontakt sein lässt. Und Sie haben sogleich Ideen, wie Sie diese Spielfreude über Weihnachten und Silvester hinaus in Ihrem Alltag verankern können, nämlich immer am Ende einer Familienkonferenz! Eine herrliche Idee!

Bei den Mottosymbolen haben Sie alle fleißig mitgemacht und jeder hatte sein ganz persönliches Symbol dabei. Bemerkenswert fand ich die oft zutreffenden Einschätzungen, was der*die andere damit wohl verbindet.

Sie, Frau G., hatten eine Kerze dabei, die für Sie innere Ruhe und Gelassenheit demonstriert. Herr G., Sie haben gleich das Spiel Phase 10 mitgebracht! Sie verbinden damit Gemeinsamkeit und Familienzeit. Du, Tirza, hast einen Würfel mitgebracht, der für Familienspielzeit steht.

Lucien, Du möchtest gerne dieses Jahr öfter ins Kino und hast deshalb eine »Kinodose«, in der einmal ein Kinogutschein drin war, mitgebracht. Du, Alessa, hast einen Jo-Jo mitgebracht, als Symbol, dass es immer wieder aufwärts geht. Eine tolle Metapher! Und Elenor hat ein Glücksschwein mitgebracht, damit das Quäntchen Glück auch immer anwesend ist. Paul hat seine Firmkerze ausgewählt, da diese für eine beispielhafte Familienfeier leuchtet und bei Schatten für genug Licht sorgt. Das sind wunderbare Begleiter für einen neuen Anfang und in ihnen stecken schon so liebevolle Ideen für diesen.

Nun habe ich mir etwas für Sie ausgedacht. Bis zu unserem nächsten Termin schreiben Sie bitte auf die beiliegenden Namenskarten zu jedem Buchstaben eine Eigenschaft oder Fähigkeit. Es gibt für jedes Familienmitglied eine und Sie möchten diese bitte verdeckt ziehen, damit jede*r eine Karte für jemand anderen ausfüllen kann, beispielsweise:

T – oll
H – umorvoll
O – ldtimerliebhaber
M – önchengladbach-Fan
A – ktiv
S – ozial engagiert

Viel Vergnügen, eine schöne Zeit und herzliche Grüße!

① **Resonanzen I**

Für die Mutter ist eine Veränderung schwierig. Zu sehr fühlt sie sich verantwortlich für die Familienarbeit. Es wird gut in der Zwischenzeit delegiert. Andere Familienmitglieder übernehmen Verantwortung für die Familienarbeit. Verantwortung und sich intuitiv entwickeltes Führungsverhalten stehen ihr im Weg und führen zur Belastung.

Auch diesmal arbeitet der*die Heilpädagog*in/Berater*in mit Karten, auf die Kraft- und Energiequellen aufgeschrieben werden und es wird an der Art der Kommunikation »gefeilt«.

Die Familienpost gibt Aufschluss über den Stand im Wandlungsprozess. Die berufliche »Selbstverwirklichung« ist dem Vater gelungen. Die zweitälteste Tochter macht ihr Abitur und wird sich neu orientieren. Die älteste Tochter wird vorübergehend von ihrem Freund getrennt sein und diese Zeit für ihre Weiterentwicklung nutzen. Der älteste Sohn wechselt die Schule oder wird in eine »Freiwilliges-Soziales-Jahr-Zeit« gehen. Der jüngere Bruder hat das Schlagzeugspielen für sich entdeckt. Die Familienkonferenz ist ritualisiert, findet regelmäßig statt. Die Veränderung hat stattgefunden, es gibt nun kein Zurück mehr.

Achte Sitzung: Struktur und neue Beziehungskonstruktion

Ausgangssituation: Die Familie kommt zum achten Familiengespräch. Tirza ist wegen Krankheit zu Hause geblieben.

Hypothesen:

- Die Familie ist sehr leistungsbereit.
- Jedes Familienmitglied hat seinen persönlichen Bereich, beispielsweise Hobbys, was als große Bereicherung angesehen wird. Damit wird auch Autonomie verbunden.
- Mutter und Vater gehen sehr in Erziehungsaufgaben auf, wo findet Paarzeit statt?
- Die Familie braucht neue Strukturen im Veränderungsprozess.
- Lucien möchte gesehen werden in dem, was er tut.
- Lucien braucht mehr Anleitung und Hilfestellung in schulischen Dingen.

Anliegen/Ziel der Klienten/der Familie:

- Stabilisierung des Erfolges
- Positive Kommunikation ausbauen
- Dialog statt unausgesprochenen Vermutungen

Zentrale Fragestrukturen:

- Thema 1: Geburtstagsritual
  - Wie wurden Geburtstage in Deiner/Ihrer Kindheit gefeiert?

- Was gehört heute noch auf jeden Fall dazu?
- Welche Erkenntnisse aus Eurem Stammbaum oder welche Art zu feiern hat Sie am meisten angesprochen?
- Welche neuen Elemente könnten dazukommen?
- Was findest Du/finden Sie absolut unpassend für ein Geburtstagsritual?
- Wie erlebt Ihr Geburtstage bei Freunden und Bekannten? Was daran ist nachahmenswert?
- Inwieweit darf sich jede*r sein*ihr eigenes Geburtstagselement wünschen?
- Welche Bedeutung hat das gemeinsame Feiern, warum ist es für Dich wichtig?
- Wie stellst Du Dir einen Geburtstag ganz ohne Feiern und Rituale vor?
• Thema 2: Schulsituation Lucien (ein aktuelles Anliegen, da die Versetzung gefährdet ist)
  - Seit wann hat sich die Situation verändert?
  - Wer hat welche Erklärung dafür?
  - Wofür ist die aktuelle Situation, bei allen genannten Schwierigkeiten, gut?
  - Wo und wie entsteht Motivation? Wer motiviert wie?
  - Was wären Vor- und Nachteile der Klassenwiederholung?
  - Was wären konkrete Maßnahmen für die aktuelle Situation? Unterstützung? Selbständig machen lassen? Ein Mittelweg?
  - Wie stellt sich die Situation wohl aus Luciens Sicht dar?
  - Expertentum unter den Geschwistern: Wer kann was? Wen kann man fragen?
  - Professionelle Nachhilfe?
  - Sind Ausgleichshausarbeiten, um Noten zu verbessern, eine Option?
• Thema 3: Reiseziel Glück
  Jeder zieht zwei Karten und beantwortet diese.

Schriftlicher Abschlusskommentar/Familienpost:

Liebe Familie G.,

Sie werden zur Familie des Jahres gekürt! Und das schon im Mai!!
   Wie liebevoll Sie ein Geburtstagsritual gestalten, ist wirklich preisverdächtig!
   Sie schauen so prima, was jede*r Einzelne an individuellem Ritual braucht und möchte, und dennoch gibt es gemeinsame, verbindende Elemente.
   Was in der Stunde entstanden ist, ist ein richtiges Ideenfeuerwerk, mit dem sich so tolle Geburtstage feiern lassen.
   Ich bin schon auf das erste Event und Ihre Rückmeldungen dazu gespannt. Der nächste, der Geburtstag hat, ist ja Paul.
   Sie haben sich überlegt, gemeinsam am späten Nachmittag den Geburtstag mit Kuchen essen oder Waffeln backen einzuläuten, wer kann, kommt gerne dazu und am Abend wird gemeinsam essen gegangen. Das Geburtstagskind darf sich aussuchen, wohin Sie essen gehen.
   Ebenso gibt es individuelle Ideen, so möchte z. B. Alessa am Abend Ihres Geburtstages nach dem Essen gehen gern zu Hause noch einen Cocktailabend anschließen und Lucien möchte gern zur Bowlingbahn.
   Elenor hatte die Idee von Mottotorten, die zum jeweiligen Geburtstagskind passen. Einfach genial. Mit dem Backen soll sich abgewechselt werden.
   Und so haben auch sie, liebe Eltern, die Chance auf einen ganz persönlichen Geburtstagskuchen.

Ich bin schon irre gespannt auf Ihre Rückmeldung beim nächsten Mal und zu hören, wie das Geburtstagsritual Ihrer Familie einen neuen Anfang, getreu ihrem Jahresmotto, gefunden hat.

Dann warst Du, Lucien, das letzte Mal sehr im Mittelpunkt gestanden und ich möchte Dir gern ein Kompliment für deine Geduld machen, es ist nicht so einfach, mit einem unliebsamen Thema eine zentrale Rolle einzunehmen. Du konntest gut Erschwernisse benennen und formulieren, wo der innere Schweinehund zum Zug kommt, um dich von den Hausaufgaben abzubringen. Alle anderen Familienmitglieder haben mit Dir nach Ideen gesucht, wie man die Hausaufgaben- und Lernsituation besser gestalten kann. Wie kannst du bei Fragen Hilfe erhalten und welche Experten in Deiner Familie stehen wann und wie zur Verfügung? Dein Hauptanliegen und Euer gemeinsames Ziel ist die Versetzung in die nächste Klasse. Hierbei halfen Alessa, Paul und Elenor mit wertvollen Ideen und vielen eigenen Erfahrungen. Deine Geschwister signalisierten deutlich Ihre Hilfsbereitschaft. Sie, Herr und Frau G., schätzen die jeweiligen Talente Ihrer Kinder gut ein und können somit gut anleiten und begleiten, welches »Expertentum« und welcher Erklärstil von den »größeren« Kindern zu dem Bedarf der »jüngeren« Kinder passt.

Zum Ende gab es die Idee eines »Hausaufgabentisches«, auf den Du, Lucien, oder auch du, Tirza, offene Fragen zu den Hausaufgaben im betreffenden Heft auf einem beiliegenden Zettel stellen kannst. Der nächste, der vorbeikommt, wird eine Idee dazu notieren und somit etwas weiterhelfen.

Ich hoffe und drücke die Daumen, dass Ihre Bemühungen Früchte tragen und sie Ihren Erfolg mit der Zeugnisausgabe feiern können.

Eine gute Zeit bis dahin und viel Freude beim Geburtstag-Feiern

Resonanzen I

Die Erziehung als Teil der Familienarbeit wird von Mutter und Vater engagiert wahrgenommen. Die älteren Töchter werden angefragt, inwieweit sie den ältesten Sohn schulisch unterstützen können. Dadurch rutscht der Sohn in den Mittelpunkt und erlebt, dass er wichtig ist.

Neue Rituale unterstützen das neue Verhalten in der Familie, z. B. Geburtstagefeiern.

Neunte Sitzung: Abschied beginnt – Konflikte werden benötigt, um zum Ende zu kommen

Ausgangssituation: Die Intervalle zwischen den Terminen werden immer größer, der letzte Termin war vor drei Monaten.

Hypothesen:

- Das Ende des Beratungsprozesses steht an.
- Die Familie hat viel Zugang zu Ihren Kompetenzen, so dass ich »nur« noch einen zusätzlichen Familienzeitrahmen stelle.
- Die Familienkonferenzen verlaufen kontinuierlich.
- Die Maßstäbe der Familie sind wieder mehr nach der Familie und nicht an möglichen äußeren Erwartungen ausgerichtet.
- Es gibt eine positive Offenheit gegenüber dem Veränderungsprozess.
- Die Termine sind für die Mutter wie ein Anker.

- Wie kann man Gelingendes aus den Terminen nach Hause transferieren?
- Paul und Tirza haben auch einen Gewinn durch die Streitigkeiten.
- Hat Lucien die Versetzung geschafft?

Anliegen/Ziel der Klienten/der Familie:

- Umgang mit Geschwisterstreitigkeiten
- Positivtrend fortsetzen

Zentrale Fragestrukturen:

- Thema 1: Urlaubsinterview
  - Was war Dein schönstes Urlaubserlebnis?
  - Was vermutest Du, wer im Urlaub viel Energie getankt hat?
  - Bei wem würdest Du Dich für ein schönes Urlaubserlebnis bedanken wollen?
  - Wer hat dafür gesorgt, dass es Dir im Urlaub gut geht? Und wie könntest Du der Person dafür danken?
  - Was von diesem Urlaub sollte auf jeden Fall im nächsten Urlaub auch dabei sein?
  - Wie kannst Du dafür sorgen, dass Deine schönste Urlaubserinnerung einen guten Platz im Alltag findet?
  - Was hast Du Dir aus dem Urlaub mitgebracht?
  - Wie könnt ihr als Familie dafür sorgen, dass ihr im Alltag ab und zu auch Urlaubsgefühle bekommt?
  - Welchen Titel würdest Du dem Urlaub geben?
  - Welches Lied war Dein Lieblingsurlaubssong?
  - Wenn Du ein Bild über den Urlaub malen würdest, was wäre darauf zu sehen?
- Thema 2: Geschwisterstreitigkeiten
  - Wann kommt es zu Streitigkeiten?
  - Wer ist beteiligt?
  - Was macht …? Und dann?
  - Wer reagiert wie darauf? Wann? Wie oft? Warum?
  - Welche Vorteile könnte die Situation für … haben?
  - Was wäre, wenn ich … mache? Ärgert und provoziert das genauso? Weniger? Mehr?
  - Was wäre der erste kleine Schritt, den jede*r bereit wäre zu gehen? Was wirft jeder für ein bisschen weniger Streit zu Hause in die Waagschale?

Schriftlicher Abschlusskommentar/ Familienpost:

Sehr geehrte Familie G.,

hier ist wieder eine Familienpost für Sie. Ich möchte Ihnen meine Eindrücke des letzten Familientermins schicken und Ihnen Ihr Übungsfeld bis zum nächsten Termin vorschlagen.
   Ein riesengroßes Kompliment möchte ich Tirza machen! Sie hat sehr engagiert mitgearbeitet und hatte wegweisende Ideen! Echt super! Durch Dich, Tirza, sind wir auch so weit gekommen und konnten weiter an dem Erfolg Eurer Familie arbeiten. Und ich bin sicher,

genauso gut wird es Dir gelingen, mit Luciens Kopfhörern am PC die Grimassen von Paul weniger wichtig zu nehmen.

Apropos Erfolg: Das nächste Kompliment geht an Sie, Herr G., Sie haben Ihren Sohn spontan und zeitnah vor allen für sein Engagement gelobt. Das freudige Lachen Ihres Sohnes als Reaktion darauf sprach Bände!

Dir, Lucien, ist eine wichtige Beobachterrolle und quasi »Außensicht« zugekommen. Du hast bei dem Thema Geschwisterstreitigkeiten immer wieder wertvolle Beobachtungen beigetragen und hast als »Nichtbeteiligter« prima Ideen formuliert. Du bist sogar bereit, Tirza fürs PC-Spielen Deine Kopfhörer zu leihen.

Gratulation auch nochmals zu Deiner Versetzung, Du hast nochmal den Super-Turbo eingeschaltet und so gut dafür gesorgt, mit Deinen Freunden ins nächste Schuljahr zu wechseln.

Dir, Paul, gebührt ein Lob für Dein Engagement und Deine Kritikfähigkeit beim Thema Geschwisterstreitigkeiten zwischen Dir und Tirza.

Du überlegst Dir, einen ersten Schritt in Richtung »Wir können zusammen in einem Raum jeder das Seine tun«, und das obwohl Du selbst »betroffen« bist, was gerade dann nicht einfach ist. Das heißt, du zeigst nun einen »normalen« oder »neutralen« Gesichtsausdruck, vor allem dann, wenn Du Tirza begegnest.

Sie, Frau G., können offen ihre Wünsche und Erwartungen formulieren und auch auf eine gute Art und Weise sagen, was Sie nicht mögen. Somit hat jeder auch darin schon eine Chance, in irgendeiner Weise zu reagieren.

Sie sind echt ein Erfolgsensemble! Ich denke immer wieder gerne an Ihr Familienwerbeplakat zurück und denke dabei, wie bescheiden Sie sich damals dargestellt haben. Sie zeigen so viel Ausdauer, Motivation und Zielstrebigkeit im Sinne der Familie und Sie sind nach wie vor daran, Ihre Familienaktivitäten zu verstärken; dafür schauen Sie immer wieder flexibel nach Verbesserungen und Veränderungen.

Und eins gleich dazu gesagt: Ich hatte selten eine Familie in der Größe der Ihren, die es so kontinuierlich und beständig immer wieder geschafft hat, in der Vielzahl an Personen die Termine wahrzunehmen. Bei Ihnen ist der Großteil der Familie immer dabei und setzt sich für die guten Aussichten ein.

Das Thema Familienaktivitäten, das wir zum Schluss noch gemeinsam angerissen haben, brachte gleich so viele Ideen hervor, an denen man ansetzen kann. Sie aktivieren Ihren Dreck-weg-Plan neu und möchten eine Regelung finden, um für Lucien, Paul und Tirza die Dienste zu wechseln. Sie, Herr G., wollen Ihre Frau vermehrt von der Hausarbeit »lösen«.

Und wie finden Sie auch zwischen festen Spielen am Wochenende – die Sie ja übrigens auch gemeinsam mit einem Teil der Familie besuchen – noch Zeit, um einen Besuch im Hochseilgarten, gemeinsames Grillen (mit Grillmeister Paul), Minigolf, Schwimmen und Bowlen anzudenken.

Ich freue mich schon sehr auf den nächsten Termin, in dem wir wahrscheinlich schon viel konkreter unseren gemeinsamen Abschluss planen. Bis dahin möchte ich Sie bitten, die bunten Komplimentesterne fleißig auszufüllen und zu verteilen. Jede*r bringt dann bitte zum nächsten Mal seine Komplimente mit, die er*sie geschenkt bekommen hat.

Und denken Sie daran: Es müssen keine großen »Künste« dahinterstecken. Die Schönheit steckt im Detail. Wenn Ihnen die Farben der Kleider Ihrer Tochter an einem Tag besonders gut gefallen, wäre dies ein Kompliment wert, oder Sie sehen, wie Lucien auf den Haushaltsplan schaut, Paul Tirza zum Lachen bringt, ein Lächeln Ihrer Kinder/Eurer Eltern, strahlende Augen, Sie als Eltern ein Abendessen im Kreis Ihrer Liebsten besonders genießen oder am Wochenende bei einem Spiel gerade besonders stolz auf eines Ihrer Kinder sind. Oder auch wie Elenor die Kombination aus Studium und Job hinbekommt oder, oder, oder … Ihrer Fantasie sind keine Grenzen gesetzt und Ihnen fällt bestimmt eine Menge ein. Und wenn Sie dann erst mal losgelegt haben …

Bis im November, mit spätsommerlichen Grüßen

Resonanzen I

Die Intervalle der Sitzungsfolge werden größer. Das ist ein gutes Zeichen. Veränderungsprozesse brauchen Zeit. Die Familienkonferenzen finden kontinuierlich statt. Die Familienberatung bekommt immer mehr den Charakter einer Art Supervision. Damit wird auch der Abschluss der Familienberatung eingeläutet. Vielleicht wäre für die Mutter nach dem Abschluss noch ein Coaching für ihre Familienarbeit hilfreich.

Die jüngste Tochter verändert ihre Rolle. Sie bringt sich konstruktiv in die Familiensitzung ein. Der ältere Sohn übernimmt die Beobachterrolle, z. B. wenn es um Geschwisterstreit geht. Beide können anders miteinander umgehen. Die Mutter kann ihre Wünsche und Erwartungen angemessen einbringen. Vielleicht kann ein Teil der Hausarbeit durch eine Haushaltshilfe abgedeckt werden?

Als Hausaufgabe wird »Komplimente verteilen« ausgegeben.

Zehnte Sitzung: Was noch zu sagen ist

Ausgangssituation: Der nächste Termin wird der Abschluss des Beratungsprozesses sein. Daher steht heute die Klärung von Offenem an, damit der Abschlusstermin für die Erfolgsmomente genutzt werden kann.

Hypothesen:

- Der Familie fällt der Abschied etwas schwer. Werden dafür bestimmte Verhaltensweisen mehr problematisiert?
- Die Familie ist stolz auf das Gelungene und nutzt die entstehende Zeitressource.
- Die Herkunftssysteme werden vermehrt mit einer liebevolleren Sichtweise bedacht.
- Die Familie wirkt lockerer, gelöster.
- Der Erziehungsstil wirkt weniger festgefahren, dafür authentischer: weniger Machtkämpfe, weniger Vorwürfe bzgl. des Erziehungsverhaltens zwischen Mutter und Vater.
- Die Mutter formuliert Ihre Anliegen. Eine Bitte wird als diese verstanden und zur Aufforderung klar abgegrenzt.

Anliegen/Ziel der Klienten/der Familie: Anker für »schlechtere« Zeiten

Zentrale Fragestrukturen:

- Thema 1: Komplimente
  - Welches Kompliment hat Dich besonders berührt?
  - Welches Kompliment hat Ihnen ein Lächeln auf die Lippen gezaubert?
  - Welches Kompliment haben Sie mit Feuereifer notiert?
  - Was hat Dich am meisten überrascht?

- Thema 2: Aktuelle Anliegen
  - Was gibt es heute zu besprechen, damit wir den Abschlusstermin im März ganz mit Blick auf das Gelungene und Ihre Erfolge füllen können?
  - Wo gibt es noch ein Herzensthema?
  - Etwas Offenes?
  - Eine Frage?
  - Eine Rückmeldung?
- Thema 3: Familienobelisk
  - Ich habe auf einem DIN-A2-Plakat einen Obelisken gezeichnet und erzähle der Familie die Tradition eines Obelisken in Ägypten.
- Nun kann die Familie gemeinsam ihre Lebensweisheiten und Erfahrungen sowie ihre Erfolgsparameter und Ressourcen auf die freien Schrifttafeln am Obelisken schreiben.
- Thema 4: Weihnachtsinterview
  - Was sind Ihre schönsten Weihnachtserinnerungen?
  - Welche Lieder erklingen bei Ihnen zu Weihnachten?
  - Was genießen Sie besonders in der Vorweihnachtszeit?
  - Welche Vorbereitung ist auf jeden Fall für Sie eine Lust?
  - Wie würden Sie einem Außerirdischem Weihnachten beschreiben?

Schriftlicher Abschlusskommentar/Familienpost:

Liebe Familie G.,

ich möchte dieses vorletzte Mal nochmal die Gelegenheit nutzen, Ihnen ein riesig großes Kompliment zu machen. Sie sind mit solchem Tatendrang und Elan zu den Ufern einer Insel aufgebrochen, die den Namen »Entspanntes Familienmiteinander« trägt. Auf dem Weg dorthin haben Sie Ihre Schätze nochmals betrachtet, sortiert und deutlich erweitert!

Jede*r Einzelne hat so viel dazu beigetragen, dass Sie der heitere Optimismus, die guten Aussichten und die unermüdliche Toleranz wie sanft umspielende Wellen Ihres Bootes stets begleiten. Sie waren immer auf Entwicklung ausgerichtet und der Kompass hat Ihnen sicher die Wege gewiesen!

Ihr Familienboot hat die Tugenden ausgeprägter Familiensinn, enormes Verantwortungsgefühl, ausgeprägte Sportlichkeit, liebevolle Fürsorge und gemeinsames Wachsen nicht nur gefahren, bei Ihnen werden diese gelebt.

Dies gilt, wenn ich an den Umzug Ihres Sieben-Personen-Haushaltes denke und daran, dass Ihre Kinder diesen als ganz besondere Leistung honorieren. Betrachten Sie den wunderbar geglückten Sprung in die Selbständigkeit. Genauso betrifft es die Kontakte, die Sie und Ihr in W. neu geknüpft habt. Eure Offenheit und die Möglichkeit, auch mal über sich selbst zu lachen, hat dies sicher positiv befördert.

Das Weihnachtsinterview hat mir viel Freude bereitet und man merkt deutlich die kleinen und großen Freuden bei Ritualen, Gerüchen und Ihrem traditionellen Plätzchenevent am ersten Advent!

Ich könnte hier jetzt noch lange weitermachen, spare mir noch etwas für die letzte Familienpost auf und möchte Ihnen noch die von Ihnen angeregte »Hausaufgabe« präsentieren.

Seefahrer haben ein Logbuch, Sie hatten die Idee eines Erfolgsbuches, in dem Ihre Sternstunden verewigt sind, Ihr Familienschatz zum Leuchten kommt. Als »Hausaufgabe« bitte ich Sie, sich zunächst ein Buch zu besorgen, welches ein würdiges Erfolgsbuch werden kann. Danach erhält jede*r einen bunten Bogen mitgeschickt, auf die bitte jede*r für sich eine kleine »Erfolgsgeschichte« Ihrer Familie notiert. Sei es die Firmung, das Laufenlernen der Kinder, gemeinsames Schlittenfahren, Fußballcamps, erreichte Erfolge oder witzige Begebenheiten, an die man sich gerne erinnert …

Nun wünsche ich viel Freude und bin gespannt auf die ersten Beiträge zu Ihrem persönlichen Familien-Erfolgsbuch!

Schöne Weihnachten bei Lichterzauber und Plätzchenduft, einen guten Rutsch und bis nächstes Jahr!

Resonanzen I

Vorbesprechung der Abschlusssitzung. Die Familie hat genug Eigenkräfte entwickelt und sich in ihrer Organisation gestärkt. Alles Weitere ist selbstreferenziell und folgt seiner eigenen Organisationsdynamik. Der Wandlungsprozess ist im Wesentlichen abgeschlossen.

Der*die Heilpädagog*in/Berater*in beobachtet ein »Entspanntes Familienmiteinander«. Es gibt ein Familienboot, in dem nicht immer alle sitzen müssen, aber können, wenn sie möchten.

Elfte Sitzung: Abschied

Ausgangssituation: Abschlusstermin Familie G.

Hypothesen:

- Der Abschied wird von der Familie mit gemischten Gefühlen begleitet.
- Die Familie freut sich auf das Abschiedsritual und die damit verbundene Würdigung.
- Der Gutschein gibt eine Art Anker und Möglichkeit der Kontaktanbahnung

Anliegen/Ziel der Klienten/der Familie

- Entwicklungen beibehalten
- Weiter auf Ressourcen achten

Zentrale Fragestrukturen:

- Thema 1: Erfolgsgeschichten
  - Wer hat das Erfolgsbuch gefunden oder gekauft?
  - Nach welchen Kriterien wurde es zu Ihrem Erfolgsbuch gekürt?
  - Wer möchte seine Geschichte zuerst vorlesen und dann in das Erfolgsbuch kleben?
  - Gab es mehrere Geschichten zur Auswahl? Wieso fiel die Wahl auf diese?
- Thema 2: Königsstuhl
  Jedes Familienmitglied darf sich abwechselnd auf einen mit rotem Samt bespannten Lehnstuhl setzen, eine goldene Krone aufsetzen und einen Komplimentenregen erwarten. Die anderen Familienmitglieder schreiben für die Person,

die auf dem Königsthron sitzt, Komplimente auf Blüten und überreichen diese nach der Vorleserunde der Komplimente.

Schriftlicher Abschlusskommentar/Familienpost:

Liebe Familie G.,

Bei unserem letzten Termin war ich ergriffen von Ihren gemeinsamen Erfolgsgeschichten und ganz überrascht und auch begeistert hat mich die Tatsache, wie gut Ihnen die Urlaube in Erinnerung geblieben sind. So viele Übereinstimmungen sprechen eine deutliche Sprache!

Auch wenn die Zeiten sich ändern und die erwachseneren Kinder nicht mehr mitfahren, haben Sie, liebe Eltern, eine sehr wertvolle Erinnerung an Familienurlaube geschaffen und viele Anekdoten zeigen Ihren Spaß, den Sie gemeinsam hatten und haben.

Den Königsthron haben Sie erst etwas skeptisch beäugt, dann die etwas ungewohnte Situation prima gemeistert und sogar etwas genossen. Bei dem Komplimentenregen kein Wunder! Fantastisch, was Ihnen alles eingefallen ist!

Paul, Du bist der Gute-Laune-Garant und Lachjoker der Familie! Du sorgst fast automatisch für gute Stimmung, hast immer einen Witz oder Lachen auf den Lippen! Auch bei weniger lustigen Themen kannst Du Dich empathisch und gut für Eure Entwicklung stark machen! Als Nachwuchsgrillmeister trittst Du in die Fußstapfen Deines Vaters.

Den ernsthafteren Gegenpart vertritt Tirza, wobei sie beim Zeichnen kaum noch aufhören kann und mit ihrer Begeisterung andere Familienmitglieder ansteckt. Du bist unglaublich kreativ und im Nu hast Du in den Terminen Deine bunten Ideen umgesetzt.

Elenor zeigt sich sehr verantwortungsvoll und mit einer passenden Anteilnahme am Familienleben, obwohl sie gut auf eigenen Beinen steht. Du bringst eine wertvolle Außenperspektive ein, regst immer wieder zu Reflexion sowie zum Nachdenken an und die Tiere können sich bei Deinen Behandlungen als Tierosteopathin bestimmt entspannen und sich sehr wohlfühlen.

Den musikalischen Part der Familie übernimmst Du, Lucien. Du inspirierst die anderen mit Deinen Vorspielen oder bringst sie unbekannten Musikrichtungen näher. Du vermittelst zwischen Deinen Geschwistern und bringst Dich immer wieder mit tollen Ideen in die Familienkonferenzen und Termine ein.

Alessa, Du bist eine bemerkenswerte Person. Ohne großes Aufhebens meisterst Du Dein Abitur und bist dabei sehr bescheiden. Deine Ideen haben oft etwas Verspieltes, Leichtes und sorgen für gute Stimmung in der Familie. Du bringst Deine Interessen unter einen Hut und ich bewundere Dein Organisationstalent dabei.

Sie, Herr G., haben Ihren gesamten Mut und die pure Energie in den Aufbau Ihrer Selbständigkeit gesteckt. Trotz dieser Herausforderung haben Sie am Familienprojekt mitgewirkt, ohne hinter den anderen zurückzustehen. Und wahrscheinlich war der Schritt in die Selbständigkeit auch schon ein wertvoller Beitrag. So können sie beim Mittagessen oft zu Hause sein und bekommen ab und an auch mehr vom Familienleben am Tage mit. Sie machen einen tollen Trainerjob und Ihr Verein fragt Sie für immer mehr Mannschaften an. Aber auch hier schaffen Sie es gut, Prioritäten zu setzen und gut mit Ihrer Zeit hauszuhalten.

Frau G., auf Ihr Betreiben hin kamen die Familientermine zustande. Sie achten sehr auf die Stimmung innerhalb der Familie und entwickeln immer mehr Freude daran, sich selbst auch Gutes zu gönnen und den Geschirrberg ruhen zu lassen. Auch haben Sie immer wieder eine feine Antenne für die anderen Familienmitglieder, die sich immer an Sie wenden und ein offenes Ohr erwarten dürfen. Sie haben im Laufe der Zeit ganz wertvolle Ansichten und Ideen präsentiert, die pure Erfolgsgaranten bei Ihrem Familienprojekt sind.

Ich bin sehr dankbar für die gemeinsamen Termine, habe Sie als solch engagierte und vielfältig verbundene Familie kennengelernt.

Bei Ihnen sind so viele Schätze und Ressourcen vertreten und Ihnen gelingt es ganz oft, flexibel zwischen Individualität und Familiensinn zu balancieren. Das benannten Sie auch als eine Zutat zu Ihrem ganz persönlichen Familienerfolgsrezept.

Nun darf ich Ihnen von Herzen alles Gute wünschen, schauen Sie ab und an auf Ihre wichtigen Wegbegleiter und vielleicht finden die Namenskarten, Krafttankstellen etc. auch einen Platz im Erfolgsbuch. Und wenn der Erfolg gerade ein bisschen Pause macht, schauen Sie sich Ihren überragenden Obelisken an.

Falls Sie eine kleine Auffrischung wünschen, habe ich hier einen Gutschein für einen Termin für Sie bei mir.

Toi, toi, toi, alles Gute und eine wunderbare Zeit!

Erfahrungszentrierter, entwicklungs- oder wachstumsorientierter Ansatz (vgl. ausführlich Kriz, 2009, S. 241)

Der erfahrungsorientierte Ansatz wurzelt in der humanistischen Psychologie. Bedeutsam ist die Palette an großen, existentialistischen, phänomenologischen und humanistischen Themen wie Wachstum, Autonomie, Begegnung, Ganzheit, Einzigartigkeit. Anschlüsse bestehen zu Gestalttherapie, Klientenzentrierter Therapie und Psychodrama. »In der systemischen Familienberatung wird stärker der Kontext der Symptome und die systemische Vernetzung von Kommunikationen (im weitesten Sinne) berücksichtigt« (ebd.). Im Fokus stehen die gegenseitigen Erfahrungen der Familienmitglieder hinsichtlich Aktionen im »Hier und Jetzt« sowie die individuelle und familiäre Erfahrung als kontextueller Hintergrund für das, was im Jetzt geschieht, und das Erschließen weiterer neuer Erfahrungen und Möglichkeiten. Peggy Papp und Virginia Satir verwenden für die Darstellung der Beziehungen in der Familie die Familienskulptur. Beziehungen in der Familie können dargestellt, erlebt, erspürt und experimentell verändert werden. Die Haltung der Therapeut*innen wird getragen von Begegnung, Wertschätzung, Ganzheit – den Säulen der humanistischen Psychologie.

Ziele sind: erstarrte Kommunikationsstrukturen verflüssigen, die Umdefinition des Problems sowie die Interaktionsprozesse der Personen in der Familie für die eigenen Wünsche und Gefühle als auch für die der jeweils anderen fördern.

Resonanzen I

Abschlusstermin und Abschied stehen an. Ein gefühlsmäßig guter Abschluss für die Familienmitgliedern und die Familienberaterin ermöglicht einen Neuanfang in einem anderen Beratungsprozess, wenn eine neue Beratung notwendig wird. Als Methode zur Verabschiedung wird der Königsstuhl gewählt, über den ein »Komplimentenregen« herunterkommt.

In der Familienpost wird noch einmal die Leistung der Familie und die jedes einzelnen Familienmitgliedes gewürdigt.

Abschlussbetrachtung

Dieser Fall ist aus unterschiedlichen Gründen etwas Besonderes. Eine Familienberatung mit sieben Familienmitgliedern gibt es nicht häufig. Der kulturelle Hintergrund der Eltern führt dazu, dass unbekannte Erwartungen aneinander entstehen.

Die Geschwisterkonstellation, zwei ältere Mädchen, zwei jüngere Brüder und eine Jüngste, hat eine besondere Dynamik. Das Streben nach Selbstverwirklichung des Vaters ist ein Maßstab, das Rollenvorbild der Mutter ein anderer. Die Kinder haben viele Möglichkeiten, sich zu orientieren. Auch wenn die Mutter in der Familienarbeit ihre Aufgabe sieht, gelingt es ihr, sich etwas vom Druck zu befreien. Dass es gelingt, in dem Maße an der Familienkultur zu arbeiten, ist eine bemerkenswerte Leistung der Familie.

Die Familie hat einen Wandlungsprozess durchlaufen und über die Thematisierung von Möglichkeiten der Selbstverwirklichung zu einem neuen »Wir« gefunden. Dies war für alle Beteiligten ein wichtiger Lernprozess. Die Mutter konnte in ihrer »Arbeit« neue »Führungsqualitäten« entwickeln. Die Paarbeziehung der Eltern wurde stabilisiert. Ob die beiden jüngeren Kinder aus ihrer Hyperaktivität herausgeführt wurden, bleibt in der Fallerzählung offen. Sie müssten nicht mehr Symptomträger sein, um Aufmerksamkeit zu bekommen. Geschwisterrivalitäten konnten bearbeitet und zur Versöhnung geführt werden. Der Vater hat mit seiner Selbständigkeit Erfolg und sich damit etwas mehr verwirklicht.

Der*die Heilpädagog*in/Berater*in hat gezielt den Wandlungs- und Lernprozess über Kontextsteuerung begleitet. Bemerkenswert sind hierbei:

- die Konstruktion der Sitzungsübergänge,
- das Mitnehmen zur nächsten Sitzung, verbunden mit der impliziten Aufforderung an die Familienmitglieder sich zu exponieren,
- letztlich das beharrliche ressourcenorientierte Reflektieren mit positiven Verstärkern im Rahmen der Familienpost.

Resonanz zur Erzählform

Die Geschichte von Familie G. wird in einer Form erzählt, die zum Lernen anregen soll. Solche Erzählungen müssen attraktiv sein. Storytelling wird z. B. attraktiv, wenn die Geschichte eine*n Held*in hat, wie in dieser Geschichte die Mutter, oder Zusammenhänge zwischen Handlung und dem Resultat wie in der Familienpost hergestellt werden. Zum Schluss der Geschichte gibt es eine Auflösung, die vermutlich wieder Ruhe und eine neue Ordnung herstellt.

Der*die Heilpädagog*in/Berater*in schildert einen Familienberatungsprozess. Sie spannt einen Bogen der Beratung über mehrere Sitzungen. Sie gibt der Beratungsgeschichte damit eine Form. Ähnliche Geschichten kennen wir aus dem Theater, dem Drama, wo der Spannungsbogen in einem vielleicht dramatischen Ende mündet. Nicht so in dieser Fallgeschichte, in der sich das Drama zum Schluss eher auflöst. Häufig korrespondieren Form und Inhalt miteinander.

Damit ist es möglich zu fragen: Warum schildert sie die Situation so und was drückt es an Inhalt aus? Für wen schildert sie diese Geschichte?

Sie stellt uns eine Geschichte gelungener Praxis zur Verfügung. Sie beschreibt exemplarisch Interventionen, die sich auch auf andere Familienberatungen übertragen lassen. Die Falleinbringende schildert die Geschichte aus der Rekonstruktionsperspektive.

Gedanken der resonanzgebenden Person

Die Fülle und Vielfalt des Falles bestimmen den ersten Eindruck. Die resonanzgebende Person erlebt die Multikomplexität, die in diesem beschriebenen Familiensystem steckt, und den Veränderungsdruck der Familie. Das Hauptthema scheint mir »Übergänge« zu heißen.

4.3 Resonanzen II ②

Liebe Familienberaterin,

Sie unterweisen uns hier in der hohen Beratungskunst, die sich unter günstigen Ausgangsbedingungen optimal entfalten konnte. Durch Ihre Prozessbegleitung, gekoppelt an ein ressourcen- und lösungsfokussiertes methodisches Feuerwerk, haben Sie ein sehr hohes Maß an Kooperation in dieser siebenköpfigen Familie aufgebaut. Diese Familie brachte durch ihre Altersstruktur und Ressourcen (Ü8–21 Jahre/Heranwachsende) beste Voraussetzungen mit, um ihre Aktionsangebote umzusetzen, inhaltlich in die Tiefe zu gehen und durch ihre kreativen Produkte ein eindrückliches Gesamtkunstwerk entstehen zu lassen.

Mit diesem Abschlussbrief möchte die resonanzgebende Person eines von vielen beeindruckenden methodischen Elementen der hier beschriebenen Familienberatung aufgreifen, was zunächst mit dem Abschlusskommentar der Familientherapeutin – Standard-Abschlussintervention – umgesetzt wurde (vgl. Kiessl 2019, S. 129–139). Diese wird im Verlauf der lang andauernden und komplexen Familienberatung zu Recht in eine Familienpost umgewandelt, die im Nachklang an die Sitzungen von der Familienberaterin an die Familie gesendet wird. Die Beratung ist geprägt von vielen kleinen und größeren ressourcenfokussierten Rückmeldungen, so dass ich (als die resonanzgebende Person) dieses Verteilen von Blumensträußen und von Komplimenten gerne auch hier aufgreifen möchte.

Sie haben als Familienberaterin sieben Personen mit ihren Anliegen, Betrachtungsweisen, Ressourcen in diesem Mehrpersonensetting auszubalancieren. Dies verlangt von Ihnen eine hohe Aufnahmefähigkeit sowie Kompetenz zur Adaption und Flexibilität. Hohe Komplexität und eine Fülle an Informationen und Ideen entstehen in jeder Sitzung, die oft in mehreren zu bearbeitenden Themensträngen verfolgt werden. Diverse gestalterische Aktionen (ebd., S. 119–128) lassen kreative Produkte der Familie, Zusammengehörigkeit, eine andere Familienkultur und Kommunikation sowie Interaktion entstehen. Sie halten – metaphorisch gesprochen – dieses Beratungsschiff, den Prozess der fluktuierenden Auftragsklärung und konsequenter Ressourcenorientierung konsequent auf Kurs.

Rituale sind strukturgebend (vgl. ebd., S. 129–139). Mit dieser Rahmung vermitteln Sie Sicherheit für diese aufregende Reise des »Familienschiffs« zu neuen Horizonten. Mit der detektivischen Beobachtungsaufgabe sollen Ressourcen und die Ausnahmen vom Problem aufgespürt werden (de Shazer 1989, S. 149 ff.). Handlungsorientierte Aufgaben sind dafür da, Veränderungen in den Alltag zu transferieren und zu implementieren.

Wie schafft es der*die Heilpädagog*in/Berater*in, auf diesen verschiedenen Ebenen gelingende Beziehungen zu stiften? Vermutlich liegt dies an Ihrem durchaus heilpädagogischen angelegten Begleiten, verbunden mit einer entsprechenden heilpädagogischen Haltung, die von Zuversicht getragen wird und von Vertrauen in die Potenziale der begleiteten Familie geprägt ist. Dabei ist die Gestaltung der Angebote angemessen dosiert. Für alle ist etwas dabei und keine*r wurde überfordert. Alle sind eingebunden und werden mitbedacht, auch wenn sie an einer einzelnen Sitzung nicht teilnehmen konnten. Je jünger die Kinder sind, die im Mehrpersonensetting integriert sind, desto anspruchsvoller wird die Selektion der Aktionen/Methoden, um es den jungen Beteiligten zu ermöglichen, ihre inneren Repräsentanzen (die inneren Bilder von uns selbst) in Ausdruck zu bringen.

Ihre positiven und wertschätzenden Konnotationen (Kiessl 2019, S. 129–139) bedeuten die Beförderung einer Kultur der Wertschätzung und Würdigung. Dies bringt allen Familienmitgliedern ein Upgrade an Selbstwert (Satir, 1990), das sich wiederum förderlich auf die familiäre Kommunikation und Interaktion auswirkt und Beziehungen zwischen Eltern und Kindern, den Kindern untereinander sowie auf der Paarebene und zur Familienberater*in hin stiftet. Die beharrliche und neuartige Kultur der Anerkennung durch die Familienberater*in ermöglicht es, ganz in der lösungsfokussierten Tradition emotional positiv erlebte Aktivitäten nachhaltiger erlebbar zu machen sowie die eigenen Stärken und Fähigkeiten fassbar zu machen und zu verdeutlichen.

Es gibt die Hypothese, dass einzelne Familienmitglieder ein niedriges Selbstwertgefühl haben, was sich entsprechend auf die Familiendynamik auswirkt. Mit den stattgefundenen Veränderungen hat sich der »Selbstwerttopf« (Metapher von Virginia Satir, 1978, S. 37) einzelner Familienmitglieder sowie der gesamten Familie angefüllt, was als längerfristiger Vorrat für kritischere Phasen im Familienleben substanziell und nachhaltig zur Verfügung steht.

Gleichermaßen erfolgt durch diese Vorgehensweise eine gewisse Homogenisierung, wie es schon der Betrachter auf der zweiten Ebene formuliert hat. Werden Brüche oder Verwerfungen negiert oder konsequent reframed? Familienberatung darf auch leicht sein und Spaß bringen. Eindrucksvoll ist, dass auftretende und umschriebene Symptome prinzipiell nicht als Problem fokussiert werden. Die Anliegen werden ernst genommen, konstruktiv bearbeitet, Konflikte und Widersprüche werden bewusst stehen gelassen, Lösungen werden entwickelt und so die Familienresilienz ins Wachsen gebracht.

Nach Sonnenmoser (2016, S. 170) umfasst die Familienresilienz

> »Einstellungen, Eigenschaften, Kompetenzen und Strategien (etwa Kommunikation und Problemlöseverhalten) von einzelnen Familienmitgliedern und Familien insgesamt, die dazu beitragen, widerstands- und anpassungsfähig in Anbetracht von Krisensituationen zu sein und diese gemeinschaftlich zu überstehen«.

Im Fokus stehen Unterstützungs- und Bewältigungspotenziale (Walsh 2016, Fröhlich-Gildhoff & Rönnau-Böse 2022) sozusagen als kraftspendender Vorratsspeicher, als aufgeladener Familienakku, um sich zukünftigen Belastungen und Herausforderungen robust entgegenstellen zu können.

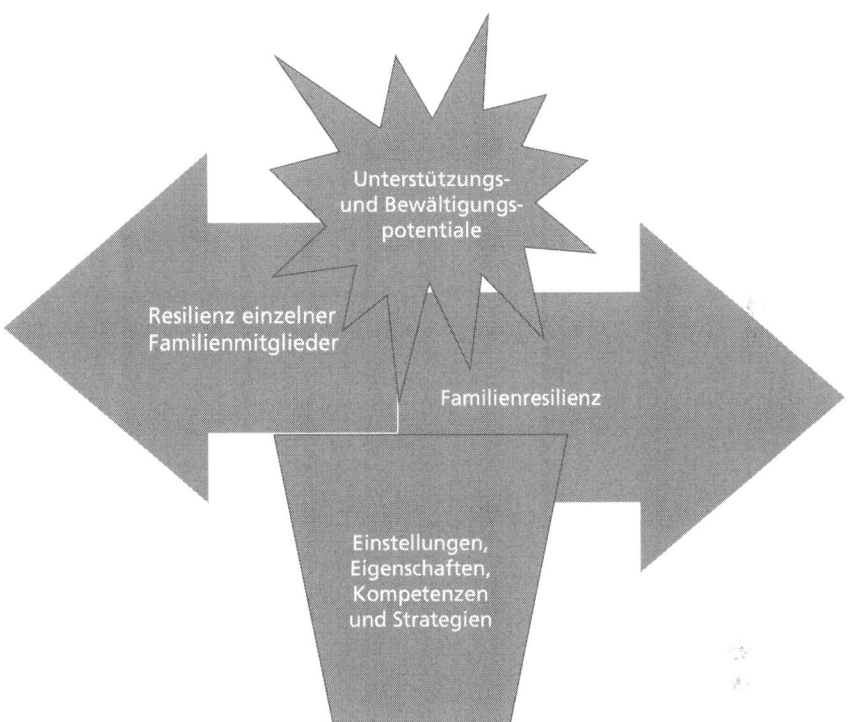

Abb. 4.2: Resilienz Einzelner – Familienresilienz (eigene Darstellung)

Liebe*r Leser*in,

wenn man der Familienberatung ein Motto geben könnte, wie würde es heißen – aus Sicht der*s Familienberater*in und aus Sicht der Klient*innen?

Sicherlich fragen Sie sich, wie Sie es schaffen können, Komplimente, positive Konnotationen, Reframing und Wertschätzung authentisch so zu vermitteln, dass es entsprechend auf Resonanz bei den Klient*innen stößt und auch angenommen werden kann. Dies ist eine Kunst und braucht entsprechende Übung, da ja positive Rückkoppelungsprozesse angestoßen werden sollen. Der*die Familienberater*in weist auf die dem Verhalten aller Beteiligten innewohnenden Kompetenzen hin. Es dient der Bestärkung und Ressourcenaktivierung, verbunden mit der Idee, dass im Alltag und nach Ende der Beratung diese Ressourcen eingesetzt und genutzt werden können. Für Sie als außenstehende*n Betrachter*in mag es eventuell auch etwas übertrieben erscheinen und die Skepsis betonen, dass die Klient*innen sich eventuell überschätzen könnten. Laut Studienlage dient die positivere Selbsteinschätzung hinsichtlich Selbstwert und Selbstwirksamkeit der seelischen Gesundheit (Grawe 2000). Dieser Zugang zu Kraftquellen (Herriger 2006, S. 7, Krüger 2012, S. 141) ermöglicht positive Erfahrungen. Werden diese verankert, befördern sie das Selbsterleben, die Handlungskompetenz und Wohlbefinden (Sack & Gromes 2020, S. 68).

Sie als der*die Familienberater*in brauchen den Zugang zu Ihren eigenen Kompetenzen und Stärken und die besondere Aufmerksamkeit im Hier und Jetzt hinsichtlich der eigenen Bedürfnisse, um Klient*innen gelingend den Zugang zu ihren Ressourcen finden zu lassen (so schon Bamberger 2001, S.114).

Setzen Sie sich bitte nicht unter Leistungsdruck, liebe*r Leser*in – hier ist das Maximum an Gelingen erreicht worden – vermutlich unter anderem auch durch ausgezeichnete Vorarbeit und die solide Vertrauensbasis, die durch die heilpädagogische Begleitung von Tirza und Paul des*der Familienberater*in im Vorfeld der Beratung einen sogenannten Heimvorteil verschafft hat.

Hier passte insgesamt der Blumenstrauß an Positivem und Stärkendem. Ob und wie es woanders passt, kann in Frage gestellt werden. Es ist möglicherweise bei anderen Familien nur in Ansätzen oder einzelnen Elementen umzusetzen. Sollten Sie an die Umsetzung gehen, ist es wichtig, dass Sie dazu eine entsprechende Haltung entwickeln, den ressourcenorientierten Ansatz mitnehmen und für sich adaptieren und mit kleinen Elementen und methodischen Experimenten ins Ausprobieren gehen. Abschließend provoziert es die Frage, ob eine Beratung oder die Beratungsperson auch scheitern darf und wie dann damit umgegangen werden kann, was in unserem nächsten Fall thematisiert wird.

Der Einsatz von Metaphern (méta phérein, = griech. anderswo hintragen; vgl. ausführlich Lindemann 2023)

Eine Metapher ist eine Analogie, ein Wort- oder Sprachbild, das das Erlebte veranschaulicht, aber nichts mit dem ursprünglichen Gegenstand zu tun hat (sinnlich räumlich, materiell und zeitlich). Das Erlebte wird nicht direkt wörtlich, sondern auf einer anderen vergleichenden Ebene bildhaft veranschaulicht, kann Fantasien entstehen lassen und einen Zugang zu Emotionen ermöglichen. Eine Metapher ist »eine besondere Form« des Perspektivwechsels (Lindemann 2023, S. 36).

Metaphern können

- für den gesamten Beratungsprozess stehen und gemeinsam ausgestaltet werden,
- im Anliegen enthalten sein, d.h., sie entstehen auf der Ebene der Familie/Klienten,
- neue Betrachtungsweisen ermöglichen,
- gestalterisch, mit Aufstellungen (z.B. mit Tierfiguren) oder Tranceinduktion umgesetzt werden,
- für den Abschluss eingesetzt werden,
- ins Geschichtenerzählen übergehen

- verschiedene Ich-Zustände, Rollen benennen (vgl. Kasten Ego State) können. Sie vermitteln den Nutzer*innen verschiedene Ansätze des Denkens und Handelns, um es auf ihre Situation/ihr Anliegen zu übertragen (ebd., S. 84).

4.4 Resonanzen III

1. Was hat Ihr Interesse an diesem Fall geweckt?
2. Was wäre in der Familiendynamik anders verlaufen, wenn der*die Familienberater*in in Ihrem Sinne interveniert hätte?
3. Mal angenommen, Sie schlüpfen in die Rolle des*der Berater*in: Wie und was könnten Sie dann gegebenenfalls zur Perspektivenerweiterung beitragen?

Wie würden Sie Ihre Resonanzen beschreiben?

5 Die »Alten« verteilen ihre Hinterlassenschaft – Der Fall Familie H.

5.1 Fallbeschreibung

Die erwachsene Tochter, 46 Jahre, meldet sich telefonisch bei der Ehe-, Familien- und Lebensberatung und fragt nach einem Termin in einer Familienangelegenheit. Der erste Termin findet als Beratungsspaziergang statt, da der Coronalockdown dies erforderlich macht.

Im ersten Gespräch schildert die Klientin ihre familiäre Situation. Es gehe primär um ihre Eltern und deren drei Kinder. Sie habe noch einen älteren und einen jüngeren Bruder. Der ältere Bruder leide an einer seit 2011 diagnostizierten manischen Depression und nehme seit 2019 keine Medikamente mehr ein. Die Situation sei seit dem Absetzen der Medikamente zwischen allen Familienmitgliedern verbal sowie im Verhalten extrem eskaliert, zwischen dem Vater und dem Sohn außerdem körperlich.

Da die Eltern, die auf dem gleichen Grundstück wie der ältere Bruder wohnen, zunehmend Angst vor ihrem Sohn haben, wohnen diese seit drei Monaten in einer 40 km entfernten Ferienwohnung zur Miete. Da dies für die berenteten Eltern finanziell nur für einen bestimmten Zeitraum möglich ist, werden sie in drei Wochen in ihr Haus zurückziehen. Insgesamt wird eine hohe Verbundenheit deutlich, auch räumlich lebt der Großteil der Familie nahe beieinander.

Der älteste Sohn lebt mit den Eltern auf einem Grundstück, die Klientin lebt mit Ihrem Mann, dem gemeinsamen Sohn und dessen Familie in einem Haus im Nachbarort. Der jüngste Bruder ist aufgrund seiner Ehe nach Belgien gezogen, kommt mindestens einmal im Monat nach Hause und die Enkel verbringen ca. eine Woche pro Monat bei den Großeltern.

Die Eltern und der Bruder der anmeldenden Tochter leben auf einem Grundstück. Die Gebäude sind in U-Form gebaut, wobei die Eltern den rechten Teil und die Verlängerung, quasi den L-förmigen Abschnitt bewohnen und der Bruder auf der linken Seite das in sich abgeschlossene Wohnhaus. Im Teil der Eltern sind ebenfalls eine große Scheune und Stallungen untergebracht. Es gibt einen gemeinsam genutzten Eingang zum Grundstück.

Die Klientin habe bereits mit allen Familienmitgliedern über die Idee eines Familiengesprächs in der Beratungsstelle gesprochen und es wurde grundlegend von allen Beteiligten Bereitschaft signalisiert. Es gab bereits im Herbst 2019 ein Gespräch mit den Eltern und den Geschwistern bei einem*einer Mediator*in. Dieses verlief laut Aussage der Tochter aussichtsreich, bis der Bruder sich auf einmal stark angegriffen fühlte und dann die Sitzung abrupt verließ. Daraufhin kam dort kein gemeinsames Gespräch mehr zustande.

Beim Beratungsspaziergang wird die Belastung der Klientin sehr deutlich. Konkret zeigt sich das in wechselnden Tempi beim Laufen und entsprechenden Gehpausen, wenn der Gesprächsinhalt Sie emotional sehr anrührt.

Sie mache sich Sorgen, wie das Zusammentreffen zwischen ihrem älteren Bruder und den Eltern verlaufe, wenn diese wieder daheim einziehen. Sie befürchtet eine erneute Eskalation und hegt Skepsis, ob die Kontaktpause deeskalierend gewirkt hat.

Zu Ihrer Rolle im Familiensystem befragt, äußert die Klientin, dass sie meist der ausgleichende Pol in der Familie sei, für den Zusammenhalt sorge und gute Laune verbreite. Die Heilpädagogin/Beraterin fragt nach, wie lange sie diese Rolle innehat und welche ihrer eigenen Bedürfnisse dadurch eventuell in den Hintergrund treten mussten.

Die Klientin berichtet von einem sexuellen Übergriff seitens des älteren Bruders sowie wenig Privatsphäre und Intimität im Familienhaus. Mit dem sexuellen Übergriff hat man laut der Klientin keinen Umgang gefunden. Es wurde als »Jungsverhalten« von den Eltern abgetan und die Klientin habe die Botschaft erhalten, besonders empfindlich zu sein. Sie hat laut eigenen Angaben erst innerhalb einer Therapie gelernt, sich selbst und ihre Bedürfnisse ernst zu nehmen, habe sich ihre jahrzehntelang eingeübte Rolle im Familiensystem bewusstgemacht und reflektiere diese seither regelmäßig.

Dazu befragt, warum sie sich zum jetzigen Zeitpunkt an die Beratungsstelle wende, meint sie, dass die Eltern in ihrem Testament festgehalten hätten, dass die Tochter die Fürsorge für den älteren Bruder übernehmen solle. In dieser Rolle sehe sie sich keinesfalls und moniert den Schutz, den ihre Eltern ihr abermals nicht gewähren.

Der jüngere Bruder sei aus der Diskussion ausgeschlossen, da er nach Belgien gezogen sei. Als Anliegen für die Beratung benennt die Klientin ein gemeinsames Familiengespräch. Wir sprechen darüber, was sich aus Sicht der Klientin verändern müsse, damit das Gespräch dieses Mal anders verlaufe. Was würde einen Unterschied machen?

Sie benennt hier die Möglichkeit, über Einzelgespräche mit jedem Familienmitglied einen Zugang zu dem gemeinsamen Familiengespräch zu schaffen. In das Mediationsgespräch seien alle sehr hineingeworfen worden und es wäre schwer gewesen, die angestauten Vorwürfe und starken Emotionen zurückzuhalten.

Systemische Einzelarbeit

In diesem Beratungsfall wird der*die Berater*in proaktiv von der Familie angefragt, zuerst einzeln mit den Familienmitgliedern zu arbeiten. Dies ist ein gängiges Vorgehen, z. B. in der Trennungs- und Scheidungsberatung. Dabei können die jeweiligen Standpunkte, Ideen und damit verbundenen Emotionen und mögliche Verletzungen im geschützteren Rahmen angemessen gewürdigt werden. Es obliegt dem*der Berater*in, fachlich einzuschätzen, was bei der jeweiligen Fallanfrage mit dem entsprechenden Schwerpunkt das Setting der Wahl ist. Ein

> wichtiger Baustein systemischer Einzelarbeit ist (wie bei den Triaden ersichtlich ▶ Kap. 3.3) das Einbringen von nicht real anwesenden Personen. Dies kann beispielsweise über Zirkuläres Fragen geschehen.

Befragt nach der Skepsis gegenüber den Beratungsgesprächen im Familiensystem oder innerhalb der Familie äußert die Klientin, dass ihr kleiner Bruder der Skeptischste sei und wenig Hoffnung auf Veränderung habe. Er habe Bedenken bezüglich einer gemeinsamen Aussprache und befürchte, dass diese wieder eskaliere.

Sie selbst habe große Hoffnung, auch vor dem Hintergrund, dass ihre Eltern aktuell die Möglichkeit hätten, in das Haus der Cousine mütterlicherseits, im Ort der Tochter, zu ziehen. Sie selbst wünscht sich vor der Entscheidung die Klärung der Familiensituation. Für ihre Eltern wünsche sie sich eine gute Abgrenzung und Selbstfürsorge bei gutem Kontakt zum ältesten Sohn, alle anderen innerfamiliären Kontakte könnten so bleiben.

An einer ruhigen und geschützten Stelle auf dem Spazierweg zeigt die Klientin anhand von Steinen das Familienbild, wie es sich für sie gerade darstellt. Im Beratungszimmer wäre hier das Familienbrett (Kiessl 2019, S. 127) zum Einsatz gekommen, in der Natur finden sich hierfür Steine, Äste, Zapfen und Ähnliches. Den Rahmen des Familienbrettes im Freien legen wir durch Äste. Die Klientin legt einen Halbkreis mit Steinen in die Mitte des Rahmens aus Ästen. Die Familienmitglieder schauen auf Nachfrage laut Klientin alle in verschiedene Richtungen. Das Verbindende sei der Halbkreis, der in der Anordnung auffalle.

Am Ende des Beratungsspaziergangs vereinbaren wir, dass sie mit dem Einverständnis der jeweiligen Familienmitglieder mir die Kontaktdaten zur Verfügung stellt und ich jedes Familienmitglied für ein Einzelgespräch kontaktiere.

> **Fragen an die Lesenden**
>
> - Welche Hypothesen haben Sie bislang?
> - Welche Resonanz schwingt bei Ihnen mit?
> - Welches Setting würden Sie für die weiteren Gespräche wählen?
> - Wo haben Sie noch ein Fragezeichen?

Im Weiteren prüft die Heilpädagogin/Beraterin verschiedene Hypothesen zu dem bisher Gehörten. Sie entscheidet dann, mit den Einzelgesprächen mit den Eltern fortzufahren, bevor sie mit den Geschwistern sprechen möchte. Mit der Mutter vereinbart sie ein Telefongespräch, da diese aufgrund eines Venenleidens wenig mobil sei und aktuell noch mit ihrem Mann in der Ferienwohnung wohne.

Sie äußert einen großen Bedarf an Unterstützung und scheint fast auf ein Wunder wie die Auflösung aller Konfliktthemen durch das Familiengespräch zu hoffen. Ich setze den Beratungsprozess in einen realistischen Rahmen und benenne mögliche Chancen und Hürden. Befragt nach ihrem Anliegen, Befürchtungen und Hintergründen sagt sie, dass die beiden gesunden Geschwister nicht verstehen würden, dass sie als Mutter ihren kranken Sohn versorgt wissen möchte, auch nach ihrem Tod.

Die anderen beiden Kinder seien gut verheiratet und da sei es normal, dass der Schwächste am meisten Unterstützung und Verständnis erhalte. Ihr komme es so vor, als ob die Geschwister dem ältesten Sohn sein Haus auf dem Grundstück der Eltern neiden.

Zu der Situation vor der Diagnose befragt, meint sie, es sei alles normal gewesen und ihre Freundinnen hätten sie oft für ihre Bilderbuchfamilie beneidet. Sie vermisse ihre Tochter, die ihr immer die beste Freundin gewesen sei und die sich seit Längerem komisch verhalte. Nach einem Beispiel gefragt sagt sie, die Tochter sei so bestimmend geworden und wolle ihr Vorschriften machen. In ihrem Beruf, den sie neben der Familienarbeit 20 Stunden pro Woche ausübte, wurde sie immer für ihr Engagement, Freundlichkeit und Umsicht gelobt. Und von ihrer Familie bekomme sie das Gegenteil attestiert.

Der jüngere Sohn wolle nur noch Kontakt zu seiner Mutter, wenn der ältere Sohn nicht in der Nähe sei. So ermögliche die Situation in der Ferienwohnung mehr Kontakt zum jüngsten Sohn und dessen Kindern. Die Zeit mit den Enkeln im Kindergartenalter genieße sie sehr, der Sohn ihrer Tochter habe auch gerade ein Kind bekommen. So ist sie auch zum ersten Mal Uroma geworden.

Sie beschäftige sich aktuell mit der Frage, ob ihre Tochter das mit der Betreuung ihres älteren Sohnes machen würde, wenn sie jetzt in den Ort der Tochter ziehe. Diese wohne im Nachbarort der Eltern und das Haus einer Cousine stehe dort zum Verkauf. Allerdings habe sie sich seit 40 Jahren das Haus ihrer Eltern zu ihrem eigenen gemacht und jetzt, wo ihr alles gefalle, solle sie dort wegziehen? All das beschäftige sie sehr und sorge für manch schlaflose Nacht.

Am liebsten wäre es ihr, wenn sich alle Beteiligten mal »zusammenreißen und wieder vertragen würden«. Sie wisse ja noch nicht einmal, was der Auslöser für die Auseinandersetzungen sei. Sie habe alle ihre Kinder lieb und behandle alle gleich, da müsse doch ein anderes Verhalten möglich sein. Auf sie nehme niemand Rücksicht und vermutlich denke keines der Kinder daran, dass sie als Mutter auch nicht ewig lebe.

Der älteste Sohn erlebe aus ihrer Sicht eine schwierige Zeit. Seit fast zwölf Jahren sei er nicht mehr arbeiten gewesen, seit fast zehn Jahren sei er berufsunfähig und die Trennung von seiner Frau belaste ihn sehr. Sie merke das, auch wenn er wieder in einer neuen Beziehung lebe. Vermutlich sei die offizielle Scheidung für den Sommer angesetzt und das mache ihm sehr zu schaffen. Sie habe den Eindruck, dass sie gestern erst geheiratet hätten, und die Schwiegertochter habe auch einen guten Einfluss; so habe der Sohn während der Beziehung auch seine Tabletten genommen. Ein halbes Jahr vor der Hochzeit, Anfang 2019, habe er die Tabletten abgesetzt, da es ihm so gut wie nie ging. Die Hochzeit habe ihm Aufwind gegeben. Nach der ärztlichen Begleitung des Absetzens gefragt, sagt sie, dass sie das nicht wisse.

Insgesamt wirkt die Mutter eher hilflos, teilweise moralisierend und mit Allgemeinplätzen hantierend. Sie scheint wenig Bezug zu sich und ihrem Erleben zu haben, oftmals fällt das Wort »man«. Sie ist vermutlich in einer sprachlosen Generation aufgewachsen, die eigenen Eltern hatten den Krieg erlebt und sie kam in der Phase des Aufschwungs auf die Welt, die unter anderem von dem Bemühen geprägt war, den Krieg zu vergessen. Hier sind eine Überprüfung dieser Hypothesen sowie eine vertiefende Genogrammarbeit und das Erarbeiten möglicher transgenerationaler Themen im weiteren Beratungsprozess bedeutsam.

Mit ihrem Mann, sagt sie, habe sie eine treue Seele gefunden, mit der sie gemeinsam immer durch dick und dünn gehe. Allerdings störe sie an ihm, dass er so wenig spreche und immer ihr das Reden überlasse, vor allem in Familienangelegenheiten.

Nach dem Telefonat mit der Mutter vereinbare ich ein Telefongespräch mit dem Vater. Dieser formuliert am Anfang des Gesprächs seine Aufregung und dass er so was nicht kenne. Ich bitte ihn, aufmerksam zu sein, was und wie viel an Gespräch und Themen heute für ihn passt. Ebenso würde ich immer mal wieder nachfragen, ob die Dosis, das Tempo, meine Fragen so für ihn passen. Darauf kann er sich gut einlassen.

Auf seine Familie bezogen formuliert er als größte Sorge, dass der jüngste Sohn zu kurz gekommen sei, und ich solle ihm sagen, dass er ihn liebe, wenn ich mit ihm spreche. Die Frage, weshalb er das in Frage stelle, beantwortet er mit dem Umstand, dass der Sohn so weit weg von seiner Familie gegangen sei. Sogar in ein anderes Land sei er gezogen. Da muss doch was nicht stimmen, jetzt mache er sogar eine Therapie und melde sich nur ab und an bei den Eltern.

Er habe große Mühe, seine Frau im Vermissen des Sohnes aufzufangen, und das sei für ihn auch das stärkste Argument, in den Ort der Tochter zu ziehen, da dann der jüngste Sohn wieder zu Besuch komme. Der Sohn komme nicht mehr so oft und schon gar nicht mit seinen Kindern, wenn er den ältesten Bruder in der Nähe bzw. auf dem gleichen Grundstück wisse.

Der Vater beschreibt die Familiengeschichte so, dass er sehr früh Vater geworden sei und sich manchmal hinter der Erwerbsarbeit und den Arbeiten am Haus »versteckt« habe, da seine Frau souveräner in der Familienarbeit wirkte.

Er wünsche sich vor allem eine Möglichkeit, wieder zusammenzukommen und miteinander an einem Tisch zu sitzen. Er vermisse gesellige Familienabende und durch Corona sei der Kontakt im Fußball, Skat oder zu Freunden auch immens eingeschränkt.

Der Vater kommt von sich aus auf den sexuellen Übergriff seines Sohnes an seiner Tochter zu sprechen. Er beschreibt sich selbst als völlig hilflos und total überfordert in der Situation. Er habe auch da seiner Frau alle Entscheidungs- und Handlungsvollmacht erteilt. Er habe gedacht, das Wichtigste sei, dass sie als Eltern geschlossen auftreten. Heute empfindet er sich und sein Verhalten als feige und schämt sich, wenngleich er nicht wisse, ob und wie er es mit seiner Tochter besprechen solle. Er habe das Gefühl, dass seine Tochter die ganze Familie sehr stütze, oftmals zu ihren Lasten.

Er sichert jegliche Unterstützung zu und gibt mir die Kontaktdaten seines jüngsten Sohnes. Er bittet mich am Ende des Gesprächs nochmals, diesem auf jeden Fall auszurichten, wie sehr er ihn liebe.

Im Reflexionsgespräch mit den beiden Mitautor*innen wird mir deutlich, dass bei allen Gesprächen die Vertraulichkeit und Exklusivität sichergestellt war. Sei es durch den Spaziergang oder das Telefonat im separaten Zimmer bei der Mutter. Einzig bei dem Telefonat mit dem Vater stellt sich im Nachhinein die Frage, ob und wie viel seine Frau mitgehört haben kann. In einer ähnlichen Situation würde ich das nächste Mal diese Parameter in Bezug auf Vertraulichkeit abfragen, beispielsweise ob die Person ungestört telefonieren kann und ob noch Personen im Raum anwesend sind.

Mit dem ältesten Bruder vereinbare ich einen Beratungsspaziergang, dieser findet ab seinem Zuhause statt, da er »es mit Terminen nicht so habe«. Wir gehen zusammen los in Richtung Felder, damit wir ungestörter als beispielsweise im Ort auf den Bürgersteigen sprechen können. Er berichtet schnell, dass er in seiner Familie wie ein Alien betrachtet werde und diese nicht akzeptiere, dass er sich emanzipiere. So sei es seine Entscheidung, wie er mit der Diagnose und seinen Medikamenten verfahre, dies werde ihm kontinuierlich abgesprochen. Allein seine neue Freundin unterstütze ihn in der Verfahrensweise mit den Medikamenten. Deswegen sei sie auch nicht sehr beliebt in seiner Familie und er vermute auch zusätzliche Skepsis ihr gegenüber, da Sie 24 Jahre jünger sei als er. Dabei seien die nur neidisch, weil er es bei den Frauen »draufhabe«.

Er berichtet stolz von seinen sportlichen Erfolgen, erzählt von Hobbys und dem Haus seines Urgroßvaters mütterlicherseits, welches er selbst renoviert habe und worin er lebe. Dabei habe er zu seinem Großvater väterlicherseits eine viel engere Beziehung. Dieser sei sein großes Vorbild. Er sei mittlerweile über 90 Jahre alt und lebe noch sehr selbständig allein zu Hause. Er sei für ihn fast wie ein Vater gewesen. Seine Eltern hätten ihn sehr jung bekommen und hätten wegen der Schwangerschaft geheiratet. Sein Vater wollte immer, dass er ihn mit seinem Vornamen und nicht mit Papa anspreche. Sein Opa war fast wie eine Vaterfigur, da er für ihn auch mehr im Leben gestanden sei. Sein Opa und er teilten die gleiche Leidenschaft für den Sport und seien früher viel gemeinsam unterwegs gewesen. Das mache ihn manchmal traurig, wenn er realisiere, wie verzerrt er aufgewachsen sei: ein Vater, der nicht in die Vaterrolle wollte, ein Opa, der diese Rolle prima erfüllte und in der Konkurrenz zum eigenen Sohn, dem Vater des Klienten, stand. Zudem benennt er die Arbeit des Vaters, die vor allem und jedem stand. Das war bei Opa anders, dort sei er immer willkommen gewesen.

Das merke er jetzt auch wieder. Als seine Noch-Ehefrau sich von ihm trennte, sei er als erstes zu seinem Opa gegangen. Die beiden hätten sich dann ordentlich betrunken, »was wolle man in so einer Situation Besseres tun«, meinte er.

Er wolle mehr Offenheit in der Familie und dieses Krank/Nicht-krank-Kategorisieren vergifte seiner Meinung nach alles. Zu einem Familiengespräch sei er bereit, allerdings bitte er sich ein weiteres Gespräch aus, damit ich noch ein bisschen mehr verstehe.

Wir verabschieden uns und vereinbaren einen neuen Termin. Zu dem Termin ist er nicht zu Hause und während ich klingele und warte, erscheint die Mutter auf dem Balkon im Nachbarhaus. Sie hat von dort den direkten Blick auf den gemeinsamen Eingang und die Haustür des Sohnes. Sie berichtet, dass der Sohn vor 30 Minuten mit dem Fahrrad losgefahren sei. Sie bittet mich zu sich ins Haus, sie wolle versuchen, ihren Sohn telefonisch zu erreichen.

Als ich in das Haus komme, fallen mir vor allem die Sitzgelegenheiten in jedem Raum auf. Es gibt ein großes Esszimmer mit zwölf Sitzgelegenheiten, im nächsten Raum gibt es einen Tisch mit sechs Sitzplätzen, nebenan im Wohnzimmer gibt es eine große Sofalandschaft mit mehreren Hockern rundherum, in der Küche steht eine Eckbank, in einer Essecke ist ein Tisch mit Sitzgelegenheiten und auf der Terrasse steht ebenfalls ein Tisch mit mindestens sechs Stühlen. Wir setzen uns auf die Couch, währenddessen versucht die Mutter, ihren Sohn telefonisch zu erreichen. Er geht nicht an sein Handy und ich verabschiede mich von der Mutter.

Der Sohn meldet sich am nächsten Tag bei mir und entschuldigt sich. Das Wetter sei so schön gewesen und er sei spontan Fahrrad fahren gewesen. Wir vereinbaren einen neuen Termin. An diesem zeigt er mir im Hof sein Hochzeitsvideo. Unter viel Tränen zeigt er mir die Videoausschnitte, beschreibt das Glück mit seiner Frau an diesem und vielen anderen Tagen. Er könne bis heute nicht verstehen, wieso es sich so entwickelt habe und seine Frau sich zehn Wochen nach der Hochzeit getrennt habe.

Zu dem Familiengespräch befragt sagt er, dass er diesem nicht viele Chancen einräume, wenngleich er dazu bereit wäre. Ich habe ja jetzt erlebt, dass er Zugang zu seinen Emotionen habe, da sei er aber der Einzige in seiner Familie.

Darauf folgt das Telefonat mit dem Bruder, der in Belgien lebt. Er freut sich sehr über die Möglichkeit des Familiengesprächs und zeigt sich sehr dazu bereit. Für ihn sei die größte Hürde, dass die Mutter meistens emotional agiere und mit ihrer Befindlichkeit alle anderen unter Druck setze. An diesem Thema arbeite er intensiv in der Therapie, habe auch schon mehrere Briefe an seine Mutter verfasst, aus seiner Sicht mit mäßigem Erfolg. Die Mutter kontere mit: »Ich habe es nur gut gemeint«, und lasse sein Erleben gar nicht an sich ran. Das verletze ihn, da er sich innerhalb seiner Therapie gerade sehr damit auseinandersetze.

Zudem habe er in seiner Kindheit viel emotionale Gewalt von der Mutter und körperliche Gewalt seitens des älteren Bruders bei gleichzeitig geringstem Schutz durch die Eltern erlebt. Dies lasse ihn auch sehr wachsam sein, wann und wie er seine Kinder bei den Großeltern Zeit verbringen lasse.

Er habe das Gefühl, mit seiner Schwester auf verlorenem Posten zu stehen. Die Mutter werfe ihm materielle Interessen sowie Neid vor und er möchte gern die Gefühls- und Beziehungsebenen innerhalb der Familie mehr mit in den Blick nehmen. Mit der Schwester erlebe er einen offenen und herzlichen Austausch. Den Bruder kontaktiere er sporadisch. Wenn man sich zufällig auf dem Grundstück der Eltern begegne, trinke man ein Bier im Hof und halte etwas Smalltalk, das sei alles. Ihm sei es auch zu unsicher, da er nicht einschätzen könne, wann die Stimmung des Bruders kippe und wann er beispielsweise ausflippe und Gegenstände herumwerfe. Diese Situationen wolle er möglichst vermeiden.

Bei der Nachricht seines Vaters, dass dieser ihn liebe und ich dies ausrichten solle, wird der Klient sehr ruhig und nachdenklich. Er formuliert einerseits seine Rührung über die Liebesbekundung und andererseits den Schmerz über die Distanz zwischen Vater und Sohn. Wir verbleiben so, dass ich ihn bezüglich der Nachlese zum Gespräch und der weiteren Schritte kontaktiere und jetzt erst einmal bei den einzelnen Familienmitgliedern nachfassen möchte, wie es ihnen aktuell und im Nachgang zu unserem ersten Gespräch geht und wie die jeweilige Perspektive zu einem Familiengespräch gerade aussieht.

Dadurch dass es bisher unterschiedliche Formate der Beratungsgespräche wie Beratungsspaziergang und Telefonate gab, sind bisher mehr die einzelnen Berichte verstärkt in den Fokus gerückt. Nach dieser ersten Runde der Kennenlerngespräche mit allen Familienangehörigen nehme ich in der bisherigen Reihenfolge Kontakt zu den Klient*innen auf, um erste Anliegen zu eruieren.

Im Beratungsspaziergang mit der Tochter erzählt mir diese, dass es zu einem Eklat kam. Die Eltern seien nach der Zeit in der Ferienwohnung in ihr Haus zurückgezogen. Der älteste Sohn sei überrascht gewesen, sie wiederzusehen, und konnte sich an keine Konflikte miteinander erinnern. Im nächsten Schritt haben die Eltern ihr Haus an den Makler zum Verkauf freigegeben und haben gleichzeitig das Haus der Cousine im Ort der Tochter gekauft. Dies erfuhr der älteste Sohn erst durch die Bestellung einer hauptamtlichen Betreuerin und durch diese. Die gesetzliche Betreuerin erlebe er als seine Anwältin und Unterstützerin, auch im Kontakt mit der Familie.

Der älteste Sohn fühle sich übergangen, da er die Info mit dem Hausverkauf als Letzter bekam, obwohl er auf dem gleichen Grundstück wohne und es ihn unmittelbar betreffe. Gleichzeitig wussten die beiden anderen Geschwister nicht, dass dem ältesten Bruder das Haus und das Grundstücksteil, auf dem er wohnt, überschrieben werden soll und damit der Verkaufswert des Elternhauses sinkt, da es nicht im Gesamten verkauft werden kann.

Diese Unklarheit und Intransparenz in der Informationsweitergabe hat ein hohes Konfliktpotenzial in dieser Familienkonstellation und Situation ausgelöst. So befördere diese Kommunikationsform das Misstrauen untereinander sehr, so die Tochter. Die Informationen seien sehr dosiert und nur mit sehr viel Nachdruck geflossen und die Vorgänge teilweise nur durch Zufälle bekannt geworden.

An einem Sonntag besichtigte der jüngste Sohn mit seiner Familie und die Tochter mit ihrer Familie gemeinsam mit den Eltern vor der Renovierung das neue Haus der Eltern. Überraschend kam der älteste Sohn, der eigentlich nichts von dem Treffen wusste bzw. wissen sollte, vorbei. Er kam wütend in den Garten und tobte darüber, alle würden unter einer Decke stecken. Der jüngste Sohn brachte seine Kinder in Sicherheit. Die Eltern versuchten, alle Seiten zu beschwichtigen, was kaum gelang. Seitdem herrsche zwischen allen Beteiligten Funkstille und die Familiengespräche seien bis auf Weiteres gecancelt.

Für sie als Tochter und Schwester bedeute das aktuell ein Scheitern ihres Vermittlungsversuches. Die Klientin habe auf dem Weg zu unserem Gespräch überlegt, dass sie sich nochmal an ihre Therapeutin wenden und mit dieser weiterarbeiten möchte. Sie merkt, wie stark der Wunsch nach Harmonie in der Familie bei ihr ausgeprägt ist und dass aktuell das Gegenteil der Fall sei. Das belaste sie sehr. Sie bringe dies auch mit psychosomatischen Beschwerden in Verbindung, die ihr deutlich machen würden, dass sie jetzt nach sich schauen müsse. Sie beschreibt ihre momentane Situation mit dem Bild eines Bogens, der bis zum Zerreißen gespannt ist.

Ich würdige das Engagement der Klientin, das sie in den Dienst der Familie stellt, und auch die Erkenntnis, dass es jetzt darum gehe, Selbstfürsorge zu betreiben. Sie lacht und sagt: »Ich bin ja auch die Einzige, auf die ich Einfluss habe.« Sie hat an diesem Punkt ihr jahrelanges Mandat als »Kümmerin der Familie« niedergelegt. Wir verbleiben so, dass die Klientin, ebenso wie jede*r andere, falls es eine neue Entwicklung gibt oder weiter auf Familiengespräche hingearbeitet werden soll, sich melden.

5.2 Resonanzen I

Allgemeine Bemerkung zum Fallbeispiel:
Der*die Heilpädagog*in/Berater*in erzählt von einem aus der Sicht der resonanzgebenden Person gelungenen Beratungsprozess. Die resonanzgebende Person hat die Hypothese, dass der*die Heilpädagog*in/Berater*in diesen Fall für dieses Buch mit der Annahme ausgewählt hat, damit sich aus der Fallbeschreibung exemplarisch Erkenntnisse von Verfahrensweisen in der systemischen Beratung einbinden lassen. Würde diese Hypothese stimmen, könnte ein Versuch zur Generalisierung im Rahmen der Methodenentwicklung und eventuell auch der Theorieentwicklung einhergehen. Was also zeigt der Fall der Leserschaft? Was kann man gegebenenfalls davon lernen?

Die Geschichte hat einen Anfang vor dem Anfang, denn es gab bereits eine Beratung, die abgebrochen wurde. Nun kommt es zur Fortsetzung, indem eine erneute Beratung mit einem*einer anderen Berater*in angefragt wird, und ein offenes Ende – nach der Kontaktaufnahme kommt es zu keinem Beratungskontrakt. Wir erfahren von den Entscheidungen, die in der Familie H. getroffen werden, aber nicht wie die Familie in Zukunft mit der Wandlung umgehen wird. Der*die Heilpädagog*in/Berater*in hat den Fall vielleicht emotional noch nicht abgeschlossen, denn – so ist es aus der Erzählung zu vernehmen – ordnet er*sie die Fallgeschichte kognitiv. Es ist anzunehmen, dass die Erzählerin des Falles die Geschichte bereits mehrfach überarbeitet hat, sie also subjektiv charakterisiert worden ist. Der Fall hat dadurch eine Form bekommen, welche der*die fachkundige Leser*in versteht.

Es ist keine spontan sprechende, sondern eine kontrolliert geschriebene Geschichte. Es wird eine Beratung beschrieben, in der die Problematik über mehrere Sitzungen entfaltet ist. Alle Familienmitglieder sind involviert, ohne dass es mit der Familie zu einer Kontraktvereinbarung kommt.

Es gibt aber eine Absprache für die Vorphase mit der Tochter. Die Geschichte endet nach Abschluss der Vorphase. Die Eltern haben, nach Rücksprache mit der Tochter, eine Entscheidung getroffen. Diese Entscheidung leitet einen Prozess des Wandels ein. Aus Sicht der Familie besteht kein weiterer Beratungsbedarf. Die Entscheidung der Eltern wird intransparent als Fakt kommuniziert und sorgt für Verärgerung. Der Wandlungsprozess entwickelt nun eine Eigendynamik. Es gibt ein Abschlussgespräch mit der Tochter und keine weitere Beratungssequenz.

Der Fall bewegt sich auf zwei Ebenen, Gegenwart und Vergangenheit. Es werden Kippbilder produziert, so dass der*die Heilpädagog*in/Berater*in für sich sortieren muss, auf welcher Ebene sich das jeweilige Gespräch befindet oder aus ihrer Sicht befinden sollte. Indem die dritte Ebene der Triade, die Zukunft, hinzukommt, wird die Krise der Familie für alle Familienmitglieder deutlich.

Die Tochter der Familie nimmt Kontakt zur der*die Berater*in in einer für sie aktuellen Krisensituation auf. Hintergrund ist eine Krise im Familiensystem. Im Vorfeld hat die Tochter sich offensichtlich die Zusage und Erlaubnis für eine Familienberatung von den anderen Familienmitgliedern geholt.

Wir erfahren nicht, ob es einen gezielten, offiziellen Auftrag der Familie bzw. einzelner Familienmitglieder gab oder ob das Interesse vorrangig von der Tochter ausgeht. Es hat bereits eine Beratung mit einem*einer anderen Berater*in gegeben, bei der »alle an einen Tisch« zusammenkamen. Nach anfänglichem positivem Verlauf platzte die Sitzung. Eine weitere gab es nicht mit diesem*dieser Berater*in.

Die Familie steht in einem triadischen Dilemma. Es geht um Loyalitäten und Bindung der Familienmitglieder im Einzelnen untereinander, innerhalb und zum Familiensystem. Triaden reagieren nach dem Prinzip der »kommunizierenden Röhren«: Wird eine dieser Faktoren verändert, verändern sich auch die anderen beiden Faktoren. Deswegen bedarf es der ständigen Rückkopplung zwischen den Faktoren. Damit dies gelingt, benötigt die Familie eine Beratung (Rappe-Giesecke 2008, S. 61 ff.).

Die Herkunftsfamilie verändert die Struktur, indem sie sich zunehmend in ihre einzelnen Systemteile auflöst, möchte aber die Faktoren Loyalität und Bindung wie bisher bewahren. Das geht aber nicht und führt in ein Dilemma.

Die Eltern wollen ihr Erbe in einem Testament festschreiben. Dieses Vorhaben macht die Familienkrise für alle Familienmitglieder öffentlich. Alte nicht bewältigte und nicht ausreichend kommunizierte Konflikte, Gefühle und Bewertungen der Vergangenheit brechen wieder auf. So verfängt sich die Gegenwart immer wieder in der Vergangenheit. Soll die Gegenwart für alle Beteiligten gelöst werden, müssen sich die Beteiligten der Vergangenheit stellen und diese bearbeiten. Das bedeutet alte, erkaltete Konflikte wieder »ins Feuer werfen«, damit sie neu interpretiert oder neu konstruiert werden können.

Der kulturelle Kontext

Der Fall ist in einem familienkulturellen Kontext zu betrachten. Wir haben es mit einer Familie zu tun, die in einem dörflichen Gemeinwesen eingebunden ist. Dieses Milieu besitzt traditionell eigene Regeln, die parallel zu den gesetzlichen Bestimmungen angewandt werden. Die Familie, so berichtet die Tochter, galt früher im Dorf als eine »Musterfamilie«.

> **Strukturen im Familiensystem**
>
> Familiensysteme geben sich eine eigene Struktur. Die gelebte Struktur der Familienmitglieder im Familiensystem unterscheidet sich hiervon und es entsteht eine Parallelstruktur.
>
> Jede Familie hat aber auch eine »Schaufensterstruktur«. In dieser stellt sie sich nach außen dar, und zwar so, wie sie wünschen, dass die Menschen in ihrer Umgebung sie sehen und interpretieren sollen.
>
> Ziel des Familiensystems ist, dass diese Parallelstrukturen möglichst in Übereinstimmung mit dem »Schaufenster« gebracht werden. Deswegen werden im Familiensystem immer wieder Formen der Anpassung, z. B. über Erziehung oder Kommunikation, zur Umwelt gesucht und durchgeführt.
>
> Die Übergabe des Besitzes erfolgt nach bestimmten Regeln des Milieus. Auch wenn diese Regeln heute keinen allgemeinen Gültigkeitswert mehr haben, sind es traditionelle Standards und werden häufig befolgt.

> Die Eltern sorgen frühzeitig für die Übergabe per Testament und ziehen sich auf ihren Altensitz zurück. Die Tochter (wenn mehrere Töchter vorhanden, die jüngste Tochter) sorgt für die Eltern und übernimmt die Rolle der Mutter. Der älteste Sohn bleibt auf dem Anwesen, das er bewirtschaftet. Der jüngste Sohn zieht fort, erlernt einen Beruf und sucht sein Glück in der Ferne.
>
> Diese »Ordnung« ist strukturgebend und soll den Konfliktbereich, der bei der Weitergabe von Besitz, zu der auch die Rolle im Familiensystem gehört, minimieren.

Die Familie folgt diesem Muster. Die Eltern wollen aufs Altenteil. Die Versorgung soll die Tochter übernehmen. Der älteste Sohn wohnt in einem eigenen Haus auf dem Anwesen. Er hat das Haus selbst wieder in Stand gesetzt. Der jüngere Sohn studiert und sucht in Belgien sein Glück. Wieso Beratung? Ist doch alles in Ordnung!

Triadische Rekonstruktion als Hilfsmittel zur Analyse und Aktivierung des Familiensystems

> Die Triangulation wurde von Jay Haley (1923–2007) und Salvador Minuchin (1921–2017) in die strategische Familienberatung eingebracht. Es geht um die Einbeziehung des Dritten in die Zweierbeziehung, um diese zu stabilisieren oder um Konflikte zu entschärfen. Es wird häufig auch als »perverses Dreieck« bezeichnet (Minuchin & Fishman 1981, S. 301 ff.). Auch in nicht systemischen Beratungsformen, wie in der Gruppendynamik, wird die schwierige Dreierkonstellation einer Gruppe hervorgehoben; in der Transaktionsanalyse spielt das »Dramadreieck« als Beziehungsdreieck ebenfalls eine wichtige Rolle.
>
> Die triangulierungstheoretische Betrachtung der Fallgeschichte ermöglicht einen Blick in die kommunikative Praxis des*der Berater*in. Ein zweiter Einblick ermöglicht die Sicht auf die Familienwelt der Familie. Der dritte Blick ermöglicht einen Zugang zu einer systemischen Beratungspraxis, zwischen Kunst des Handelns und Haltung.

Leider ist nicht alles in Ordnung, weil es eine Lebensgeschichte des Familiensystems gibt. Der*die Berater*in erfährt von dieser Vergangenheit in Einzelgesprächen, die sie mit den einzelnen Familienmitgliedern führt. Damit schafft sie aus triangulierungstheoretischer Sicht unvollständige Triaden, in der die »dritte« Person oder Gruppe zwar thematisiert, aber nicht anwesend ist. Die Stimme der abwesenden Person fehlt. Es wird übereinander, aber nicht miteinander geredet. Das ermöglicht viel Information und schafft gleichzeitig Misstrauen. Der*die Berater*in muss z. B. versuchen, über Formen des zirkulären Befragens die »dritte« Person oder Gruppe virtuell in den »Beratungsraum« zu holen.

Der Vater (▶ Abb. 5.1) hält sich aus »allem raus«. Die Kinder sind »Sache« der Mutter. Er verhält sich gegenüber den Entscheidungen der Mutter loyal und stimmt ihr diesbezüglich immer zu. Damit verzichtet er auf die Wahrnehmung der Vaterrolle. Das Problem ist allerdings, dass er nicht auf seine Verantwortung als Vater verzichten kann. Dieses wird von den Kindern als verantwortungsloses Verhalten

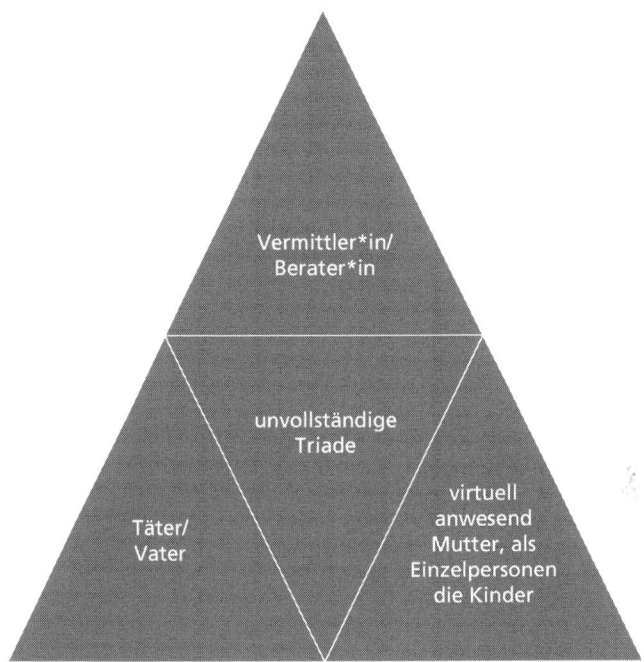

Abb. 5.1: Täter – Opfer – Vermittler – in einer unvollständigen Triade, 1 (eigene Darstellung)

eingeklagt. Das führt nun bei der Aufteilung der Erbschaft zu Problemen mit seinen Kindern.

Alte Geschichten treten wieder zutage. So fühlt sich der jüngere Sohn als Verlierer, weil er vom Vater keine Rückendeckung erfährt. Dasselbe erlebt die Tochter, die nach der sexuellen Übergriffigkeit durch den älteren Bruder vom Vater keine Rückendeckung erfährt. Dem Vater ist dies bewusst. Er beruft sich zu seiner Entlastung auf die Arbeitsteilung zwischen Vater und Mutter. Dem jüngeren Sohn lässt er über die Beraterin ausrichten, dass er ihn liebe.

Die Mutter (▶ Abb. 5.2) deckt den älteren Sohn in seiner Übergriffigkeit, indem sie die Übergriffigkeit als normales »Jungsverhalten« erklärt, ihn andererseits auch als krank definiert. Aus ihrer Sicht wäre alles gut regelt, wenn der Sohn seine Tabletten einnimmt. Damit verharmlost sie das Geschehen auf Kosten ihres Mannes und der beiden anderen Kinder. Sie führt das Familiensystem und möchte ihre Rolle der Tochter vererben. Dazu gehört auch die Aufgabe der Betreuerin für den älteren Sohn. Obwohl sie vom Vorfall des sexuellen Übergriffes des Sohnes auf ihre Tochter weiß, erwartet sie dies von der Tochter. Sie leidet darunter, dass der jüngere Sohn nun in Belgien wohnt.

Zu dem älteren Sohn hat sie eine paradoxe Beziehung. Der Sohn ist als krank definiert. Sie hat den Antrag auf eine gesetzliche Betreuung des Sohnes erwirkt. Mit der bestellten Betreuerin ist sie in engem Gesprächskontakt. Der Sohn verweigert dieses »Kranksein«, indem er seine Medikamente nicht mehr einnimmt. Damit gerät

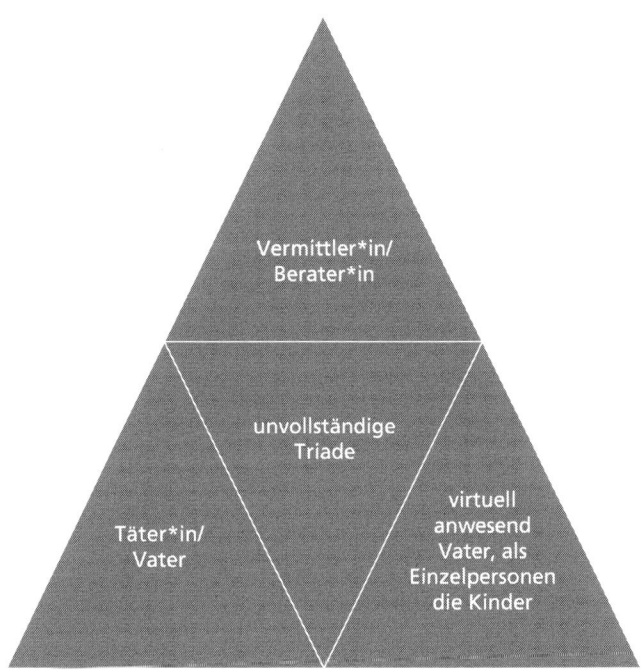

Abb. 5.2: Täter – Opfer – Vermittler – in einer unvollständigen Triade, 2 (eigene Darstellung)

die Mutter in argumentative Schwierigkeiten, denn sie wird durch die Verweigerung noch stärker an den Sohn gebunden, den sie nun dazu bringen muss, die Verweigerung aufzugeben.

Sie verhält sich gegenüber ihrem Mann illoyal, der mit dem älteren Sohn seit Beginn der Pubertät des Sohnes im Streit liegt und seinen Vater nicht als wirklichen Vater anerkennt. Dieses Verhalten wird von der Mutter geduldet und entschuldigt.

Der ältere Sohn (▶ Abb. 5.3) befindet sich in einem Double-Bind. Einerseits sucht er die Bindung zum Familiensystem. Er hat sich das Haus der Großeltern mütterlicherseits auf dem Anwesen zurechtgemacht. Er erhebt, entsprechend den kulturell traditionellen Regeln als ältester Sohn, Anspruch auf das Anwesen. Mit seinem Vater liegt er im Dauerstreit, mit dem Vorwurf, er sei eigentlich kein richtiger Vater. Als Ersatz für seinen Vater hat er den Großvater, Vater des Vaters adoptiert, zu dem er eine enge Bindung entwickelt.

Die Mutter hat ihn fest an sich gebunden. Er versucht vieles, um sich aus dieser Bindung zu befreien, und wird sogar gewalttätig gegenüber seinen Eltern. Dieser Vorfall schlägt die Eltern in die Flucht. Sie flüchten vom Anwesen in eine Ferienwohnung, da sie sich auf dem Anwesen nicht mehr sicher fühlen. Sie möchten nun die Verantwortung für den Sohn abgeben, die Tochter soll möglichst die Verantwortung übernehmen. Der Sohn ist absolut emotionsgesteuert und kann seine Emotionen nur schlecht kontrollieren. So kommt es immer wieder zu selbstverur-

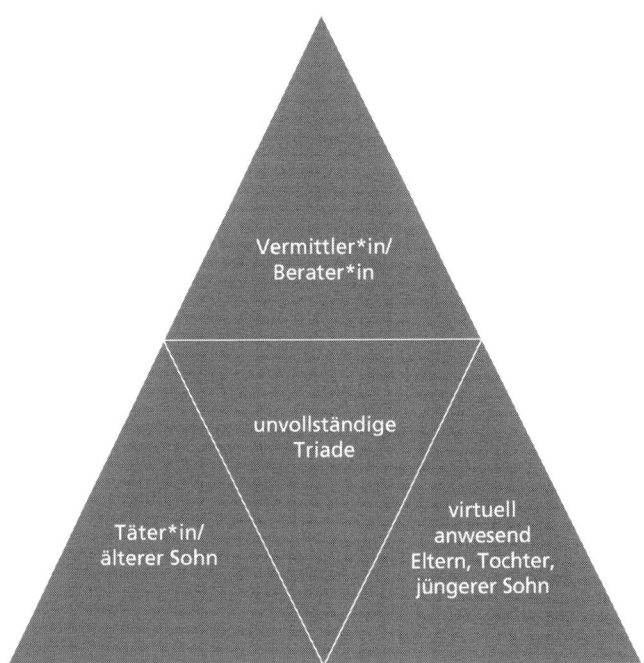

Abb. 5.3: Täter – Opfer – Vermittler – in einer unvollständigen Triade, 3 (eigene Darstellung)

sachten Distanzierungen und Ausgrenzungen, durch die er sich dann wieder verletzt fühlt.

Der jüngere Sohn zieht aufgrund seiner Ehe nach Belgien. Durch das Verlassen der Heimat und seinen Weggang bestraft er seine Mutter und wird zum Täter (▶ Abb. 5.4). Der jüngere Sohn befindet sich in Therapie, um sein Verhältnis zu seiner Mutter zu klären. Er hat von seiner Mutter emotionale und von seinem Bruder körperliche Gewalt erfahren. Bei dieser körperlichen Gewalterfahrung wurde er von seinen Eltern kaum geschützt, immer wurde dann sein Bruder von der Mutter in Schutz genommen. Eine Klärung mit den Eltern war bisher für ihn nicht möglich. Nun kommt er nur noch »nach Hause«, wenn sein Bruder nicht da ist.

Gegenüber den Eltern ist er, in Sorge um das Wohlergehen seiner Kinder, misstrauisch. Der Vater hat dem jüngeren Sohn gegenüber Schuldgefühle. Der jüngere Sohn hat guten Kontakt zur Schwester und umgekehrt. Mit seinem älteren Bruder will er nicht viel zu tun haben.

Die Tochter hat eine eigene Kernfamilie (Mann und Kind). Sie wohnt in einem Nachbardorf. Sie hat ein starkes Pflichtgefühl gegenüber ihren Eltern, das diese jetzt im Rahmen des Testamentes abrufen. Sie will die Sorge für die Eltern übernehmen und sich für den Familienzusammenhalt einsetzen.

Die Tochter hat aber zwei Bedingungen. Zum einen will sie nicht die Betreuung für ihren Bruder übernehmen und erlebt das als Zumutung. Zum anderen möchte sie, dass die Eltern in ihre Nähe umziehen, also auch einen Ortswechsel vornehmen.

5 Die »Alten« verteilen ihre Hinterlassenschaft – Der Fall Familie H.

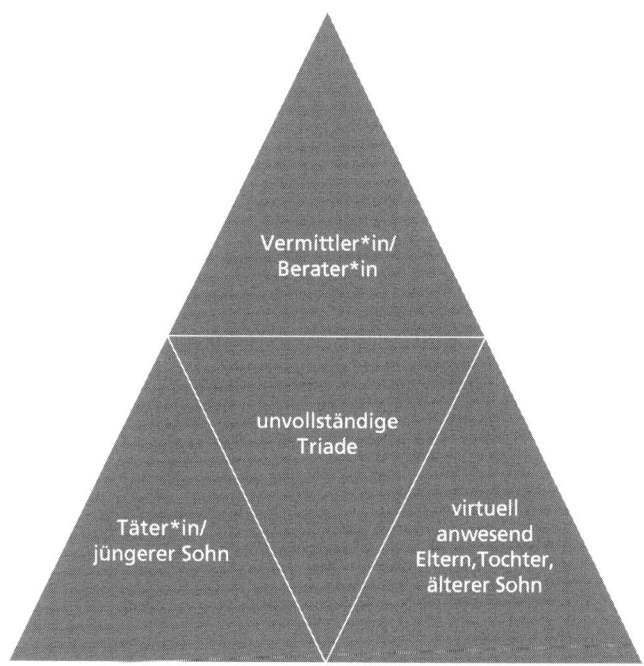

Abb. 5.4: Täter – Opfer – Vermittler – in einer unvollständigen Triade, 4 (eigene Darstellung)

Hierzu möchte sie die Zustimmung der anderen Familienmitglieder. Die Beratung soll auch dafür sorgen, dass die anderen Familienmitglieder sie in ihrem Vorhaben stützen. Die Tochter hat in der Familie die Rolle der Vermittlerin und sie ist die Kümmerin in der Familie.

Ziele und Lösungsversuche einer möglichen Familienberatung:

- Bearbeitung der Krisensituation?
- Bearbeitung der Vergangenheit?
- Begleitung des nun anstehenden Prozesses des Wandels?
- Regelung der Erbschaftsangelegenheiten, die durch ein Testament der noch lebenden Eltern aktuell geworden sind?

Die Tochter bietet den Eltern eine Fortsetzungskonstruktion des Familiensystems unter veränderten Strukturen, Loyalitäten und Bindungen an. Die Bedingung ist die Auflösung der bisherigen Kernfamilie in ihre einzelnen Systemteile. Das ermöglicht die Neubildung von Kernfamilien in einem familiären Netzwerk. Wenn die Eltern sich von ihrer Kernfamilie lösen, hätten sie guten Ersatz in einem neuen Familiennetzwerk, müssten aber auf ihre Machtposition verzichten und Teile der Tochter überlassen.

Es geht um die Herkunftsfamilie und den bisher nicht gelungenen Loslösungsprozess. Die Eltern müssen sich von ihren Eltern (Großeltern) lösen. Sie wohnen im Haus ihrer Eltern, das sie übernommen sowie renoviert haben und sie emotional bindet.

Die Mutter verbündet sich mit ältestem Sohn. Er ist krank. Es entsteht eine »orale Kollusion«, so Jürg Willi (Willi 1989). Damit erhält er einen besonderen Status, eine Art »Freibrief«. In den Augen der Mutter ist er das schwächste Familienmitglied im Familiensystem. Sie grenzt damit die anderen Familienmitglieder aus. Der Vater fühlt sich ausgegrenzt. Er versucht, durch Anpassung an seine Frau der Ausgrenzung zu entgehen, indem er auf seine Vaterrolle verzichtet. Damit gerät er in Konflikt mit seinen Kindern.

Die Tochter erhält keine Rückendeckung nach den sexuellen Übergriffen des älteren Bruders. Der jüngere Sohn fühlt sich von der Mutter emotional misshandelt und benachteiligt und erhält vom Vater keinen Schutz.

Koalitionen, Bündnisse und Kollusionen

Die Koalition ist ein Bündnis von bestimmten Mitgliedern innerhalb eines Systems mit dem Ziel, die Autoritätsstruktur zu Ungunsten der anderen Mitglieder im System zu bestimmen (Herrschaft und Gehorsam). In der Regel bestehen solche Bündnisse für eine begrenzte Zeit. Sie lösen sich auf und/oder gehen in neue Bündnisse über. Dies wird auch als perverses Dreieck beschrieben (Minuchin & Fishman 1981, S. 301 ff.).

Ein System ist immer dann blockiert, wenn diese Bündnisse dauerhafter Struktur sind und eine Bewegung innerhalb der Struktur nicht mehr zulassen. Koalitionen haben Auswirkungen auf zirkuläre Interaktionen der Felder Dominanz, Sympathie und Sachbezogenheit. Solche fixierten, starren Koalitionen in Triaden können ihre Ursache in Kollusionen haben.

Kollusionen sind unbewusste, dadurch geheime betrügerische Verabredungen. Es sind Beziehungsphänomene in Paarbeziehungen. Sie haben Auswirkungen auf das Familiensystem, besonders wenn das Familiensystem in Triaden betrachtet wird. Die Kollusion wurde von Jürg Willi, Psychoanalytiker und Familientherapeut in Zürich, beschrieben und folgendermaßen differenziert: in die narzisstische Kollusion, die orale Kollusion, die anal-sadistische Kollusion, die Eifersucht-Untreue-Kollusion und die phallische Kollusion.

Zwischen Mutter und älterem Sohn entwickelt sich eine orale Kollusion, die Jürg Willi auch als Mutter-Kind-Kollusion beschreibt, mit mütterlichem Pflegecharakter. Weil der Sohn so krank ist, kann die Mutter ihn besonders bevorzugen, der Sohn wird bevorzugt, weil er so krank ist. Dieses komplementäre Verhalten ist fixiert. Will der Sohn diese Kollusion lösen, darf er nicht mehr krank sein. Das ist dann ein besonderer Befreiungsakt. Dieses »Gesundsein« signalisiert er, indem er keine Tabletten mehr nimmt. Die Mutter verlangt, dass er die Tabletten nimmt, kann sich aber nicht mehr durchsetzen. Dadurch bekommt diese Beziehung einen Riss. Nun

Die orale Kollusion

Progressive Position (fortschreitende)	Interaktionszirkel	Regressive Position (zurückgehend)
„Mutter"		„Pflegling"
intendiert	**Partnerwahl**	intendiert
Ausübung von Mutterfunktion	So fürsorglich, weil ... — So pflegebedürftig, weil ...	Befriedigung in oralen Bedürfnissen
Verdrängt und dem Partner delegiert	**Paarkonflikt**	Verdrängt und dem Partner delegiert
Befriedigung in eigenen oralen Bedürfnissen	So vorwurfsvoll und abweisend, weil ... — So unersättlich und undankbar, weil ...	Ausübung der Mutterfunktion

Abb. 5.5: Kollusionen nach Willi 1990, S. 101

will die Mutter diese Form der Bindung an ihren Sohn an die Tochter vererben (nach dem Tode).

Die Tochter will und kann diese Rolle nicht übernehmen. Sie hat eine negative Beziehung zu ihrem älteren Bruder und möchte die anderen Familienmitglieder nicht in eine fixierte Ausgrenzung verbannen. Sie hat eine gute Beziehung zum jüngeren Bruder. Die Mutter und auch der immer »ja« sagende Vater stehen vor einem Scherbenhaufen, ein Neustart wird notwendig.

Den will die Tochter mit einem Wohnungs- bzw. Hauswechsel herbeiführen. Dabei würde allerdings der ältere Bruder ausgegrenzt. Der ältere Bruder würde als »Lohn« aus den Zwängen, die er erlebt, befreit. Das kann oder will er noch nicht erkennen. Es wäre nach der Scheidung von seiner Frau eine weitere Scheidung – von der Mutter. Die Eltern möchten gerne die aus ihrer Sicht alte vertraute Familienrunde, die allerdings auch damals bereits gestört war, reproduzieren. Das ist jedoch nicht möglich. Eigentlich kommt nur eine weitere Störung hinzu.

Es ist erforderlich, Abschied zu nehmen und unter veränderten Bedingungen etwas Neues zu beginnen. Vielleicht ist das eine Erkenntnis und Wirkung nach den Einzelgesprächen und der Triangulation. Jede Person hat ihre Situation und Beziehungen innerhalb des Familiensystems noch einmal überdacht. Möglicherweise hat dies die Eltern entscheidungsfähig gemacht und für einige Familienmitglieder zu einer überraschenden Entscheidung geführt. Diese Entscheidung eröffnet neue Möglichkeiten.

Ende der Beratung

Im Abschlussgespräch berichtet die Tochter den Stand der Entwicklung. Der ältere Bruder hat eine gesetzliche Betreuung außerhalb des Familiensystems bekommen. Damit definiert sich die Beziehung zwischen Mutter und Sohn neu. Die Eltern haben ein Haus in der Nachbargemeinde, in der Nähe der Tochter gekauft. Damit kann die Tochter die Eltern gut versorgen und der jüngere Sohn kann seine Eltern problemlos besuchen, da er seinem Bruder nun nicht begegnen muss.

Die Eltern können sich um ihre Enkel bzw. Urenkel mit kümmern bzw. in Kontakt bleiben. Der ältere Sohn bleibt im »Dorf«. Sein »Kranksein« muss er nun mit einer außenstehenden Person verhandeln. Er ist nun von den Zwängen des Familiensystems befreit. Der Preis ist die Ausgrenzung. Er wohnt in seinem eigenen Haus mit seiner Freundin, bezahlt dieses allerdings mit dem Verlust des Anwesens, das als Erbschaft, nach dem Verkauf des elterlichen Hauses mit dem Areal, nun auf alle Kinder gerechter verteilt werden kann.

5.3 Resonanzen II

Dieser Fall startet völlig anders als der vorherige, trotz identischem Anliegen gemeinsamer Familienberatung, und mit einer völlig anderen Wendung, da es nie zu einem gemeinsamen Gespräch gekommen ist. Spannend ist das beeindruckende Lebensalter der Familie. An sich fokussierte die Familienberatung historisch zunächst auf die Begleitung »jüngerer« Familien mit ihren Kindern/Jugendlichen als Symptomträger. Erst erheblich später bekommt die Gerontopsychologie (Weakland & Herr 1992) Bedeutung.

> **Systemorientierte Betrachtungsweise der Familie bei Problemen des Alterns (Weakland & Herr 1992)**
>
> Die Gerontopsychologie entstand erheblich später als andere Bereiche der klinischen Psychologie/Psychiatrie, nämlich erst bei der Entstehung der Gemeindepsychiatrischen Zentren, und bekommt nun aber zunehmend Bedeutung. Heute gibt es einen Zuwachs an Beratungsanliegen bei diesem Personenkreis. Auch die Familienberatung fokussierte zunächst auf Kinder und Jugendliche als Symptomträger. Das Symptom repräsentierte die Familienstruktur. Bei veränderten Familienstrukturen milderten oder verschwanden dann die Symptome.
>
> Sowohl Adoleszenz als auch Seneszenz sind durch Phasen jäher körperlicher Veränderung charakterisiert. In der Adoleszenz besteht die Entwicklungsaufgabe, sich ins Berufsleben zu integrieren, bei älteren Menschen geht es um den Ruhestand, körperliche Veränderungen sowie Abschied und Regelung der Hinterlassenschaften.

> Die familiäre Macht verteilt sich neu. Heute besteht ein Trend zur Beratung und Therapie im Alter. Familienberatung/Systemische Therapie wird auch bei Familien mit dem Schicksal einer Demenzerkrankung eingesetzt und für lohnenswert betrachtet, da die erkrankte Person weit mehr Ressourcen hat, als ihr zugetraut werden, und der situative sowie der familiäre Kontext bedeutsam ist (Johannsen 2011, S. 299ff., 308). Hier kommt es zu Ausstoßungsprozessen beispielsweise dann, wenn ein Familienmitglied in ein Pflegeheim einzieht. Eine Demenzdiagnose kann vergessene Familienthemen reaktivieren und macht den Einbezug der Familie bedeutsam (Schänzle-Geiger 2011, S. 320).

Im ersten Einzelgespräch mit der sehr reflektierten, anfragenden 46-jährigen Tochter bringt diese ihre Anliegen familiärer Annäherung und Austausch über die Ausgestaltung des Erbvorganges, zu erfolgender Familiensolidarität und der zukünftigen Pflege der Eltern ein. Zugleich macht sie anhand der Vorerfahrungen mit gemeinsamen Gesprächen aller Familienmitglieder bei einem*einer Mediator*in den Vorschlag zu einem besonderen Beratungsformat, »Einzelgespräche mit allen«, was der*die Berater*in aufnimmt, nachdem sie folgende Hypothesen aufgestellt hat:

- Die Familie »schickt« ein Familienmitglied nach gescheiterter Mediation »vor«.
- Die Tochter hat den größten Leidensdruck und kommt deswegen zuerst.
- Die Familie steht am Übergang, es werden Erbsachen und Verantwortungen geklärt, die Eltern geben bekannt, wie sie es nach ihrem Tod geregelt haben möchten.
- Die sogenannte psychische Erkrankung des Sohnes bringt ihn in eine besondere Position.
- Die Perspektiven der einzelnen Familienmitglieder sind höchst unterschiedlich.
- Es gibt ein Harmoniebestreben und die Familie möchte ihre Konfliktkultur mit externer Hilfe weiterentwickeln.

Der*die Berater*in fragt sich:

- Wer hat die meiste Hoffnung/Skepsis/… bezüglich der Beratung?
- Wer hat am meisten zu verlieren/zu gewinnen?

Die Klientin wünscht sich ein gemeinsames Familiengespräch. Ob die anderen Familienmitglieder dies teilen, bleibt unklar. Erstaunlicherweise sind alle zu den Einzelgesprächen bereit. Unausgesprochenes wird so besprechbar, was vermutlich nur so möglich sein konnte. Jedes Familienmitglied hat ein großes Bedürfnis, die Familiengeschichte aus seiner Sicht zu erzählen. Zunächst bewegt sich die Beraterin quasi in »diplomatischer Mission« ganz im Mediationsstil an unterschiedlichen Zeiten und Orten im Gespräch mit einzelnen Familienmitgliedern. Sie geriert sich hier mehr als Konfliktmoderatorin und Botschafterin in »Pendelmission« im systemisch ausgerichteten Einzelsetting. Dies hätte an sich die Aufgabe des*der Mediator*in im Vorfeld der Beratung sein können, da es in der Konfliktvermittlung ein gängiges Format ist.

Es scheinen viele Ressourcen für gelingende Kommunikation im Familiensystem zu geben. Auf der anderen Seite scheint zwischen manchen Familienmitgliedern die Kommunikation erheblich erschwert zu sein aufgrund vergangener Konflikte, die unter den Teppich gekehrt zu sein scheinen und nun durch die Erbregelungen aufgeheizt werden.

Beispielsweise kann sich der Familienvater nicht erklären, wieso der jüngste Sohn so weit weggezogen sei. Auch die Mutter scheint keine Idee davon zu haben, was die Gründe für die familiären Unstimmigkeiten seien. Einzelne Familienmitglieder haben reguliert oder weniger reguliert Zugang zu ihren Emotionen, bei anderen ist der Zugang vermutlich blockiert, was der*die Heilpädagog*in/Berater*in anhand des soziohistorischen Kontextes der Elterngeneration erklärt.

Als regelrechte*r Botschafter*in überbringt der*die Heilpädagog*in/Berater*in Nachrichten an die nicht anwesenden Familienmitglieder. Ja, er*sie übernimmt sogar vom Vater einen besonderen und heiklen Auftrag der Kontaktanbahnung zum jüngsten Sohn in Belgien und transportiert seine Botschaft von Reue, väterlicher Liebe und Sehnsucht nach Kontakt.

Es mag wohl an dem besonderen Format liegen, das hier zur Veränderung beigetragen hat, bevor die Beratung mit allen Familienmitgliedern an einem Tisch überhaupt beginnen konnte: vorbereitend angedacht, durch familienexterne Perspektiven, welche die Beraterin im Eins-zu-eins-Setting einbringt, Veränderung befördernd (Morphogenese).

Kann von der Allparteilichkeit des*der Berater*in ausgegangen werden?

Allparteilichkeit

Allparteilichkeit ist die allgemeine Grundlage in der psychodynamischen Familienberatung nach Helm Stierlin (Kriz 2009, 228).

Die Beraterin bemüht sich in ihrer »Pendelmission« darum, sich aktiv in Position, Wünsche und Bedürfnisse eines jeden Familienmitgliedes einzufühlen.

Durch diese Haltung fühlen sich alle zu Beratenden gleichermaßen gesehen und ernstgenommen. Damit nimmt sich die Beraterin die »innere Freiheit, nacheinander die Partei eines jeden Familienmitglieds zu ergreifen, ohne jedoch zeitgleich gegenüber einem Mitglied im System illoyal zu werden« (Boszormenyi-Nagy & Spark, 1981, S. 404, zit. N. Eickhorst & Röhrbein 2019).

Neutralität

Die Berater*in geht mit keinem Familienmitglied ein Bündnis ein.

Vielgerichtete Parteilichkeit

In der Kontextuellen Therapie nach Boszormenyi-Nagy geht es um die Entbürdung der Familienmitglieder zum Ausgleich und der Wiedergutmachung von Ungerechtigkeiten und der Erkundung ihrer jeweiligen Beiträge von Geben und Nehmen zur Beziehung sowie der Bedürfnisse und Verdienste. Im Mittelpunkt

> steht der Dialog zwischen den Familienmitgliedern durch eine vielgerichtete Parteinahme in Abgrenzung zu Allparteilichkeit und Neutralität auch hinsichtlich der Standpunkte abwesender Familienmitglieder oder einer Parteinahme für die Interessen zukünftiger Generationen (Ducommon-Nagy 2022, S. 116–125).

Die Frage, ob von einer Allparteilichkeit des*der Heilpädagog*in/Berater*in ausgegangen werden kann, ist zu bejahen, da sie Botschaften an oder von anderen Familienmitgliedern gleichermaßen übermitteln würde. Gleichzeitig wahrt der*die Heilpädagog*in/Berater*in die Neutralität.

Angestoßen durch die Erstsitzung mit der Klientin »Tochter«, die wohl den größten Leidensdruck aufweist, aus der angelegten Dilemmasituation Sorge für die Eltern und für den älteren Bruder herauszukommen, steuert das Familienschiff in Richtung Veränderung. Das bisherige familiäre Gleichgewicht, die Homöostase wird fragil. Die angedachte, nicht allen offengelegte Weitergabe des über Generationen übertragenen Hauseigentums von den Eltern an den ältesten Sohn stellt einen psychologischen Kontrakt dar, »eine implizit angedeutete/offene Versprechung«, die vom ältesten Sohn »vermutlich anders interpretiert wurde als sie möglicherweise gemeint war« (Schlippe 2022, S. 3) und die bei erbrechtlichen Regelungen konflikthaft ist.

Dieses angedeutete Versprechen platzt durch die Bedingungen, welche die Tochter stellt, um für die zukünftige elterliche Pflege einzustehen, mit der Konsequenz, dass die Eltern sich umorientieren. Ein neuer Lebensmittelpunkt findet sich im Nachbardorf in der Nähe der Tochter durch einen Hauskauf. Es kommt zu einer veränderten Ausgangslage für den zukünftigen Erbvorgang. An sich wird eine faire, möglicherweise für alle akzeptable Lösung gefunden, die jedoch intransparent kommuniziert wird.

Das verdeutlicht sich in unterschiedlichen Interaktionen und manifesten Mustern, die sich in den herausgearbeiteten »Dreiecksbeziehungen« ergeben. In den Ausführungen zu Resonanz I wird die Relevanz der Triangulierung herausgearbeitet und es werden zahlreiche spannende Hypothesen insbesondere zur Familienstruktur gebildet.

Dabei werden mögliche Bündnisse und Koalitionen enthüllt. In den Dreiecken werden Konflikte verdeutlicht, die über Dritte umgeleitet werden. Durch die Arbeit mit den einzelnen Subsystemen in der Ausgestaltung von Nähe und Distanz, Ressourcen, Grenzen, Loslösung, Ausgleich und Möglichkeiten der Veränderung könnte die Transformation der Familie zu einem neuen Gleichgewicht gelingen. Das wäre die Chance und gleichermaßen auch eine große Herausforderung.

Durch Einzelgespräche mit der familienexternen Beratungsperson gelingt eine Musterdurchbrechung und Veränderung. Es werden festgefahrene Koalitionen aufgebrochen und gelockert. Gleichermaßen werden die Personen aber im Subsystem Geschwister gefordert, sich miteinander auseinanderzusetzen und sogar an einen Tisch zu kommen. Durch die nun zu regelnde Sorge für die Eltern mit erbrechtlichen Konsequenzen brechen die alten Konflikte auf. Die ungelösten Familienthemen spitzen sich zu und weisen möglicherweise dauerhafte Schäden für die Familienbeziehungen auf (ebd.). Dies bestätigt sich in der familiären Pattsituation am Ende der Beratung und das Vorhaben der gemeinsamen Beratung aller scheitert.

Das Subsystem Geschwister ist durch Kontaktabbrüche gekennzeichnet, verbunden mit einer hochproblematischen Geschwisterdynamik. Diese ist durch subjektiv erlebte Benachteiligungen, den nicht gemeinsam aufgearbeiteten Machtmissbrauch sowie die Gewalterfahrung und Ohnmacht von Tochter und jüngstem Sohn gegenüber dem großen Bruder geprägt.

Tochter und jüngster Bruder erfahren keinen elterlichen Schutz, die Übergriffe des großen Bruders werden tabuisiert. Es bestehen alte, hier sogar therapeutisch bearbeitete, aber vermutlich unheilbare Wunden. Verbunden ist dies mit der Zurücksetzung durch die erbrechtliche Bevorzugung und Schonung des ältesten Sohnes durch die Eltern. Die Loslösung vom älteren Bruder konnte bisher nicht gelingen. Möglicherweise müssen alte Rechnungen noch beglichen werden (Sitzler 2017, S. 244). Leider kann diese Geschwisterbeziehung nicht beendet werden. Sie erfährt durch die Notwendigkeit, die Angelegenheiten der Eltern zu regeln, eine Reaktualisierung. Geschwisterliche Nähe kann sich nicht zwangsläufig wiedereinstellen. Unter dem emotionalen Druck, der sich nun voll aufbaut, springen Kinder zuerst einmal in die Rollen zurück, die sie in den ersten gemeinsamen Jahren miteinander eingeübt haben (ebd., S. 34).

> **Parentifizierung**
>
> Parentifizierung »bedeutet, dass das Kind Elternfunktion für einen oder sogar beide Elternteile übernimmt« (Riehl-Emde in Cierpka, 2008, S. 63).
>
> »Die Übertragung von Aufgaben und Verantwortung an ein Kind ist durchaus zweckmäßig, insbesondere wenn Familien belastet sind. Problematisch wird diese Rollenverteilung, wenn sie auf Kosten der individuellen Entwicklung geht und ein Kind in der überverantwortlichen Rolle gefangen bleibt.
>
> Eltern, die ihre Kinder parentifizieren, sind meist überfordert und selbst parentifiziert worden.
>
> Eltern, deren eigene kindliche Bedürfnisse in ihrer Herkunftsfamilie nicht befriedigt werden konnten, tragen diese an ihre Kinder heran« (Joraschky & Retzlaff in Cierpka, 2008, S. 349).
>
> Weiter beschreiben die Autoren, dass »die Parentifizierung der Kinder letztlich als ein Versuch der Eltern angesehen werden kann, ihre eigenen infantilen Beziehungsmuster zu ihren Eltern in idealisierter Abwandlung in den gegenwärtigen Beziehungen zu ihren Kindern wieder aufleben zu lassen. Dies geschieht häufig, nachdem der Versuch, den Ehepartner zu parentifizieren, gescheitert ist.
>
> Die Mutter richtet etwa an das Kind Wünsche, die in der Beziehung zu ihren eigenen Eltern unerfüllt geblieben sind. Das derart »parentifizierte« Kind wird überfordert und kann daher der Mutter niemals genügen.
>
> Die Bindung bleibt aber auch dann bestehen oder kann sich zu einem Teufelskreis verstärken, wenn sich die Mutter schließlich enttäuscht oder aggressiv von ihrem Kind abwendet« (Joraschky & Retzlaff in Cierpka, 2008, S. 349).

Die Klientin (Tochter) schafft es, sich zu lösen, die angedachte Rolle der Fürsorgerin für den älteren Bruder abzulehnen. Sie schafft es, sich nicht parentifizieren zu lassen und die familiäre Ordnung in Frage zu stellen. Ihr Verdienst beeinflusst das Vermächtnis der Eltern an die Kinder (Begriffe von Helm Stierlin geprägt, Stierlin 1982). Durch die Übernahme der Sorge für die Eltern, entkoppelt von der angedachten Fürsorge für den Bruder, bekommt sie innerfamiliär eine machtvollere, gestaltende Rolle. Das ursprüngliche Vermächtnis an den älteren Bruder ohne irgendeinen Verdienst seinerseits löst sich auf.

Trotz allem bekommt die Familie beim ersten Familientreffen im neuen Elternhaus Besuch durch den großen Bruder. Er ist tatsächlich ungebetener Gast. Er war nicht eingeladen und es ist ihm an sich der Zutritt verwehrt. Dennoch scheint er trotz allem einen »Generalschlüssel« zu besitzen (Metapher von Sitzler 2017, S. 34). Durch sein Wüten und Toben im neu bezogenen Haus der Eltern richtet er einen Kollateralschaden an. »Um sichere Distanz zu gewinnen« müssen »alle das Schloss auswechseln« (ebd.). Die Aufgabe des »Ausschlusses« (für alle schwierig) ist für die Tochter und den Jüngsten trotz der gewonnenen Distanz weiterhin herausfordernd und es kann ihr ganzes Leben in Anspruch nehmen, den älteren Bruder ein für alle Mal loszuwerden.

Bewusste oder unbewusste Ausschlussprozesse sind auch ein »wichtiger Mechanismus für belastende (transgenerationale) Übertragungen«, sie wirken im System (Drexler 2015, S. 42). Wird systemisch statt verstrickt integriert und statt ausgeklammert gelöst, kann dies positive Veränderungen bei leidvollen Lebensthemen wie beispielsweise die des nun ausgeschlossenen ältesten Sohnes oder die der anderen Geschwister bewirken. Das würde die Familie oder einzelne Familienmitglieder allerdings auf eine längere familientherapeutische Reise befördern.

5.4 Resonanzen III

An die Lesenden:

- Was hat der*die vorherige Berater*in angeregt, dass die Beratung geplatzt ist, und was sollte der*die Berater*in hier keinesfalls wieder tun?
- Was macht der*die Berater*in hier stattdessen und welche Rolle übernimmt er*sie hier?
- Was macht die Einzelgespräche zur systemischen Beratung?
- Wie hat es der*die Berater*in geschafft, so schnell für alle vertrauenswürdig zu werden?
- Wie ging es Ihnen mit dem Ergebnis der Beratung?
- Wie ging es Ihnen mit den Einzelgesprächen und diversen »Aufträgen«, die in der Pendelmission von einem zum anderen transportiert wurden?
- Welche Haltung hat der*die Berater*in hier? Wie geht sie mit der Allparteilichkeit um? Wie mit Neutralität? Wie gehen Sie damit um?

Stellen Sie sich vor, es käme die nächste Sitzung, bei der alle gemeinsam am Tisch sitzen:

- Welche Hypothese würden Sie für das erste Gespräch herauspicken?
- Wie würden Sie das Gespräch vorbereiten?
- Was wäre Ihnen für das erste Familiengespräch wichtig?
- Wie würden Sie ins Gespräch gehen?

Wie würden Sie Ihre Resonanzen beschreiben?
_____
_____
_____
_____
_____
_____
_____
_____
_____
_____

6 Übergänge, wenn das Neue noch nicht da ist – Der Fall Frau S.

6.1 Fallbeschreibung

Frau S., 53 Jahre, meldet sich, da sie die Kontaktdaten der Beratungsstelle über die Interventionsstelle für Gewalt in nahen Beziehungen bekommen hat. Sie ist aus der ehelichen Wohnung ausgezogen und lebt seit vier Monaten bei ihrer volljährigen Tochter.

Nachdem ein*e Kolleg*in beim Weißen Ring sie während der Ambivalenzphase und dem Auszug beraten habe, stehe für sie jetzt der Umgang mit der belastenden Situation und die Aufarbeitung der Gewaltbeziehung im Vordergrund. Dafür sind beim Weißen Ring aktuell keine personellen Kapazitäten vorhanden.

Sie merke, dass in der momentanen Krisensituation auch frühere Erfahrungen und Erlebnisse von ihr reaktiviert werden. Die Klientin möchte sich mit Hilfe des Beratungsprozesses psychisch wieder stabilisieren und ein soziales Netzwerk aufbauen. Bei einer Therapeutin vor Ort stehe sie auf der Warteliste, bekomme allerdings frühestens in sechs Monaten einen Therapieplatz. Daher dienen die Beratungstermine als Überbrückung und Anbahnung der Therapie. Wir vereinbaren ein Setting, in dem wir uns alle drei Wochen im Rahmen der psychosozialen Lebensberatung treffen.

> **Lebensberatung**
>
> Die institutionalisierte Lebensberatung an Beratungsstellen ist eine professionelle, qualitätsgesicherte psychosoziale Beratung, die Menschen mit allen Fragen zu Krisen, Problemen, Herausforderungen und Konflikten aufsuchen können.
>
> Lebensberatung ist eine spezifische Form der therapeutischen Arbeit, die entsprechend ihrer Aufgabenstellung eigene Methoden entwickelt hat. Dafür hat sie Konzepte und Verfahren der klinischen Psychologie, der Sozialpsychologie und der Sozial- und Heilpädagogik aufgenommen und verwendet. Die Arbeitsweise der psychologischen Beratung ist einem ständigen Prozess der Wandlung und Weiterentwicklung unterworfen.
>
> Als Ziele für Beratung werden bei der Evangelischen Konferenz für Familien- und Lebensberatung e.V. (EKFuL), dem Fachverband für psychologische Beratung und Supervision, folgende benannt:

- Durchsichtigwerden der aktuellen Konflikte auf dem Hintergrund der Lebensgeschichte; Einsicht in die Bedingtheiten von Beziehungsstörungen
- Befähigung, eigene und fremde Bedürfnisse besser wahrzunehmen, realitätsgerechter mit ihnen umzugehen und die Verwirklichungsmöglichkeiten eigener Wünsche kritischer abzuschätzen
- Abbau von Erstarrungen, Gehemmtheiten und verfestigten Beziehungsmustern; Veränderung gegenseitiger Rollenzuschreibungen
- Verbesserung der Beziehungsfähigkeit, Erlernen und Einüben neuer Interaktionsmuster
- Aktivierung der Selbsthilfefähigkeiten der Ratsuchenden, Stärkung der Entscheidungs- und Verantwortungsfähigkeit und in der Folge ein vom Ratsuchenden kontrolliertes Verhalten
- Einleiten und beispielhaftes Praktizieren von Problemlösungsverfahren, die sich an der emotionalen und kognitiven Verfassung der Ratsuchenden orientieren
- Entwicklung der Fähigkeit, mit seinem Problem zu leben
- Stützung und Begleitung in den als leidvoll erlebten Situationen, wenn eine Situationsverbesserung oder eine Minderung des Leidens nicht zu erreichen ist

Die Mitarbeiter*innen sind mit einem Studienabschluss der Psychologie, Heilpädagogik, Sozialpädagogik oder Pädagogik und beraterischen Zusatzausbildungen qualifiziert. Der Großteil an Lebensberatungsstellen in Deutschland ist in konfessioneller Hand und es gibt evangelische und katholische Dachverbände, die eine mehrjährige Ehe-, Familien- und Lebensberater*innenausbildung anbieten.

Im Laufe eines Beratungsprozesses oder vorab kann auch ein Therapiebedarf formuliert bzw. deutlich werden. In diesem Fall dient die Psychosoziale Lebensberatung als Übergangs-/Zwischenberatung, bis die Therapie begonnen werden kann.

Quelle: Leitlinien der EKFUL, https://www.ekful.de/fileadmin/user_upload/PDFs/Veroeffentlichungen/LeitlinienAktualisierung2000_DinA4.pdf, Zugriff am 30.10.2023.

Frau S. kommt zum Erstgespräch mit der Beraterin vom Weißen Ring. Die Begleitung gebe ihr Sicherheit und sie traue sich aktuell noch nicht zu Fuß durch die Stadt aus Angst, ihr Mann könne ihr auflauern. Zum nächsten Termin kommt sie dann allein, da sie weiß, dass ich auf sie warte und sie in der Beratung beim Weißen Ring mitgenommen hat, dass sie sich nicht weiter von ihrem Mann begrenzen und so ängstigen lassen möchte. Zudem haben wir am Ende des ersten Termins vereinbart, dass ich sie anrufe, falls sie nicht kommen würde. Das gab ihr erneut ein Gefühl von Sicherheit und sie traute sich, den Weg zu gehen.

Die ersten beiden Termine dienen der Kontaktanbahnung, dem Kennenlernen und der Schilderung der aktuellen Situation. Ebenso bekomme ich Einblicke in das Familiensystem und soziale Netzwerk der Klientin. Die Klientin habe die ersten

22 Jahre ihres Lebens in Kroatien gelebt und sei dann mit ihrem ersten Ehemann nach Deutschland gekommen. Dieser Ehe entstammen zwei Kinder. Die Klientin trennte sich von ihrem ersten Ehemann im Jahr 2001.

Die Klientin lebe aktuell bei der Tochter, 22 Jahre, der Sohn sei im Alter von 18 Jahren bei einem Verkehrsunfall gestorben. Sie erzählt dies unter Tränen und sagt, dass damals – mit dem Tod des Sohnes vor vier Jahren – »das Drama begann«.

Ihr jetziger Mann sei nach dem Tode des Sohnes aus erster Ehe massiv verbal abwertend geworden und habe sie immer mehr drangsaliert. Laut Klientin zeigte ihr erster Ehemann ein ähnliches Verhalten, jedoch sei es phasenweise auch besser gelaufen. So machte der zweite Ehemann mehrmals in der Nacht alle Lichter im Schlafzimmer an, obwohl sie schlief. Er fand verschiedene Vorwände, weswegen sie nicht zu einer Bekannten fahren konnte, das Auto habe kein Benzin, er brauche sie bei der Betreuung der Tochter etc. Ebenso korrigierte er sie noch mehr wie zuvor und kritisierte sie massiv in den unterschiedlichsten Situationen. Sie konnte laut ihren Schilderungen nichts mehr richtigmachen und war »für die Mücke an der Wand verantwortlich«.

Sie sei so in der Trauer und Ohnmacht gefangen gewesen, dass sie das Verhalten ihres Mannes über sich habe ergehen lassen. Erst während der Beratung beim Weißen Ring habe die Klientin realisiert, dass ihr psychische, soziale und ökonomische Gewalt von ihrem Mann angetan werde. Die älteste Tochter hielt diese Situation nicht mehr aus und zog mit 17 Jahren aus dem Familienhaushalt aus. Durch die häusliche Situation war die Klientin zunehmend nicht mehr arbeitsfähig und die verschriebenen Medikamente der Ärztin vertrug sie nicht. So habe sie vier verschiedene Antidepressiva ausprobiert und keines davon vertragen, so dass sie den medikamentösen Ansatz verwarf.

Nach der Trennung von ihrem ersten Mann im Jahr 2001 lernte sie über eine Arbeitskollegin ihren jetzigen Mann kennen. Er habe sehr um sie geworben und sie hatte von Anfang an ein gutes Gefühl mit ihm. Im Jahre 2007 wurde die gemeinsame Tochter geboren. Diese lebe nach wie vor bei dem Vater und möchte aktuell keinen Kontakt zur Mutter, da sie sich von dieser im Stich gelassen fühle.

Die Tochter habe die Mutter auf allen medialen Kanälen blockiert, so dass jegliche Kontaktaufnahme ins Leere laufe. Verzweifelt berichtet die Mutter, dass sie ihre Tochter bei der Trennung mitnehmen wollte, die 14-Jährige dies ablehnte, da sie in ihrem gewohnten Umfeld bleiben wolle. Die Mutter sei daraufhin für acht Wochen zu ihrer Familie nach Kroatien geflogen, was ihr die Tochter sehr nachtrage. Die Klientin berichtet, dass es für sie in diesem Moment nicht anders ging und sie nur Abstand zu dem Mann und seinem Psychoterror bekommen wollte, und da war der Flug zu ihrer Familie das Naheliegende.

Aktuell schicke die Klientin der Tochter jeden Tag eine kleine Nachricht über einen Messengerdienst in der Hoffnung, dass sie ab und zu doch die Blockierung aufhebe und es sehe. Parallel schreibe sie ihr Briefe, die sie nicht abschicke, in der Hoffnung, dass sie ihr diese später geben könne, und diese dokumentieren, wie sehr sie ihre Tochter vermisse. In der Wohnung der älteren Tochter lebt die Mutter mit gemischten Gefühlen. Sie merke, dass sie die Tochter und deren gewonnene Freiheit und Selbständigkeit durch ihre Anwesenheit begrenze, und darüber gebe es Diskussionen mit der Tochter. Gleichzeitig wünscht sie sich mehr Verständnis der Tochter für ihre Situation.

Als Unterstützersystem gibt die Klientin auf ihrer sozialen Netzwerkkarte eine Freundin in Kroatien und ihre Mutter an. Ihr werde zunehmend bewusst, wie sie sich von ihren beiden Männern hat sozial isolieren lassen. Sie hege den Wunsch, einen Treffpunkt für kroatische Landsleute einzurichten, allerdings brauche sie dafür Räumlichkeiten und aktuell fühle sie sich dieser Herausforderung und dem Weg in die Öffentlichkeit noch nicht gewachsen.

Im dritten Termin formuliert die Klientin, dass sie sehr unter Anspannung stehe und oft ein Engelchen und ein Teufelchen auf der Schulter sitzen habe. Das Engelchen befürworte die täglichen Nachrichten an die Tochter, das Teufelchen mache sich darüber lustig und sage hämisch, dass sie sich das auch sparen könne. Ebenso spüre sie diese Zerrissenheit in Bezug auf die Trennung. So bemerke das Engelchen, dass es der richtige und notwendige Schritt gewesen sei und das Teufelchen mache sich darüber lustig, da sie ja sehe, was sie davon habe. Sie habe ihre Tochter verloren und der Mann gebe auch keine Ruhe.

Diese Darstellung des inneren Konfliktes unter enormer Anspannung bringt mich auf die Idee, mit der Klientin in die Teilearbeit einzusteigen und ihr das Modell des Inneren Teams vorzustellen.

> **Ego-State-Therapie (vgl. ausführlich Fritzsche und Hartman 2010)**
>
> »Ego-State-Therapie ist ein hypnotherapeutisches Verfahren« (S. 12), welches »auf der Annahme beruht, dass sich die Persönlichkeit aus mehreren Anteilen zusammensetzt. Diese Anteile bezeichnen wir als Ego-States. Wir gehen von einem multidimensionalen Selbst aus« (S. 9).
>
> Ziele der Ego-State-Therapie im gemeinsamen Prozess, beispielsweise der Beratung, sind eine Bewusstmachung, das Kennenlernen, die Versorgung und Integration der Ego-States.
>
> »Gleichbedeutend mit dem Ziel der Integration [der Ego-States] ist die Entwicklung einer Kobewusstheit. Das Selbst wird aufgrund der Überwindung der dissoziativen Grenzen nicht mehr als geteilt erlebt. Dadurch reduziert sich die Entfremdung eines oder mehrerer Teile des Selbst. Die Ego-States werden als zum Ich gehörend erlebt. Die Mitglieder des Inneren Teams oder der inneren Familie sind integriert« (S. 117).
>
> Die systemische Praxis profitiert von dem hypno-systemischen Bearbeiten der Ego-States insbesondere bei Ambivalenzsituationen verbunden mit Ressourcenaktivierung (Dietrich 2016, S. 91).

Die Heilpädagogin/Beraterin erklärt der Klientin psychoedukativ den Ego-State-Ansatz und dass wir alle verschiedene Anteile in uns tragen, die wie ein Inneres Team interagieren. Manchmal drängt sich ein Teammitglied sehr in den Vordergrund, während andere sprichwörtlich hinten runterfallen.

Wir machen uns mit Hilfe von Bildkarten auf die Suche nach den Anteilen in ihrem Inneren Team, die sie aktuell und generell sehr bei und an sich wahrnimmt.

So beschreibt sie sich als aktuell sehr überforderte Chefin des Teams und sagt, dass der Moralapostel gerade sehr auftrumpfe und überaus präsent sei. Dafür sehe sie die Selbstfürsorge in ihrem Inneren Team kaum.

Der Kritiker und eine Richterin sind stark ausgeprägt und schwingen große Reden, kommentieren und bewerten jeden Schritt und jeglichen Gedanken der Klientin. Ein reiselustiger und weltoffener Anteil wird von den Kritikern oft mundtot gemacht, indem sie argumentieren, dass sie ja gesehen habe, was ihr das Auswandern nach Deutschland gebracht habe. Sie habe wohl gedacht, dass sie etwas Besseres sei, dass sie als erste in der Familie diesen Schritt gehe. Die Richterin setze nach, dass sie ihre Familie in Kroatien ebenso wie aktuell ihre jüngere Tochter im Stich gelassen habe.

Der Klientin wird die Dynamik ihres Inneren Teams sehr bewusst und sie ist sichtlich berührt. So verdichtet habe sie das bisher noch nicht betrachtet und sei sehr erschrocken, welchen inneren Anfeindungen sie tagtäglich ausgesetzt sei.

Wir besprechen das Konfliktthema Autonomie und Bindung des Inneren Teams. Ich frage sie, was die Chefin bräuchte, um eine Ausgewogenheit in ihrem Team herzustellen. Sie wünscht sich eine mitfühlende und wohlwollende sowie unterstützende Frau, wie eine Freundin. Ich lasse sie diesen Anteil in ihrer Fantasie gestalten und mit Attributen versehen, damit dieser Anteil sich im Bewusstsein der Klientin verankert. Ich bitte sie, diese Figur bis zum nächsten Termin zu malen oder ein Symbol für sie auszuwählen.

Im weiteren Gespräch äußert die Klientin, dass sie sich einen Filter wünsche, damit ihr die aktuelle Situation mit ihrer Tochter und dem Noch-Ehemann nicht so nahegehe. Wir erarbeiten gemeinsam den Entwurf eines sicheren Ortes, an den sich die Klientin bei Bedarf zurückziehen kann.

Leitend für die Annäherung sind dabei die Sinne und Wahrnehmungen der Klientin:

- Was riecht sie an dem geschützten Ort?
- Was für eine Tageszeit ist dort gerade?
- Welches Licht nimmt sie wahr? Helles, gedämpftes, farbiges?
- Welche Landschaft umgibt sie?
- Was hört sie?
- Schmeckt sie etwas?

Als Übung bis zum nächsten Termin bitte ich sie, den sicheren Ort ebenfalls zu malen oder skizzieren. Diese Skizze ist ganz für sie persönlich bestimmt.

Um die Klientin besser kennenzulernen und sie gut begleiten zu können, steige ich nicht gleich in die Tranceübung und die Begleitung an den sicheren Ort ein, sondern möchte die Klientin langsam über ihre Wahrnehmung und Sinneskanäle dahinführen, um ihr damit das Gefühl zu geben, dass sie die Situation jederzeit lenken und gestalten kann. Mit den Erfahrungen von Ohnmacht und Verlust der Selbstwirksamkeit durch die vielfältige Gewalt möchte ich gerade hier im Rahmen der Beratung andere Akzente setzen und immer wieder Räume für Selbstwirksamkeit, Sicherheit und Handlungsfähigkeit entstehen lassen.

Im vierten Termin ist der Schwerpunkt die Weiterentwicklung des sicheren Ortes und der Einstieg in eine kurze Trance. Zu Hause hat Frau S. schon den sicheren Ort skizziert und meint, die Bilder dazu verfestigen sich. Die Klientin beschreibt, dass sie phasenweise schon meditiert habe und ihr dies das Übergehen in die Trance erleichtere. In diesem Termin gehen wir bis zu dem Vorbereich des sicheren Ortes und die Klientin gestaltet diesen, sichert ihn durch eine Geheimtür und stellt zwei große Braunbären als Wachen an dem Zugang zum sicheren Ort auf.

Der fünfte Termin ist durch die aktuelle Situation geprägt, nachdem ein Anwaltsschreiben des Mannes bei der Anwältin der Frau einging. Die Klientin schildert die innere Unruhe und den Ausnahmezustand, in dem sie sich nach solch einem Kontakt und indirekter Konfrontation durch Briefe mit ihrem Mann befinde.

Nach ausreichender Würdigung der Unruhe und Unsicherheit in solch einer Situation können wir an dem bisher von der Klientin Erarbeiteten anknüpfen. In einem ressourcenorientierten Interview, verbunden mit der Suche nach Ausnahmen, nähern wir uns Dingen an, die in diesen Situationen hilfreich sein könnten. So erinnert sich Frau S., dass sie auch schon einmal bei der Ankunft eines Anwaltsschreibens proaktiv gut für sich gesorgt hat. Sie habe sich z. B. selbst am Briefkasten in dieser Situation gefragt, ob sie das Schreiben jetzt oder zu einem späteren Zeitpunkt öffnen möchte. Auch wenn sie abends etwas Schönes vorhatte, hat sie beispielsweise den Brief ihrer Anwältin erst am nächsten Tag geöffnet.

Wir haben die Momente, in denen die Klientin sich selbstwirksam und in der Gestalter*innenrolle erlebt hat, auf Moderationskarten geschrieben. Diese Karten dokumentieren den gestalteten Erfolg und sind Bestandteil einer wachsenden Schatzkiste mit Repertoire sowie Ressourcen von und für die Klientin.

Im folgenden Termin setzen wir die Arbeit am inneren sicheren Ort fort. Frau S. kann mit Hilfe der eigenen Skizze und Vorbereitung den inneren sicheren Ort nach einer Tranceinduktion betreten, sich dort etwas orientieren und sich mit ihrem inneren sicheren Ort vertraut machen. Sie gestaltet an dem Ort alles so, dass es sich für sie angenehm, wohltuend und geborgen anfühlt. In der Trance biete ich ihr einen »Körperanker« für den sicheren Ort an und sie wählt die Berührung mit ihrer rechten Hand an der linken Schulter. Bei Berührung der linken Schulter werden die inneren Bilder des sicheren Ortes über den Körperanker aktiviert.

Bis zum nächsten Termin lade ich Frau S. ein, sich immer wieder an den inneren sicheren Ort zu begeben und den Körperanker einzusetzen, damit sich die Übung festigt.

Hypnosystemik

Gunther Schmidt (*1945) war Wegbereiter der Verknüpfung der Hypnotherapie nach Milton H. Erickson (1901–1980) mit systemischem Denken. Gearbeitet wird in der Hypnotherapie mit den (natürlichen, von uns allen regelmäßig erlebten, nicht bewussten) Trancezuständen. Dies ist ein Zustand, bei dem die Aufmerksamkeit intensiv auf einen Punkt gelenkt wird (Bernard & Tripod 2019, S. 251).

> Ressourcen und Kompetenzen der Person für eine Problemlösung werden geweckt. Dies geschieht kontinuierlich durch die gesamte Therapie oder Beratung (Schmidt 2012).
> Bei einer Tranceinduktion werden Ressourcenmomente reaktiviert: »Durch gezieltes Nachfragen werden systematisch die unbewusst damit verknüpften Erlebnisnetzwerke erforscht und ins Bewusstsein geholt« (Bernard & Tripod 2019, S. 251).

Beim siebten Termin freut sich Frau S. über ihre eigene Selbstbestimmtheit und dass sie einen Umgang mit den Briefen der Anwälte gefunden habe. Sie habe ebenso häufig den inneren sicheren Ort besucht und begibt sich ritualisiert morgens und abends dorthin, was ihr sehr guttue und wo sie eine Art Oase in der momentanen intensiven Zeit erlebt.

Sie möchte gern über die Situation mit ihrer jüngeren Tochter sprechen. Wir nähern uns mit (Zirkulären) Fragen im Interviewformat ihren Ideen dazu und dem Erleben an. Sie plage ihr schlechtes Gewissen, da sie keinen Kontakt zu ihr habe. Sie beauftrage ihre ältere Tochter immer wieder, der jüngeren Tochter Grüße auszurichten und die Bitte nach einem Treffen zu übermitteln. Die ältere Tochter reagiere darauf zunehmend gereizt und Frau S. beschreibt ihre Angst, den letzten Hauch an Kontaktmöglichkeit zu ihrer jüngeren Tochter zu verlieren. Sie vermute stark, dass der Vater die Tochter zusätzlich instrumentalisiere.

Wir erarbeiten gemeinsam einen Teufelskreis, der, gespeist von eigenen Ansprüchen, gesellschaftlichen Normvorstellungen und ihrer aktuellen Situation, ein Einfallstor für bedrückte Stimmung, Vorwürfe, Schuldgefühle, Zweifel und ein schlechtes Gewissen ist. Frau S. bricht hier das Thema ab und sagt, dass sie es nicht mehr gut aushalten könne und Angst habe, nicht mehr aus dem Gefühl, eine schlechte Mutter zu sein, herauszukommen. Ich frage sie, was sie jetzt bräuchte, und sie bittet um die Atemübung, die sie aus der Trancehinführung kennt. Sie vertieft den Atem und kommt Stück für Stück zu etwas mehr Entspannung. Im Nachhinein frage ich mich, ob möglicherweise auch die Scham der Mutter und die momentan geringen Einflussmöglichkeiten auf die Situation und den Kontakt mit der Tochter das Nicht-mehr-aushalten-Können bedingt haben.

Beim nächsten Termin berichtet die Klientin, dass sie ein erstes Gespräch bei ihrer Therapeutin wahrgenommen habe und aktuell die Probetermine zum gegenseitigen Kennenlernen stattfinden. Sie fühle sich dort sehr wohl, habe das Gefühl, Vertrauen zu fassen, und sei gleichzeitig skeptisch, da sie nach den Erfahrungen mit ihrem Mann ihrer Intuition weniger traut.

Schnell kommt Frau S. auf ihre Befürchtungen zu sprechen, für ihre Entscheidungen im Leben bewertet und verurteilt zu werden. Diese Bedenken kann ich gut nutzbar machen, da wir darüber bisher noch nicht ins Gespräch gekommen sind. Wir besprechen, woran sie Bewertungen bemerken würde, wie sie dem Ausdruck verleihen und dies beispielsweise ansprechen könnte.

Ebenso schauen wir noch einmal auf das Innere Team, welche Teammitglieder diese Bewertungen schüren und welche Inneren Anteile eher unterstützend sind. Sie äußert ebenfalls, dass sie in der Beratung Themen wie die Trauer um ihren Sohn und die damit verbundenen Schuldgefühle nicht angesprochen habe, da sie im Hinterkopf gehabt habe, sich das für die Therapie aufzusparen. Jetzt bemerke sie die innere Aufregung und Anspannung, da es jetzt so weit sei, die Themen anzugehen. Das mache ihr auch Angst.

Wir vereinbaren den nächsten Termin als Abschlussgespräch und resümieren den gemeinsamen Beratungsprozess. Die Klientin betrachtet die Möglichkeit der Beratung als Übergangsbegleitung in die Therapie als sehr hilfreich, wobei sie den inneren sicheren Ort sehr oft nutze, er habe sich in ihrem Alltag etabliert. Ich mutmaße, dass der Beratungsprozess das Selbstwirksamkeitserleben gestärkt hat und es durch die Perspektive auf die zukünftige Therapie für Frau S. auch gut steuerbar war, welche Themen sie wie in die Termine einbringt.

6.2 Resonanzen I

①

Der*die Heilpädagog*in/Berater*in beschreibt die Einzelberatung einer Klientin. Die Ursache für die Beratung steht in einem familiendynamischen Zusammenhang. Der Mann der Klientin ist über längere Zeit bereits gewalttätig. Für die Klientin sind Grenzen entstanden, die sie zwingen, sich zu verändern, ohne sich selbst zu verlieren. Ihr bleibt nichts anderes übrig, als die von ihrer Familie gesetzten Wirklichkeiten wahrzunehmen, um sie zu verarbeiten. Dabei benötigt sie Unterstützung und Begleitung.

Die Klientin sucht und findet zunächst Schutz und Unterkunft bei der ältesten Tochter. Dieser Schutz ist zeitlich begrenzt, denn die Tochter möchte ihr Eigenleben führen. Die Zwischenberatung ist ein Puzzlestück zwischen der Schutzsicherung beim »Weißen Ring« und der Psychotherapie, die erst in sechs Monaten beginnen kann. In der Psychotherapie hat die Klientin die Möglichkeit, die Eigenzustände zu bearbeiten, die in der Krise angestoßen wurden. Die »Zwischenberatung« kann helfen, dass die Klientin wieder an Stabilität gewinnt und sie einen Zugang zu ihren Eigenzuständen erhält (s. auch von Schlippe & Schweitzer 2016, S. 68).

Kontaktaufnahme, Zielbestimmung, Kontrakt

Die Klientin erscheint zum verabredeten Termin. Sie wird von einer Mitarbeiterin des »Weißen Rings« begleitet. So entsteht ein Dreiecksvertrag im Rahmen eines Übergabegespräches. Lesende erfahren nicht, ob es noch irgendwelche Rückkopplungsgespräche anschließend mit dem »Weißen Ring« gibt. Der Arbeitsauftrag lautet: »Den bisherigen Status absichern und auf die anstehende Therapie vorbereiten«. Damit hat der*die Heilpädagog*in/Berater*in keinen Therapieauftrag bekommen.

Die Autonomie bleibt der Zielbestimmung der Beratung zwischen Klientin und dem*der Heilpädagog*in/Berater*in, in der Gestaltung des Arbeitsbündnisses und der Beziehung miteinander. Die Verantwortung der Verknüpfung zwischen Schutzsuche und Psychotherapie liegt und bleibt in den Händen der Klientin.

Der*die Heilpädagog*in/Berater*in beschreibt, wie eine tragfähige Beziehung entsteht. Sitzungen finden in einem Abstand von drei Wochen statt: ein Signal, dass die aktuelle Krisensituation überstanden ist, sonst müssten sich die Abstände in einem kürzeren Rhythmus gestalten.

Die Beratungsinhalte werden zwangsläufig neben psychosozialen Anliegen auch therapeutischen Charakter haben. So ergibt sich die Frage, warum die psychotherapeutische Behandlung noch notwendig ist. Anstatt Übergang könnte diese Beratung auch dauerhafter Natur sein. Alle Mitarbeiter*innen der Lebensberatung haben eine entsprechende Qualifikation. Es müsste keine tragfähige Beziehung abgebrochen werden.

Die Klientin befindet sich in einem Abhängigkeitsverhältnis, sie kann sich nur schlecht selbst für ein Unterstützungsangebot entscheiden, weil sie diese nicht kennt. Sie befindet sich somit im professionellen Kreisel – Beratung – Anschlussberatung – Anschlusstherapie.

Prozessverlauf

Es entsteht ein vertrauensvolles Arbeitsbündnis zwischen dem*der Heilpädagog*in/Berater*in und der Klientin. Ziel der Beratung wird die Bearbeitung der familiendynamischen Entwicklung und Versöhnung mit sich selbst sein. Damit bekommt die Beratung einen therapeutischen Charakter. Die entstandenen Probleme werden benannt. Nicht thematisiert werden die kulturellen Einflüsse, z. B. das Verhältnis von Männern zu Frauen in Kroatien und in Deutschland. Aber auch hier könnte eine stark wirkende Irritation der Grund sein, die zu einem besonderen Verständnis führen sollte und einer besonderen Empathie bedarf. Welche Familienbilder sind vorherrschend? Einige Fragen sind in Zuge der Beobachtung der Familiendynamik in Bezug auf Rollenverständnisse zu klären, z. B.:

- Welche Rolle haben Männer besonders als Väter in der Familie inne?
- Welche Rolle haben Frauen besonders als Mütter in der Familie inne?
- Was bedeutet es, in der Familie Tochter oder Sohn, speziell Mutter und Vater zu sein?
- Wie sind die Abhängigkeiten und das Streben nach persönlicher Entwicklung in der Familie, was ist wem erlaubt und wem nicht?
- Ist die Unabhängigkeit für einige mehr und für andere weniger erlaubt?
- Wie gestalten sich die Geschwisterrivalitäten in Patchworkfamilien?

Methodenwahl

Wie bereits zu Beginn vermutet, entwickelt sich die Beratung zur Therapie. Der*die Heilpädagog*in/Berater*in arbeitet unter anderem mit Aufstellungen, mit dem psychoedukativen Ansatz, der Suche nach einem inneren sicheren Ort sowie mit Atemübungen etc. Ein ganzer Strauß an Methoden wird geboten.

> **Psychoedukation**
>
> Dieses Konzept entstand im klinischen Kontext im Gesundheitswesen zur Unterstützung bei der Krankheitsbewältigung. Patient*innen und ihre Angehörigen werden über eine Beeinträchtigung oder Erkrankung sowie die entsprechende Behandlung aufgeklärt und informiert. Dadurch soll sich Krankheitseinsicht/-verständnis ergeben. Patient*innen können dann selbstverantwortlicher mit der Erkrankung umgehen. Psychoeduktion kann im Einzel- und/oder Gruppensetting stattfinden. Unterschiedliche Berufsgruppen sind involviert (vgl. ausführlich Gebrande 2021, 154).

> **Imaginationsübung »Innerer sicherer Ort« nach L. Reddemann (vgl. TNU ETHZ 2020; Reddemann 2016)**
>
> Selbstermächtigung durch Ressourcenaktivierung mittels Kraft der eigenen Vorstellung steht im Mittelpunkt dieser Imaginationsübung. Das dient zur Entlastung bei seelischen Erschütterungen oder auch körperlichen Erkrankungen. Imaginationen werden als Entspannungs- oder Achtsamkeitsübungen, zur Stressreduktion sowie als Methode zur Steigerung der Leistungsfähigkeit verwendet.

Analyse des Familiensystems

Durch die Analyse des Familiensystems, die Aufstellung der Familien der Klientin mit erstem und mit zweitem Mann spricht die Klientin verschiedene Familienthemen an, wie die Dynamik in der Patchworkfamilie, Tod des Sohns und nicht gelungene Trauer, Machtverteilung und Flucht aus dem Familiensystem, indem sie Mann und jüngste Tochter verlassen hat. Schuldgefühle können ausgesprochen und als Themen später in die Psychotherapie mitgenommen werden.

Aktivierung der Klientin

Die Klientin ist auf der Suche nach Möglichkeiten der Selbstverwirklichung und persönlicher Weiterentwicklung. Sie erlebt ihre Trauer stark. Das »schlechte Gewissen« der Flucht lässt sie nicht los. Diese Situation zwingt sie zur Veränderung, zum Wachsen in ihrer Persönlichkeit.

Ende der Beratung

Das Ende der Beratung ist gekommen. Die erste Therapiesitzung bei der Psychotherapeutin fand statt. Die Klientin hat ein gutes Gefühl. Die Lebensberatung als »Zwischenberatung« hat zwei Themen für die Psychotherapie herauskristallisiert. Der*die Heilpädagog*in/Berater*in hat der Klientin die Möglichkeit geboten, eine vertrauensvolle Beziehung zu erleben, die in ihr das Selbstbewusstsein stärkt und sie stabilisiert. Die Klientin konnte nun den Schritt in eine neue professionelle Beziehung wagen.

6.3 Resonanzen II

Frau S. steckt mitten in ihrem Gesundungs- und Recoveryprozess in einer krisenhaften Übergangszeit. Medikamente erlebte sie bisher nicht als hilfreich. Sie hat traumatische Erfahrungen zu verarbeiten und ist Opfer häuslicher Gewalt geworden.

Frau S. ist seelisch erschüttert. Die Trauer um den verstorbenen Sohn begleitet sie genauso wie die Verarbeitung des Kontaktabbruchs ihrer Jüngsten als Konsequenz ihres Ausbruchs aus dem familiären Gefüge hin zu ihrem Unterstützerkreis in Kroatien, um in der Zeit der höchsten Belastung seelisch versorgt zu werden. Sie konnte in dieser Krise aufgrund der Belastung keine Verantwortung für ihre Töchter übernehmen. Die jüngste Tochter verblieb beim Vater. Anders als ihre Mutter hat sie sich nicht distanzieren oder emanzipieren können. Stattdessen bricht sie den Kontakt zur Mutter ab und kappt diese Bindung. Vermutlich fühlt sie sich im Stich gelassen, ist wütend und enttäuscht.

Der »Notausstieg« aus der gewalttätigen Beziehung von Frau S. wurde bis zu Beratungsbeginn von der Opferberaterin begleitet. Diese unterstützte Frau S. in der Verarbeitung ihrer Viktimisierung als Betroffene von Gewalt, bietet Hilfestellungen und Beratung zu dem Zeug*innen-Status an. Nun hat sich Frau S. in ihrer Fragilität neu aufzustellen. Zunächst ist sie bei der ältesten Tochter untergekommen. Auch hier kommt es zur Rollenumkehr. Versorgt wird hier die Mutter durch die älteste Tochter. Möglicherweise überfordert die Töchter das bestehende Ungleichgewicht im gewichtigen Geben und geringfügigen Nehmen sowie fehlender Anerkennung der Leistungen der Töchter zum Erhalt der Familie.

Frau S. hat zu akzeptieren, dass in ihren für sie überlebensnotwendigen autonomen Bestrebungen Bindungen gekappt wurden. Sie ist damit beschäftigt, Stabilität in ihrer Erschütterung zu gewinnen und wartet auf einen Psychotherapieplatz.

> **Bindungswissen und systemische Beratungspraxis**
>
> Die Beratungsperson schafft es, eine sichere Bindungsbasis bezogen auf jedes Familienmitglied zu etablieren. Es bedeutet, dass der*die Berater*in »kongruent und empathisch in der nonverbalen und verbalen Kommunikation, transparent und verlässlich, warmherzig und klar« ist (Trost 2021, S. 32).
>
> Ihr gelingt das Containing, d. h. das feinfühlige Aufnehmen der nonverbalen Kommunikation, die auf verständliche Weise zurückgegeben wird. Die Affektregulation wird situativ gestaltet und das Mentalisieren befördert. Die Bera-

> tungsperson ist sich dabei ihres eigenen Bindungsmusters bewusst. Sie kann dies in ihrer Arbeit differenzierend berücksichtigen sowie die Arbeitsbeziehung immer wieder überprüfen. Insbesondere beachtet sie Übertragungen und analysiert entsprechend ihre Gegenübertragungen. Sie beachtet die Reinszenierung alter Muster (Scheuerer-Englisch 1993, S. 50–68). Bedeutsam ist bei der Beratung mit bindungsorientierter »Brille« die achtsame Gestaltung von Abschieden oder Urlauben.

Der*die Heilpädagog*in/Berater*in bekommt den Auftrag, an die Vorarbeit der Opferberatungsstelle anzuschließen (vgl. ▶ Kap. 6.2), insbesondere deren Ergebnisse zu bewahren. Der*die Opferberater*in sieht in ihrem an den*die Heilpädagog*in/Berater*in formulierten, zuweisenden Auftrag nicht die Notwendigkeit, dass der*die Klient*in weitere Anliegen für sich selbst erarbeitet. Hochreflexiv modifiziert der*die Heilpädagog*in/Berater*in für sich diesen Auftrag, in dem sie den Beratungsraum sowohl für das Anliegen der Opferberaterin als auch die eigenen Anliegen der Klientin öffnet.

Frau S. erfährt Selbstermächtigung. Sie nutzt den Raum, um eigene Anliegen zu formulieren. Dadurch verschafft sich Frau S. selbst einen Reflexions- und Stabilisierungsraum im Übergang. Diesen kann sie für ihre eigene Entwicklung nutzen. Vom passiven Status als Opfer kann sie nun von Bevormundung und machtvoll geprägten Beziehungen Abstand nehmen und in dieser Lebensberatung Stärkung und Selbstwirksamkeit erleben.

Die Beratung öffnet sich für die Themen, die Frau S. innerlich bewegen und mit denen sie, aktualisiert durch die Veränderung in ihrem Leben, konfrontiert wird. In der Beratung steht das personale System von Frau S. im Fokus. Ihre Identität ist brüchig geworden, benötigt eine Neudefinition. Sie bewegt innerlich ein Konflikt zwischen Autonomiebestrebungen und Bindung. Dies zeigt sich auch in ihren aktuellen Themen. In der Beratung werden nun unbewusste Kernkonflikt-Lebensthemen erschlossen. Der psychodynamische Beratungsansatz hat hier Relevanz (vgl. Kasten OPD).

> **Psychodynamische Beratung und Operationalisierte Psychodynamische Diagnostik (OPD)**
>
> Psychodynamik umschreibt, was uns innerlich antreibt und an bewussten und vor allem unbewussten Prozessen, die unser Verhalten beeinflussen, ausmacht. Tiefenpsychologische/psychodynamische Beratung befasst sich mit intrapsychischem Geschehen verbunden mit aktuellen Problemlagen und Symptomen, die bewältigt werden sollen (Hoff 2022, S. 147). Unter der Lupe sind unter anderem unbewusste, innerseelische und ungelöste Grundkonflikte. Damit verbundene unangenehme Gefühle wehren wir ab. Dies kann vordergründig entlastend sein, kann aber hintergründig die Problembewältigung verhindern. Diese überdauernden Konflikte können sich zu Lebensthemen entwickeln, die der Lebensgeschichte einen subjektiven Sinn geben.

Dahinter verbergen sich unerfüllte Bedürfnisse kindlicher Art, negative Affekte hinsichtlich der Einstellung zu wichtigen Mitmenschen, negative Objektbilder, Selbstbewertungen oder Überzeugungen wie z. B. Ablehnung oder Scheitern (Rudolf 2017, S. 51). Diese ungestillten Bedürfnisse und die damit verbundenen (unerträglichen) Affekte werden aus dem Bewusstsein verbannt und durch relativ festgelegte Erlebens- und Verhaltensmuster (Lösungsmodi) umschrieben.

Jeder der acht Grundkonflikte hat einen aktiven oder einen passiven (dysfunktionalen) sowie einen integrierten Lösungsmodus, bestimmte Leitaffekte und interaktionelle Muster. In einer Person können mehrere Konflikte aktualisiert oder kein eindeutig zuordenbarer Konflikt definiert werden (vgl. Benecke & Möller 2019).

Ein (internationaler) Arbeitskreis operationalisierte diese Grundkonflikte für psychodynamische Diagnostik per Interview und validierte dies empirisch zur Erfassung spezifischer Stärken und Schwächen sowie persönliche und interaktional herausfordernde Tätigkeiten (OPD 2023).

Tab. 6.1: Grundkonflikte

Bindung/Autonomie	Selbstwert
Autonomie/Abhängigkeit	Verantwortung (Schuld)
Selbstwirksamkeit (Kontrolle/Unterwerfung)	Konkurrenz (ödipaler Konflikt)
Autarkie/Versorgung	Identität

In der Beratung kann unter anderem interessieren, was die (unbewussten) motivationalen Kernthemen sind, warum bestimmte Dinge besonders wichtig sind, wieso ich in bestimmten Situationen besonders empfindlich reagiere und was ich bei den anderen auslöse. Welche meiner Persönlichkeitsaspekte sind unveränderbar und welche können kompensiert werden? (Vgl. ausführlich Benecke & Möller 2019) Das Wissen um die eigenen »Trigger-« und Schwachpunkte in typischen Konflikten kann in einer achtsamen Haltung sowie in einer gewissen eigenen und fremden Fehlerfreundlichkeit münden.

Integrative systemische Beratung kann Elemente der Psychodynamik für Beratung, Coaching oder Organisationsentwicklung nutzen. Das defizitorientierte Menschenbild sollte nicht in der Beratungshaltung verankert werden (Hoff 2022, 153).

Lebensberatung ist hier integrative Beratung an der Schnittstelle zur Psychotherapie. Unter anderem ermöglicht diese Lebensberatung Frau S. die psychodynamische Konfliktanalyse und -bearbeitung sowie den Einbezug von Bindungswissen in den Beratungsprozess. Durch das innere Aushandeln im personalen System werden unter anderem Impulse für das soziale System gesetzt. Auch durch die Genogrammarbeit angeregt reflektiert sie ihren Umgang mit der älteren Tochter und die erforderliche Akzeptanz ihrer Machtlosigkeit hinsichtlich des Kontaktabbruchs ihrer jüngeren Tochter. Sie entwickelt Verständnis für die Leistungen ihrer Töchter in Bezug auf Erhalt der Familie. Konstruktiv wäre sicherlich die Rückmeldung und Rückkoppelung über die Ergebnisse der Lebensberatung sowie das Empowerment von Frau S. an ihre Töchter.

Lesende fragen sich sicherlich, an welchen Stellen der Transfer in die Heilpädagogik gelingen kann. Zunächst ist die Lebensberatung ein Handlungsfeld der Heilpädagogik, das noch mehr in den Fokus kommen kann.

In dieser Beratung steht die Einzelarbeit im Fokus. Insbesondere kann hier systemisch-integrativ beraten werden. Wie integrative Beratung gut zu gelingen vermag, demonstriert der*die Heilpädagog*in/Berater*in. Arbeitet der*die Heilpädagog*in als Berater*in integrativ, dann hat die Selbstreflexion der eigenen Themen und der eigenen Biografie, verbunden mit entsprechenden fachlichen Weiterbildungen, eine wichtige Funktion. Methodisch-fachliches Know-how, integrative Beratungskompetenzen sowie die Haltung des*der Heilpädagog*in/Berater*in wird dadurch angereichert. Sie kann differenziert begründen, in welchem »Beratungshaus« sie jeweils unterwegs ist. Gleichzeitig schärft sie ihre Wahrnehmungsfähigkeiten hinsichtlich eigener Betroffenheit und klammert entsprechende Überlagerungen ihres fachlichen Handelns bestmöglich aus der Beratung aus.

Ein Element aus der Fallbeschreibung lässt sich auf heilpädagogisches Handeln übertragen. Es gibt beispielsweise in der Begleitung von Kindern, Jugendlichen und Familien in einer heilpädagogischen Praxis entsprechend die Situation einer Übergangsbegleitung beispielsweise hin zu (Kinder-)Psychotherapie, zu Rehabilitationsaufenthalten oder Eltern-Kind-Kuren.

Die Begleitung der Familie bei seelischen Erschütterungen und Krisen kann eine große Relevanz bekommen. Gleichermaßen ist ein sicherer, haltgebender Raum für die Familie zu eröffnen. Ferner können die Entlastung der Kinder, die Anerkennung und die Würdigung ihrer Leistungen für die Familie ein wichtiges Mosaiksteinchen im Recovery sein – im Sinne von Gesundung und Genesung. So kann sich für jemand wie Frau S. ein individueller Gesundungsweg eröffnen. Ein Puzzlestück ist dann die Heilpädagogik, die so eingebettet sein kann, dass sie stärkend agiert, die Resilienz befördernde Begleitung der gesamten Familie ermöglicht und diese in das Recovery integriert.

6.4 Resonanzen III

- Welches spezifische Wissen und welche Kompetenzen werden für mich in der »Übergangsbegleitung« erforderlich?
- Wie begleite ich gelingend Kinder, deren Eltern seelisch erschüttert werden? Wie arbeite ich dabei familienorientiert?

- In welchen Beratungshäusern (vgl. Fall 1 ▶ Kap. 2) kann ich jeweils methodisch unterwegs sein? Wie arbeitete ich, wenn ich integrativ arbeite? Was brauche ich dafür?
- Wie kann ich das Auftragsgeflecht im Überweisungskontext im Zwischenraum »Heilpädagogik« gut handeln, welche Rückkoppelungsschleifen sind wie zu drehen? Welche Relevanz hat hier das Berichtswesen?
- Wie trete ich in Kooperationen mit anderen Stellen oder Institutionen auf? Ist es etwas, was ich notwendigerweise mache oder für mich in den Prozessen oft mitgedacht wird? Scheue ich es, dass damit auch ein möglicher fachlicher Vergleich oder Bewertung meiner Arbeit einhergeht?
- Wie kann ich Kooperation teilweise auch als Entlastung und Teilung von Verantwortung gestalten?

Wie würden Sie Ihre Resonanzen beschreiben?

7 Abschluss

Dieses abschließende Transferkapitel befasst sich mit den Schlussfolgerungen und Ideen für die Beratungspraxis, die ja in den Fragen an die Lesenden schon in die Resonanzen zu den Fällen 1 bis 6 eingearbeitet wurden. Das Buch verfolgt unter anderem das Ziel, dass Lesende ihre eigene fachliche Position und Haltung begründen, verfestigen und in ihre Beratungspraxis implementieren können. Durch die methodische Fülle und Vielfalt der Fälle können Lesende viele Tools und Handlungsansätze in die eigene heilpädagogische Beratungsarbeit transferieren. Zunächst wird dabei systemisch-integrative Beratung in ihrer Umstrittenheit thematisiert. Mittels einer aus den Fallbeschreibungen generierten Methodenmatrix (▶ Tab. 7.1) wird die Vorgehensweise im Buch beleuchtet. Dies dient dazu, über Methodenintegration im heilpädagogischen Beratungskontext zu reflektieren.

7.1 Systemische Beratung im heilpädagogischen Kontext

In den Fallbeispielen wird deutlich, dass sich in der Praxis ein am Anliegen orientiertes Tun sowie ein integratives Verknüpfen verschiedener Methoden als praktikabel erweisen. Diese praxeologisch orientierte Herangehensweise ermöglicht die »free flow«- und »cross over«-Kombination systemischer und nicht systemischer Ansätze wie z. B. dem psychodynamischen Ansatz. Auch die Systemische Therapie bedient sich verschiedener Techniken, die in der Psychotherapie entwickelt worden sind (Ludewig 2002, zit. n. Grossmann 2018, S. 354). Manches aus anderen Beratungsformaten findet im Systemischen Berücksichtigung (Roesler 2023). Dabei wird die »saubere« Theorierückkoppelung eher vernachlässigt. Vor allem widerspricht diese Herangehensweise dem Denkmodell des radikalen Konstruktivismus (so kritisch Roesler 2023, S. 229 am Beispiel der Einbeziehung von Emotionen in die Systemische Therapie).

Bezieht man in die Diskussion die Überlegungen im Diskurs zur Integrativität der Systemischen Therapie ein und knüpft an die gelebte Praxis im internationalen Kontext der Systemischen Therapie an, dann werden Unterschiede zwischen Therapieverfahren für weniger bedeutsam gehalten und ein ganzheitlicher integrativer Ansatz verfolgt (Schlippe & Schweitzer 2016, S. 75 m. w. N.). Wichtig sei, von der grundsätzlichen Gesundheit der zu beratenden Personen auszugehen, solange nicht das Gegenteil bewiesen ist. Gleichzeitig ist immer die einfachste und ökonomisch günstigste Intervention einzusetzen (Fraenkel & Pinsof 2001, zit. n. Schlippe & Schweitzer 2016, S. 76). Der US-Amerikaner Peter Fraenkel formuliert als handlungsleitend in Systemischer Therapie, dass eine Vorgehensweise dann ökonomisch sei, wenn sie passgenau zur Motivation und Idee der Veränderung der zu beratenden Person sei. Maßgeblich sei hierfür die Kundenorientierung und eine partizipative Herangehensweise auch in Anwendung von Tools und Methoden oder der Themenwahl. Insbesondere sei ein Methodenwechsel immer dann angebracht, wenn dadurch ein ergänzender, bereichernder zweiter Zugang ermöglicht wird.

Da diese Vorgehensweise unserer Haltung und Methodenanwendung entspricht, dient dieses Modell als Kompass für Lesende bei der eigenen Methodenwahl. Hinsichtlich der Wahl der (Therapie-)Methoden orientiert sich Fraenkel an der Beantwortung folgender nutzbringender Sortierfragen (Fraenkel & Pinsof 2001, zit. nach Schlippe & Schweitzer 2016, S. 77):

Tab. 7.1: Einordnung Methodenwahl nach Fraenkel & Pinsof 2001, zit. nach Schlippe & Schweitzer 2016, S. 77 (eigene Darstellung)

1. Liegt der zeitliche Fokus auf der Gegenwart (strukturell-strategisch, Mental Research Institute, Mailänder und wachstumsorientierter Ansatz), der Vergangenheit (Bowen, psychodynamische Ansätze) oder der imaginierten Zukunft (lösungsorientierter, narrativer Ansatz)?
2. Wie nondirektiv (zuhörend, validierend, ermutigend) oder direktiv (psychoedukativ, freundlich paradox, in Frage stellend) sollte der*die Therapeut*in arbeiten?
3. Wird ein Einstieg in die Veränderung primär über Kognitionen (Gedanken, Glaubenssätze, Erinnerungen, Geschichten, Fantasien), über Gefühle oder über Verhaltensweisen gesucht?

Diese Herangehensweise lässt sich gut auf systemische Beratung übertragen und ermöglicht eine theoretische Reflexion der Methodenwahl aus einer ganzen Methoden»palette« (Metapher von Fraenkel). Ferner lässt sich das Modell gut auf systemische Beratung im Handlungsfeld der Heilpädagogik übertragen.

Beratenden ist mit entsprechenden zusatzqualifizierenden Weiterbildungen sicherlich klar, in welchem Beratungshaus (vgl. Fall 1 ► Kap. 2) sie sich dabei aufhalten, welche Methodenschätze sich jeweils darin befinden und welches ihr »Heimathafen« (klare Ausrichtung von Kiessl 2019) ist. Die Begründung des systemischen Heimathafens fällt zum Teil schwer. Also was bedeutet es, systemisch zu beraten? Laut Ochs (2019, S. 136) ist ein gutes Maß an Theoriebezug, Grundorientierungen, methodischem Know-how und Kompetenzen zu finden. Ochs differenziert systemische Ansätze grob nach systemtheoretischer oder konstruktivistischer Prägung. Je nach Ansatz und Praxis ergibt sich eine gewisse Schnittmenge (vgl. Kiessl 2019). Mittlerweile kann aber die Praxis ihre empirische Evidenz durch Studien belegen. Dies gilt vor allem für die systemische Psychotherapie, aber auch für andere Handlungsfelder (vgl. z. B. von Sydow 2012, Carr 2019).

Die erkenntnistheoretischen Säulen Systemtheorie und Konstruktivismus spiegeln sich in dem inneren Kompass der systemisch heilpädagogischen Haltungen (Kiessl 2019) und vor allem in verschiedenen praxeologischen »Grundorientierungen« (Ochs 2019, S. 137):

- Lösungs- und Ressourcenorientierung,
- Muster und Kontext,
- Auftrag und Kunden,
- Kooperation und Beziehung,
- Neugier und Kreativität,
- Allparteilichkeit und Neutralität (in unterschiedlicher Ausprägung).

Im Beratungsprozess sind diese Grundorientierungen immer wieder je nach Dynamik des Prozesses und dem aktualisierten Anliegen in unterschiedlich ausgeprägter Form vorhanden. Identifiziert wird das relevante System mit seinen Mustern. Es wird Stabilität und Sinnbezug hergestellt. Die Irritation von bestehenden Problemkonstruktionen oder von stabilen Mustern eröffnet neue Betrachtungsweisen. Im Fokus ist dann die Anregung für Veränderungen und Fluktuationsverstärkung. Auftretende Phasen der Instabilität sind zu erfassen und an Zielorientierung zu ankern. Als Ziel ist dann mit dem Rückgewinn von neuer Stabilität ein Abschluss zu finden (Rufer 2018, Roesler 2023, S. 228). Insbesondere ist die Basisvariable der Systemischen Therapie zu verankern, nämlich günstige Bedingungen für Selbstorganisation zu schaffen und diese zu erfassen (Rufer 2012, zit. nach von Sydow & Borst 2018, S. 425). Alle Fälle haben günstige Bedingungen für die Selbstorganisation des Systems der zu beratenden Personen geschaffen.

Die Fälle 1 und 2 verdeutlichen die Synergien zwischen der heilpädagogischen Arbeitsweise und systemischen Ansätzen (▶ Kap. 2, ▶ Kap. 3). Einblicke in die heilpädagogischen Beratungsweisen unserer berufsbegleitenden Studierenden zeigen einen Haltungswechsel in der Praxis an der Schnittstelle heilpädagogischer und systemischer Beratung. Dann gelingt eine Bewegung weg von Aussagen wie: »Wenn das Kind so und so ist, wird so und so reagiert und wenn die Mutter oder der Vater so und so interagieren, dann hat das zu passieren, dann kommt Intervention X, dann Intervention Y und genau das mache ich dann (ich hab eine Idee, das nötige Fachwissen und setze das um).«

Je nachdem, wo und mit welchen Aufträgen jemand fachlich unterwegs ist, kann diese Herangehensweise passen, so z.B. bei Fach- statt Prozessberatung (vgl. zur Relevanz der Fachberatung im Kontext der Heilpädagogik Claussen 2023, S. 184, allgemein zur Fachberatung Reyer 2016, S. 466). Dennoch können auch in die Fachberatung Elemente der systemischen Beratung einfließen und für Ratsuchende ihre eigenen Lösungsräume eröffnen.

Auch im engen Korsett der Kontrollaufträge in Kinderschutzfällen ergibt sich eine konträre engführende und strukturierende Herangehensweise, verbunden mit einer entsprechenden Haltung, die die kindeswohlgefährdende Situation notwendig macht. Sonst aber bedeuten systemische Annäherungen und die entsprechende Arbeitsweise vor allem eine Übung im Nichtwissen, im Neugierigsein, im Fragen, Explorieren, Zuhören, Staunen – in Offenheit und Aufmerksamkeit. Weniger als

Fachperson, die weiß, wo es langgeht, mehr als Reisebegleitung durch unwegsames Gelände. Interessiert am Wachstum, interessiert an der Selbstorganisationskompetenz.

Es ist so, dass »das Gefühl, etwas ›bereits zu kennen‹, uns als Beratende verführt, die Haltung der Neugier aufzugeben« (Borst et al. 2019, S. 79). Auch Luigi Boscolo, einer der familientherapeutischen Pioniere aus der Mailänder Schule, formulierte dazu damals schon treffend: »Das Flirten mit den eigenen Hypothesen ist erlaubt, aber man sollte nicht zu schnell heiraten« (zit. nach ebd., S. 79). Die Fallbeispiele verdeutlichen, wie Beratende und vor allem Lesende sich am Prozess orientieren können und nicht nur eine Meinung bilden, sondern verschiedene Hypothesen entwickeln und im Prozess überprüfen können. Als gelungen betrachtet werden können Symptome im Kontext. Entsprechende Problemsichten können dekonstruiert und die dem System innewohnenden Bedürfnisse und Stärken erfasst werden (Fall 3 ▶ Kap. 4). Es kann auf die Selbstorganisation vertraut und dieser ein entsprechender Platz eingeräumt werden (Fall 5 ▶ Kap. 6).

In der heilpädagogischen Beratungspraxis eröffnet sich eine neue Haltung, die sich in der kritischen Frage spiegelt: Wieso sollte die Familie das wollen und tun, was ich als Heilpädagog*in dazu als richtig für die Klienten erachte? Ist das dann Unterstützung und für wen?

Systemische Grundorientierungen als Heilpädagog*in zu nutzen, verändert die Haltung, wäre hier die Hypothese. Dies gilt aber auch für andere Grundorientierungen. Es passt nicht immer. Manchmal ist die Personenzentrierung oder eine eher psychodynamische Haltung für die Bedürfnisse und Interessen des*der Adressat*in eher angebracht oder überwiegend vorhanden.

7.2 Die Metapher der bunten Häuser

Es ist wichtig, dass an einem heilpädagogischen »Wirkungsort« auf der kürzeren oder längeren Durchreise der Menschen, die Begleitung und Beratung suchen, verschiedene Häuser stehen, die ein*e beratende*r Heilpädagog*in mit den Adressat*innen betreten kann (▶ Kap. 2.2). Darin gibt es möglicherweise sehr unterschiedlich gestaltete Räume und Farben an den Wänden, mit unterschiedlichen Methoden, Konzepten, Formaten und Grundorientierungen in der Atmosphäre und Möblierung, große und kleine Räume, geschützte und offene Räume, Räume, in denen sich mehrere Menschen treffen. Betrete ich das Haus mit einer personenzentrierten Haltung oder eines, in dem sich das Systemische abbildet, oder eines, in dem sich mehr oder etwas anderes abbildet?

Betritt man in der Begleitung einer Familie oder Einzelperson das systemische Haus, arbeitet der*die beratende Heilpädagog*in möglicherweise anders, als wenn sie eines der anderen Häuser in der Straße betreten würde. Möglicherweise können manche Häuser nicht immer betreten werden, wenn man beispielsweise in einem hinderlichen Arbeitskontext mit entsprechenden Limitationen eingebunden ist.

Wichtig ist bei allem, dass die Begegnung und das Eröffnen von Resonanzräumen gelingen. Dass eine heilpädagogische Begleitung angestrebt wird, die sich an den Bedürfnissen orientiert, die beim Verlassen des oder der Häuser die Adressat*innen gestärkt auf ihre Weiterreise schickt. Dieser Prozess der Verabschiedung wird bei dem*der Heilpädagog*in von der entlastenden Erkenntnis begleitet, dass sie das Problem nicht lösen muss oder musste. Nicht nur für die Selbstsorge des*der Heilpädagog*in, sondern auch für Empowerment und Verankerung von Partizipation in der Beratung kann dies entlastend und beflügelnd sein.

7.3 Setting und Settingdesign in der systemischen Beratung und der Heilpädagogik

Setting und Settingdesign (vgl. Schmitt & Weckenmann 2009, Schlippe & Schweitzer 2016, S. 349, Rufer 2018)

Laut Schmitt und Weckenmann (2009, S. 83, 192) ist Setting »eine Orientierung des Therapiesystems gegenüber den zusammenwirkenden Personen, den Problemen und den möglichen Lösungen«. Dadurch wird eine bestimmte Beziehung zu diesen gestaltet. Wenn Berater*innen über Settingdesign nachdenken, ist es als Intervention zu verstehen. Damit wird die Beratung vorab (und auch begleitend) strukturiert und in einen Bezugsrahmen für Kommunikation und Interaktion gestellt, indem die Zusammenkünfte eines vorselektierten Personenkreises personell, räumlich und zeitlich ausgestaltet werden und ein anderer Personenkreis (eventuell zunächst) nicht in die Beratung einbezogen wird. Leitend ist unter Einbezug von Forschung sowie Erfahrung die Frage, was die effektivste, nützlichste oder schädlichste Herangehensweise wäre (ebd., S. 83). Innerhalb systemischer Beratung/Therapie wäre die Settinggestaltung Bestandteil des anfänglich und immer wieder stattfindenden Aushandlungsprozesses zwischen Berater*in und Kunden in der Beratung. Es ist flexibel und variabel einsetz- und anpassbar je nach Anliegen. Maximale Transparenz durch Absprachen aller soll verhindern, dass Koalitionen entstehen (ebd., S. 78). Systemische Settinggestaltung vollzieht sich eher selten (Schmitt & Weckenmann 2009, S. 78, Schlippe & Schweitzer 2016, S. 349).

Während der Beratung ist ähnlich und Hand in Hand mit der immer wieder zu aktualisierenden Auftragsklärung zu prüfen, ob das Setting noch passgenau ist.

Ein multisystemisches Setting unter Einbezug aller Kinder unterschiedlicher Altersstufen wie in Fall 3 (▶ Kap. 4) ist im Beratungsalltag eher selten, obwohl dies theoretisch und empirisch meist gefordert wird und bis in die 1980er Jahre umgesetzt wurde (Schmitt & Martin 2009, S. 75, 77). Die Beratung der Eltern oder systemische Einzeltherapie mit Kindern (mit sporadischer Elternberatung) sind standardmäßig häufig praktizierte und akzeptierte Settings (Schmitt & Weckenmann 2009, S. 78). Ähnlich wie in Fall 2 wird die Beratung/Therapie vom Kind häufiger von der Familie abgekoppelt. Laut US-amerikanischer Studie werden 40 % der Kinder nie in die Familientherapie einbezogen, weitere 31 % nehmen teil, ohne wirklich einbezogen zu werden, ähnliche Befunde liegen auch für Deutschland vor (vgl. zum Forschungsstand Schmitt & Weckenmann 2009).

Verschiedene Therapieschulen wie z. B. die personenzentrierte Spieltherapie (so z. B. Axline, Weinberger, Goetze oder Schmidtchen) sehen in Einzelsetting ohne Eltern mehr Barrierefreiheit für die Entwicklung und das Wachstum von Kindern, so dass sich ihre Selbstwirksamkeit entfalten kann. Nur wenige Vertreter*innen der klientenzentrierten (Spiel-)Therapie sehen über den Einbezug von Eltern in die Anamnese oder gelegentlich begleitend stattfindende Elterngespräche eine Relevanz von (sporadischen) Familiensitzungen und dem Einbetten aller in einen systemischen Ansatz (Schmitt & Weckenmann, 2009, S. 80 mit einem grundlegenden Blick auf verschiedene therapeutische Ansätze). Dies entspricht auch den Standards der kinder- und jugendpsychoanalytischen Therapie, abgesehen von der Eltern-Säugling-Therapie, die sich an der Eltern-Kind-Interaktion orientiert. Dieses eher familienabstinente bis sporadisch einbeziehende Vorgehen entspricht auch bis heute weitgehend der Ausgestaltung der heilpädagogischen Spieltherapie. Klassisch lern-, trainings- oder coachingorientierte verhaltenstherapeutische Programme beziehen die Eltern ein, um sie zu einer besseren Erziehung zu befähigen. Hier spielt die Eltern-Kind-Interaktion sowie eine multisystemische Orientierung, d. h. die Einbeziehung weiterer bedeutsamer Personen in die Familiensitzungen, nun eine größere Rolle. In der systemischen Kindertherapie werden die Eltern zum Teil einbezogen. Dabei ist gut zu überlegen, wie mit Vertraulichkeit umgegangen wird und wie zu viel Druck auf Kinder als Symptomträger vermieden werden kann. Ferner kann es zu einem möglichem Handlungsdruck auf Seiten der Eltern hinsichtlich gemeinsamer Spielsequenzen kommen (Schlippe & Schweitzer 2019, S. 137).

Es verbreitete sich die Idee, dass ein Setting flexibel auch als Intervention nutzbar und an Familie und Problem anzupassen sei (Schmitt & Martin 2009, S. 77). Gleichzeitig kann eine Reduktion oder Erweiterung des Settings Blockaden verflüssigen und Neuentwicklungen ermöglichen (von Sydow & Borst 2018, S. 425). Allerdings ist die Autopoiese des Systems auch bei passendem Setting durch Prozesse seiner Selbstorganisation weichenstellend. Schlippe und Schweitzer (2016, S. 367) betrachten eine gelingende familientherapeutische Sitzung als die »effektivste und spannendste« psychotherapeutische Sitzung, was ja Fall 3 eindrucksvoll verdeutlicht (▶ Kap. 4). Denn Veränderungen wie in Fall 3 werden von allen miterlebt, aktiv mitgestaltet und sind für alle nachvollziehbar. Es kommt zu keiner Bündnisbildung oder zu Koalitionen, was sicherlich eine mögliche Erschwernis in der Beratung ist, die sich in Fall 5 verdeutlicht (▶ Kap. 6). In diesem Setting war die Neutralität der Beraterin am meisten gefährdet.

Wie in den Briefen und Aufgaben des*der Heilpädagog*in/Berater*in an alle Familienmitglieder in Fall 3 (▶ Kap. 4) gelingt es dem*der Heilpädagog*in/Berater*in, in den Alltag der Familie hineinzuwirken und auch die Zwischenphasen zwischen den Terminen für die Weiterarbeit und Veränderungen im Familiensystem nutzbar zu machen. Der große Einsatz bei der Vorbereitung und der Abstimmung

7.3 Setting und Settingdesign in der systemischen Beratung und der Heilpädagogik

insbesondere von Terminen bedeutet viel »Aufwand«. Schlippe und Schweitzer 2016 (S. 367) beziehen sich auf entsprechende Indikationen für den Einbezug der ganzen Familie in den Leitlinien der Kommission Paar- und Familientherapie der Arbeitsgemeinschaft Wissenschaftlicher Medizinischer Fachgesellschaften (AWMF):

- Bei im Problem eng miteinander verbundenen Familien
- Bei sogenannter familiärer Ko- und Multimorbidität
- Bei Familien, die »Opfer« der Einzeltherapie eines ihrer Mitglieder geworden sind
- Bei Familien, die »Opfer« einer Krankheit eines ihrer Mitglieder geworden sind
- Wenn Familienmitglieder als hilfreiche »Co-Therapeuten« dienen können

Hypothesenbildung im Vorfeld, in der Prozessbeobachtung vor allem schon im Wartebereich vor der Beratung einer Einzelperson bei Anwesenheit weiterer Angehöriger, kann möglicherweise ein Indikator sein, dass Familienberatung/-therapie das eigentlich erforderliche Setting wäre. Lässt sich das im Vorfeld nicht erkennen, kann im Verlauf bei Stagnation oder Krisen der Einbezug aller Familienmitglieder eine Option werden (Schlippe & Schweitzer 2016, 369). Carr (2019, S. 153–213) arbeitete in seinem systematischen Review die Evidenzbasierung systemischer Familientherapiepraxis und systemischer Interventionen heraus, insbesondere für Familien mit Kindern oder Heranwachsenden mit seelischen Erschütterungen oder anderen Schwierigkeiten.

Vom Einbezug der Familie raten Schlippe und Schweitzer (2016, S. 370) dann ab, wenn

- die Familienmitglieder räumlich und/oder emotional entfernt voneinander sind und es schwere Kränkungen gegeben hat oder
- kein Konsens vorab innerhalb der Familie für gemeinsame Sitzungen erzielt werden konnte (so Fall 5 ▶ Kap. 6) oder
- das offene Gespräch untereinander physisch gefährlich werden könnte wie bei Gewalt- und Missbrauchskonstellationen (so auch in Fall 5 ▶ Kap. 6)
- oder wenn die Probleme des Einzelnen nichts mit seiner Familie zu tun haben oder ein Gespräch Intimität erforderlich macht oder
- wenn der Patient innerhalb der Familie eine hohe Autonomie und eine sehr akzeptierte Position hat.

Ferner kann es unwägbare Loyalitäts- und Auftragskonflikte im Sinne von unentrinnbaren inneren Zwickmühlen geben (Stierlin 2002, S. 453, zit. n. Ahlers 2023, S. 206).

Systemische Beratung von Einzelpersonen, wie sie in Fall 6 erfolgt ist (▶ Kap. 7), ist mittlerweile gängige Praxis (Schlippe & Schweitzer 2016, S. 350) und wichtig als »Potenziallandschaft« für die »individuelle Bewältigung soziokultureller Veränderungen« (Grossmann 2018, S. 349, 351). Dafür beschreibt Grossmann (ebd., S. 348 m.w.N.) mit der Historie in der Systemischen Therapie im Blick folgende Entwicklungen als relevant:

- Die konstruktivistische Wende der Systemischen Therapie Ende der 1980er Jahre
- Die Verschiebung des Fokus auf Narrative sowie Prozesse individueller wie sozialer Bedeutungsgebung
- Ein erweitertes, die Person einschließendes Systemverständnis
- Ein verstärkter Bezug auf Modelle Allgemeiner Psychotherapie und Ergebnisse therapeutischer Wirkforschung
- Die Entwicklung der Synergetik
- Die Einbindung bindungstheoretischer Überlegungen, traumatherapeutischer Modelle, schematherapeutischer Modelle, Ego-State-Therapie sowie Teile-Konzeptionen des psychischen Systems

Hier wird die Zirkulation von Problemen und der Einbezug abwesender Personen durch Methoden erreicht, welche die Betrachtungsweise der Einzelperson erweitern und neue Möglichkeiten und Perspektiven erschließen lassen wie z. B. den Einsatz entsprechender Fragen wie zirkuläre oder Verbesserungs- oder Verschlimmerungsfragen, die Problemkontextualisierung, »Hausaufgaben« oder Abschlussinterventionen (Schlippe & Schweitzer 2016, S. 350). Es gilt, das soziale System so präsent wie möglich zu machen, z. B. wie es auch mit der Genogrammarbeit in Fall 2 und 6 erfolgt oder mit einer Aufstellung wie z. B. in Fall 1 und Fall 2. Dies ermöglicht der zu beratenden Person eine Adlerperspektive auf ihr Problem und dessen soziale Bezüge sowie eine externalisierende Draufsicht von außen. Vollziehen kann sich all dies auch im Einzelsetting (vgl. Ahlers 2023). Moderne systemische Ansätze, die sich als narrativ, lösungsorientiert oder kooperationsbewusst bezeichnen, vollziehen sich verstärkt im Einzelsetting. Durch ihre ressourcenorientierte Brille gelingt gleichwohl die kommunikative Einbindung des sozialen Kontextes, was die Erzählungen der Person ermöglichen. Diese richten sich auf die Person selbst, aber auch für deren Bezüge und Veränderungsmodi durch die Einflüsse anderer (Ahlers 2023, S. 203).

Systemische Einzelarbeit als systemisch definiertes Arbeiten muss sich nicht am Setting orientieren. Eröffnet wird diese Arbeitsweise nämlich immer dann, wenn die Nutzenden beginnen, die Betrachtungsweisen sozial erzeugter Realität zu wechseln (Schlippe & Schweitzer 2019, S. 133), ihre eigene begrenzte Betrachtungsweise mit anderen Ideen und Möglichkeiten anreichern und entsprechend verlassen können. Beispielsweise gelingt es der Falleinbringerin in Fall 4 oder auch in Fall 5, die Perspektiven der abwesenden Familienmitglieder einzubinden, so dass jeweils im Einzelsetting eine neue Perspektive entstehen kann (▶ Kap. 5, ▶ Kap. 6). Dies gelingt sowohl durch entsprechende Zirkuläre Fragen nach den Einschätzungen Abwesender als auch durch szenische und aktivierende Arbeitsformen wie die Arbeit mit dem Familienbrett oder eine Aufstellung. Die Klient*innen nutzen dies jeweils auch, um sich selbst anders oder neu betrachten zu können. Im Dialog gelingt es, die Probleme zu verflüssigen (Schlippe & Schweitzer 2019, 134). Im Sinne von White und Epston (1998, zit. na. Grossmann 2018, S. 356) sind systemisch Beratende/Therapeut*innen »Übergangsbegleiter« im Kontext von durch Lebensumbrüche und Individualisierung hervorgerufenes Leid mit klärender, stabilisierender und transformativer Funktion. Viele Methoden eines multisystemischen Settings können auch im Einzelsetting eingesetzt werden (Ahlers 2023, S. 209).

»Die Flexibilität in der Settingwahl (Reduktion oder Erweiterung) hilft Beratenden nicht selten aus vermeintlichen Sackgassen heraus, so dass z. B. unter aktivem Einbezug von Eltern oder Partnern blockierte Veränderungsprozesse möglich werden« (Rufer 2018, S. 426). Erforderlich ist eine gewisse »Sattelfestigkeit« des*der Heilpädagog*in/Berater*in.

Aufgrund der Relevanz und dem Respekt vor den Wirkungen der Selbstorganisation (vgl. Kiessl 2019) im Familiensystem während des Beratungsprozesses kann es jedoch auch bei einem passenden Setting zu einem Scheitern kommen. So entwickeln, entfalten und vollziehen sich beispielsweise in Fall 5 selbstorganisiert Dynamiken, die nicht so vorhersehbar waren und die Grenzen der Beratung der Familie aufzeigen, aber durchaus spannende Ergebnisse hervorbringen können (▶ Kap. 6).

Für die heilpädagogische Beratungs- und Begleitungswelt, die sich ja häufiger an der Begleitung von Einzelpersonen/Kindern/Jugendlichen orientiert, ergeben sich durch die Reflexion des Settings, dem Settingdesign und Möglichkeiten der multisystemischen Erweiterungen Möglichkeiten, traditionell gängige Settings zu perpetuieren und ihre Arbeitsweise zu modifizieren. Dadurch lassen sich möglicherweise andere Entwicklungen initiieren. Gleichzeitig ist die Veränderung des Settings hin zum Einbezug aller mit dem Erwerb entsprechender methodisch-fachlichen sowie persönlichen Kompetenzen verbunden, ganze Systeme zu begleiten, zu halten und gelingende Entwicklungen anzustoßen. Auch hier gilt zu klären, ob Zwang eine mögliche Kooperation zum Scheitern bringen kann. Das heißt, es ist im Rahmen der Auftragsklärung zu klären, ob es Ressourcen- und Lösungspotenziale gibt oder weitere Aufträge Dritter einen »doppelten Zwangskontext« hin zur ›Reparatur‹ von Kindern/Jugendlichen/Einzelpersonen vorliegen (Weckenmann & Schmitt 2009, 191). Gerade hier können die multisystemische Herangehensweise und eine bewusste Gestaltung des Settings auch in der Heilpädagogik nutzbringend sein.

Rufer regt an, auch bei indizierter Vorgehensweise mit einem bestimmten Setting die eigene Überzeugung und Intuition als vorgeordnet handlungsleitend für das Settingdesign zu nehmen – vorausgesetzt wird hierfür ein entsprechender Erfahrungshintergrund mit adäquatem Wissen und Können, um Beratung feinfühlig zu steuern, insbesondere bei Vermeidungsverhalten und schmerzvollen Themen wie Trauma oder Trauer. Entsprechende Vorsicht ist hingegen bei begrenzt vorhandener Erfahrung in Beratungspraxis angesagt. Es sind komplexe und möglicherweise schwierige Interaktionsmuster aufzudröseln und einzufangen. Vor allem bedarf es einer affektiven Flexibilität des*der Berater*in, mit der Kompetenz zum flexiblen Wechsel zwischen Person- und Kommunikationsorientierung, so dass sich alle zu beratenden Personen einbezogen und gleichgewichtig wahrgenommen fühlen – damit also ein Raum entstehen kann, in dem sie alle ihre eigenen Sichtweisen teilen mögen (kritisch dazu Ahlers 2023, S. 204). Sollte dies nicht der Fall sein, ist ein Einzelsetting auch hier zu präferieren oder flexibel das Setting abwechselnd zu gestalten.

Anknüpfend an Kiessl (2019, S. 156) wird nun weiterführend und abschließend auf Synergien zwischen heilpädagogischer und systemischer Beratung geblickt sowie wesentliche Aspekte abgeglichen und verdichtet gegenübergestellt. Dies dient zusätzlich zur unten stehenden Matrix zur Orientierung und als Einordnungshilfe. Dies soll den Lernprozess in diesem Buch mit zu einem Ende führen.

Tab. 7.2: Matrix Synergien Heilpädagogische Beratung und Systemische Beratung

Synergien	
Heilpädagogische Beratung	Systemische Beratung
Menschenbild und Haltung	Menschenbild und Haltung Haltung der Allparteilichkeit und Neutralität
Durch die Profession fachlich legitimiertes Expertentum und Wissen Bei Fachberatung mehr Machtgefälle statt Kooperation Expertise der Heilpädagogik erlernt durch Ausbildung/Studium	Beratende können ihre eigenen Lösungsräume erschließen Haltung des Nichtwissens Expertise zur systemischen Beratung/Zertifikat systemische Beratung/Therapie und anknüpfend an eine psychosoziale Grundprofession
Kooperative Arbeitsbasis, Empowerment mit Fokus auf Befähigung, überflüssig machen, Zutrauen	
	Selbstorganisation der Systeme bestärken
Platz für Emotionen schaffen	Kognitive Aspekte Bei integrativer Arbeitsweise werden Emotionen einbezogen
Kommunikative Kompetenz im Umgang mit z. B. Kindern oder Menschen mit Behinderung oder Beeinträchtigung Barrierefreiheit Entwicklungsniveaus und Entwicklungskompetenzen berücksichtigen können	Fokus auf Kommunikation und Interaktion
Beziehungsorientierung und Beziehungsgestaltung	Strukturelle Erfassung von Familiensystemen und Mustern (Beobachtung, wie Beziehungen unter den Systemmitgliedern funktionieren)
	Beleuchten der Wechselwirkungen zwischen Person und Umwelten Multiperspektivität erschließen
Ressourcenblick	Je nach Ausrichtung aber Ressourcen- und Lösungsorientierung im Fokus
Spieltherapeutische/gestalterische/partizipative/inklusive Methoden	Systemische Tools, Hypothetisieren, gestalterische Elemente
	Einbeziehung des Kontextes und Anregung zur Kontextveränderung
Einbeziehung des Netzwerks	
Selbstreflexion	

Der*die Heilpädagog*in stellt in der Beratung verschiedene Synergien zwischen den Welten, die sich in ihrem »Mutterhaus« Heilpädagogik und den weiteren Häusern ihrer Fachlichkeit wie hier der systemischen Beratung ergeben, her (vgl. die Metapher der Beratungshäuser ▶ Kap. 7.2). Insbesondere ist sie dann dazu fähig, die Schnittstellen zwischen Tür und Angel der vielfältigen Häuser (s. o.) zu beleuchten

7.3 Setting und Settingdesign in der systemischen Beratung und der Heilpädagogik

und diese erfolgreich nutzbar zu machen. Gleichzeitig ist er*sie sich auch bewusst, dass sich entsprechende Ambivalenzen ergeben können, sicherlich dann, wenn er*sie eine Fachberatung durchführt und seine*ihre fachliche Expertise zeigt sowie damit verbunden tendenziell eher Ratschläge erteilt.

Ein*e Heilpädagog*in hat verschiedene professionelle (und private) Rollen inne. Auch wenn er*sie berät, jongliert er*sie mit und in verschiedenen Rollen: des*der Heilpädagog*in, des*der Berater*in, des*der Familientherapeut*in usw. Mit zunehmender Professionalität und Berufserfahrung sowie vor allem Beratungspraxis entfaltet sich die Selbstbeobachtungs- und Selbstreflexionskompetenz und es entwickelt sich die erforderliche entsprechende Feinabstimmung und Bewusstheit im Changieren.

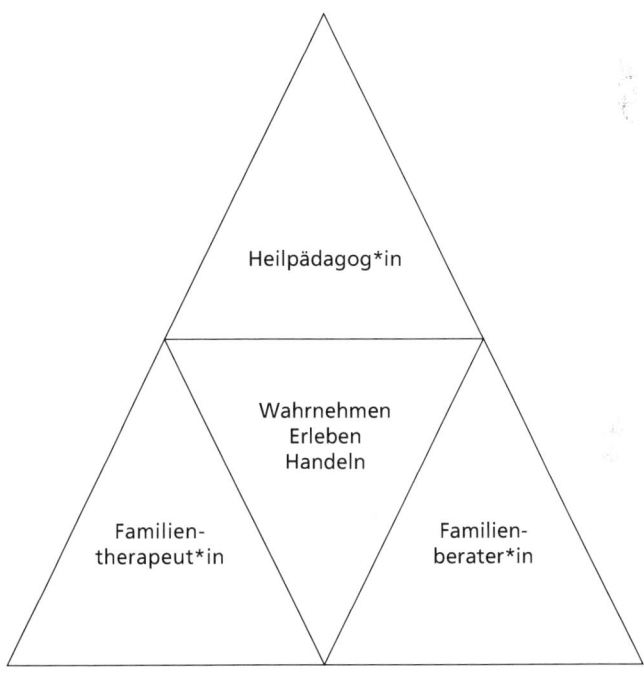

Abb. 7.1: Der*die Heilpädagog*in und ihre Rollen (eigene Darstellung)

Der*die Heilpädagog*in kann alle Potenziale seiner*ihrer verschiedenen professionellen Rollen nutzbringend einsetzen. Er*sie kann Synergien (▶ Abb. 7.1) herstellen, flexibel die Rollen wechseln, mit den zu Beratenden unterschiedliche bunte »Häuser« der Beratung betreten und diese kokreativ gestalten.

7.4 Resonanzen III

- Wie gelingt es Ihnen, Ihre verschiedenen Rollen unter einen Hut zu bringen und zu »jonglieren«?
- Wenn Sie auf ihre Beratungspraxis blicken, was hat sich genau durch das Lesen dieses Buches verändert?
- Welches Handwerkszeug wurde Ihnen vermittelt?
- Gibt es etwas, das Sie kritisch reflektieren und wenn ja, was genau?
- Was ist offengeblieben?
- Was wäre der nächste kleine (Lern-)Schritt, zu dem wir Sie ggf. ermutigt haben?

Wie würden Sie Ihre Resonanzen beschreiben?

Nachklang zum Abschluss: Resonanzen der Lesenden III

Liebe*r Leser*in,

wie ist Ihr Reframing? In unseren Ausführungen sind wir den Grundsätzen des Konstruktivismus gefolgt. Im Rahmen des Konstruktivismus wurde der »Beobachter« formuliert. So erzählen die Autorinnen die Fallgeschichten nach ihren Beobachtungen, damit ihrer Wirklichkeit. Dies entspricht der Kybernetik erster Ordnung.

Die Beobachter*innen, die ihre Resonanzen zu der jeweiligen Fallgeschichte schreiben, entsprechen der Kybernetik zweiter Ordnung.

Sie als Leser*in sind Beobachter*in entsprechend der Kybernetik dritter, vielleicht auch vierter Ordnung, sofern Sie es mit anderen Leser*innen diskutieren.

Der wesentliche Unterschied bei diesen Beobachtungen ist der veränderte Rahmen, in dem wir das Fallgeschehen wahrnehmen. Der Rahmen (frame) wurde erweitert zu einer neuen Perspektive. Damit sind Beobachtung und Wirklichkeit eine andere geworden.

- Wie erging es Ihnen im Leseprozess des Buches oder einzelner Fallbeschreibungen?
- Wo haben sich Ihre Beobachtungen verändert?
- Welche sogenannten Wirklichkeiten haben Sie neu konstruiert?
- Welche neuen Rahmen und Bezüge sind hinzugekommen?
- Was würden Sie gerne vertiefen?
- Welche Tools und Methoden würden Sie nun gerne ausprobieren?
- Was würden Sie in ihrer beruflichen Praxis neu denken oder anders machen?

Wie würden Sie Ihre Resonanzen beschreiben?

Literaturverzeichnis

Ahlers, C. (1998): Systemische Therapie nach der Postmoderne. Eltern und Kinder in der Therapie heute. Dekonstruktion und Verantwortung in brüchigen Beziehungswelten. In: Systeme, 12 (1), S. 54–79.
Ahlers, C. (2018): Patchworkfamilien beraten. Göttingen: Vandenhoek & Ruprecht.
Ahlers, C. (2023): Einzeltherapie. In: Levold, T. & Wirsching, M. (Hrsg.): Systemische Therapie und Beratung – das große Lehrbuch. Heidelberg: Carl Auer, S. 204–210.
Altrichter, H., Feindt, A. & Thünemann, S. (2022): Aktions-, Handlungs- und Praxisforschung. In: Hascher, T. et al. (Hrsg.): Handbuch Schulforschung. Wiesbaden: Springer Nature, S. 551–572.
Altrichter, H. & Feindt, A. (2008) Handlungs- und Praxisforschung. In W. Helsper & J. Böhme (Hrsg.): Handbuch Schulforschung (s. 449–466). Wiesbaden: VS Verlag für Sozialwissenschaften.
Arbeitskreis OPD (Hrsg.) (2023): Operationalisierte psychodynamische Diagnostik (OPD 3). Bern: Hogrefe AG.
Bamberger, G. (2001): Lösungsorientierte Beratung. Praxisbuch. Weinheim: Beltz.
Bauer, P. & Weinhardt, M. (Hrsg.): Systemische Kompetenzen entwickeln. Grundlagen, Lernprozesse und Didaktik. Göttingen: Vandenhoek & Ruprecht.
Beck-Gernsheim, E. (2010): Was kommt nach der Familie. Alte Leitbilder und neue Lebensformen, 3. Auflage. München: C. H. Beck.
Benecke, C. & Möller H. (2019): OPD-basierte Diagnostik im Coaching. In: Ryba, A. & Roth, G.: Coaching und Beratung in der Praxis – ein neurowissenschaftlich fundiertes Integrationsmodell. Stuttgart: Klett-Cotta, S. 201–228.
Bernard, M. & Tripod, M. (2019): »Herzblutinfusionen« – alltägliche Ressourcen entdecken. In: Eickhorst, A. & Röhrbein, A. (Hrsg): Systemische Methoden in Familienberatung und -therapie. Göttingen: Vandenhoek & Ruprecht. S.250–258.
Boszormenyi-Nagy, I. & Spark, G. M. (1981): Unsichtbare Bindungen. Die Dynamik familiärer Systeme. Klett-Cotta: Stuttgart.
Brüggemann, H., Ehret, K. & Klütmann, C. (2016): Systemische Beratung in fünf Gängen. Göttingen: Vandenhoek & Ruprecht.
Bundesministerium für Familie, Senioren, Frauen und Jugend (BMFSJ) (2021): Neunter Familienbericht – Eltern sein in Deutschland. https://www.bmfsfj.de/resource/blob/179392/195baf88f8c3ac7134347d2e19f1cdc0/neunter-familienbericht-bundestagsdrucksache-data.pdf, abgerufen am 22.08.2023.
Bundesministerium für Familie, Senioren, Frauen und Jugend (BMFSJ) (2017): Familienreport 2017. Leistungen, Wirkungen, Trends https://www.bmfsfj.de/bmfsfj/service/publikationen/familienreport-2017-119526, abgerufen am 12.12.2024.
Busse, S. (2019): Mit dem Dritten sieht man besser – Triangulierung als beraterische Kompetenz. In: Zeitschrift für Theorie und Praxis in der Beratung, 20(3), S. 35–49.
Busse, S. & Tietel, E. (2018) Mit dem Dritten sieht man besser. Triaden und Triangulierung in der Beratung. Göttingen: Vandenhoek & Ruprecht.
Carr, A. (2019) Family therapy and systemic interventions for child-focused problems: the current evidence base. In: Journal of family therapy, 41, S. 153–213.
Cierpka, M., (Hrsg.) (2008): Handbuch der Familiendiagnostik, 3., aktualisierte und ergänzte Auflage: Heidelberg: Springer Medizin Verlag.

Dederich, M. (2016) Funktionen von Theorie in der Heil- und Sonderpädagogik. In: Vierteljahresschrift für Heilpädagogik und ihre Nachbargebiete (VHN), 85, S. 196–209.
Dietrich, D. (2016): Ego-States und der freundschaftliche Selbstumgang. Der hypnosystemische Kompass in einer allgemeinen systemischen Therapie. In: Familiendynamik, 41 (1), S. 80–91.
Drexler, D. (2015) Einführung in die Praxis der Systemaufstellungen. Heidelberg, Carl Auer.
Ducommon-Nagy, C. (2022): Vergebung und Entbürdung. Eine generationsübergreifende therapeutische Ressource. In: Familiendynamik, 48, S. 116–125.
Ecarius, J. & Schierbaum, A. (Hrsg.) (2022): Handbuch Familie. Band I: Gesellschaft, Familienbeziehungen und differentielle Felder. 2. Auflage. Wiesbaden: Springer.
Eickhorst, A. & Röhrbein, A. (2019): Systemische Methoden in Familienberatung und -therapie. Göttingen: Vandenhoek & Ruprecht.
Falkson, S., Heitmann, D., Tiesmeyer, K. & Schmidt, L. (2022) Beratung von Familien mit einem Kind mit andauernden gesundheitlichen Beeinträchtigungen. In: Teilhabe, 61 (3), S. 114–121.
Fischer, H.-R., Borst, U. & Schlippe, A. v. (2019): Was tun? Fragen und Antworten aus der systemischen Praxis. Ein Kompass für Beratung, Coaching und Therapie. Stuttgart: Klett Cotta.
Fraenkel, P. & Pinsof, W. M. (2001): Teaching family therapy-centered integration: assimilation and beyond. In: Journal of Psychotherapy Integration, 11 (1), S. 59–85.
Fritzsche, K. & Hartman, W. (2010): Einführung in die Ego-State-Therapie. Heidelberg: Carl Auer.
Fröhlich-Gildhoff, K. & Rönnau-Böse, M. (2022): Resilienz in Familien. In Ecarius, J. & Schierbaum, A. (Hrsg.) Handbuch Familie. Wiesbaden: Springer VS, S. 611–629.
Früchtel, F. & Roth, E. (2017): Familienrat und inklusive, versammelnde Methoden des Helfens. Heidelberg: Carl Auer.
Funcke, D. (2009): Komplizierte Verhältnisse: Künstliche Befruchtung bei gleichgeschlechtlichen Paaren. Einblicke in eine neue Lebensform. In: Familiendynamik, 34 (2), S. 168–180.
Funcke, D. (2017): In welchen Familien leben wir eigentlich? Die Kernfamilie – ein aufschlussreicher soziologischer Begriff zur Analyse gegenwärtiger Familienformen. In: Familiendynamik, 42 (2), S. 134–145.
Gahleitner, S. & Rothdeutscher-Granzer, C. (2016): Traumatherapie, Traumaberatung und Traumapädagogik. Ein Überblick über aktuelle Unterstützungsformen zur Bewältigung traumatischer Erfahrungen. In: Psychotherapie Forum, 21 (4), S. 142–148.
Gebrande, J. (2021): Soziale Arbeit nach traumatischen Erfahrungen. Grundkenntnisse für den Umgang mit traumatisierten Menschen. Baden-Baden: Nomos.
Geyerhofer, S., Ritsch, M. & Thoma, C. (2018): Systemische Haltungen und störungsspezifisches Wissen – vom Entweder-oder zum Sowohl-als-auch. In: Systeme, 32 (1), S.61–89.
Gordon, T. (1973): Familienkonferenz. Die Lösungen von Konflikten zwischen Eltern und Kind. Hamburg: Hoffmann und Campe.
Grawe, K. (2000): Psychologische Therapie. Göttingen: Hogrefe.
Grossmann, K. P. (2018): Systemische Einzeltherapie. In: Sydow, K. & Borst, U. (Hrsg.): Systemische Therapie in der Praxis. Weinheim, Basel: Beltz, S. 348–357.
Hanswille, R. (2020): Vor den Bergen der praktischen Interventionen liegt das Tal der konzeptionellen Ideen. Systemische Interventionen und Werkzeuge lehren. In: Bauer, P. & Weinhardt, M. (Hrsg.): Systemische Kompetenzen entwickeln. Grundlagen, Lernprozesse und Didaktik. Göttingen: Vandenhoek & Ruprecht.
Herriger, N. (2006): Ressourcen und Ressourcendiagnostik in der Sozialen Arbeit. http://www.empowerment.de/empowerment.de/files/Materialien-5-Ressourcen-und-Ressourcendiagnostik.pdf, abgerufen am 07.08.2023.
Hoff, T. & Zwicker-Pelzer, R. (Hrsg.) (2022): Beratung und Beratungswissenschaft. Nomos: Baden-Baden.
Hoff, T. (2022): Tiefenpsychologisch orientierte Beratung. In: Hoff, T. & Zwicker-Pelzer, R. (Hrsg.): Beratung und Beratungswissenschaft. Nomos: Baden-Baden, S. 147–154.
Johannsen, J. & Fischer-Johannsen, J. (2011): Systemische Therapie und Beratung für Familien mit einem Demenzerkrankten. In: Familiendynamik, 36 (4), S. 296–309.

Joraschky, P. & Retzlaff, R. (2008): System- und Strukturdiagnose. In: Cierpka, M. (Hrsg.): Handbuch der Familiendiagnostik, 3., aktualisierte und ergänzte Auflage. Heidelberg: Springer Medizin Verlag, S. 335–353.

Juncke, D., Lehmann, K., Nicodemus, J., Stoll, E. & Weuthen, U. (2021): Bericht Familienbildung und Familienberatung in Deutschland. Eine Bestandsaufnahme. Im Auftrag des Bundesministeriums für Familie, Senioren, Frauen und Jugend, Prognos. https://www.bmfsfj.de/resource/blob/183222/e7ce032e8b741bb93ac3f53fdf358d76/familienbildung-und-familienberatung-in-deutschland-prognos-data.pdf, abgerufen am 22.08.2023.

Kardorff, v. E. & Ohlbrecht, H. (2023): Familie und Familien in besonderen Lebenslagen im Kontext sozialen Wandels – soziologische Perspektiven. In: Wilken U. & Jeltsch-Schudel, B. (Hrsg.): Elternarbeit und Behinderung. Kohlhammer: Stuttgart, S. 15–30.

Kersting, H. J. (2002): Die Kybernetik der Supervision. In: Kersting, H. J. (Hrsg.): Zirkelzeichen: Supervision als konstruktivistische Beratung. Schriften zur Supervision, Band 11. Aachen: IBS Kleckse-Verlag, S. 49–56.

Kiessl, H. (2019): Systemische Ansätze in der Heilpädagogik. Kohlhammer: Stuttgart.

Kriz, J. (2009): Systemische Familienberatung. In: Slunecko, T. (Hrsg.): Psychotherapie. Eine Einführung. Wien: Facultas/wuv/UTB, S. 221–261.

Krüger, A. (2012): Powerbook. Erste Hilfe für die Seele. Trauma-Selbsthilfe für junge Menschen. Hamburg: Elbe & Krueger.

Kühl, S. (2020): Brauchbare Illegalität. Vom Nutzen des Regelbruchs in Organisationen. Frankfurt a. M.: Campus.

Landschaftsverband Westfalen-Lippe (Hrsg.): Arbeit mit der Familie. Bericht über zehn Jahre arbeitsfeldspezifische Fortbildung zur Familienberatung und Familienbehandlung. 1975–1985 durchgeführt vom Landesjugendamt Westfalen-Lippe. LWL: Münster.

Lindemann, H. (2023) Die systemische Metaphern-Schatzkiste. Grundlagen und Methoden für die Beratungspraxis. Göttingen: Vandenhoek & Ruprecht.

Maslow, A. H. (1973): Psychologie des Seins. Ein Entwurf. Kindler: München.

Minuchin, S. & Fishman, H. C. (1981): Praxis der strukturellen Familienberatung. Freiburg i. Br.: Lambertus.

Ochs, M. (2020) Die erkenntnistheoretischen Säulen und praxeologischen Grundorientierungen systemischen Arbeitens. In Bauer, P.& Weinhardt, M. (Hrsg.): Systemische Kompetenzen entwickeln. Grundlagen, Lernprozesse und Didaktik. Göttingen: Vandenhoek & Ruprecht, S. 134–157.

Pühl, H. (2022): Die innere und äußere Triade. Beratungshaltung im Spiegel der persönlichen Biografie. Gießen: Psychosozial-Verlag.

Rappe-Giesecke, K. (2008): Triadische Karriereberatung. Die Begleitung von Professionals, Führungskräften und Selbständigen. Bergisch-Gladbach: EHP.

Reich, G. (2019): Das Familiengefühl – Entwicklungslinien und Probleme. In: Praxis der Kinderpsychologie und Kinderpsychiatrie, 68 (5), S. 359–375.

Reddemann, L. (2016): Imagination als heilsame Kraft: Ressourcen und Mitgefühl in der Behandlung von Traumafolgen. Stuttgart: Klett-Cotta.

Reyer, T. (2016): Beratungsdschungel? Beratung, Coaching, Therapie, Supervision und mehr Differenzierung von Arbeitsformaten der Prozessberatung. In: Organisationsberatung, Supervision, Coaching, 23 (4), S. 463–473.

Riehl-Emde, A. (2008): Durchführung des Erstgesprächs. In: Cierpka, M. (Hrsg.): Handbuch der Familiendiagnostik, 3., aktualisierte und ergänzte Auflage. Heidelberg: Springer Medizin Verlag, S. 55–65.

Roesler, C. (2023): Was genau ist eigentlich systemisch – und was nicht? Ein Plädoyer für Unterscheidungen, die einen Unterschied machen, und gegen theoriefreie Integration. In: Familiendynamik, 48 (3), S. 226–238.

Rosa, H. (2019): Resonanz. Eine Soziologie der Weltbeziehung. Berlin: Suhrkamp.

Rudolf, G. (2017): Strukturbezogene Psychotherapie. Stuttgart: Klett-Cotta.

Rufer, M. (2018): Veränderungen des Settings als Intervention. In: von Sydow, K. & Borst, U. (Hrsg.): Systemische Therapie in der Praxis. Weinheim, Basel: Beltz, S. 420–427.

Rufer, M. & Schiepek, G. (2014): Therapie als Förderung von Selbstorganisationsprozessen. In: Familiendynamik, 39 (4), S. 326–335.

Sack, M. & Gromes, B. (2020): Schonende Traumatherapie: Ressourcenorientierte Behandlung von Traumafolgestörungen. Stuttgart: Schattauer.
Satir, V. (1964): Conjoint Family Therapy –A Guide to Theory and Technique. Palo Alto: Science Behavior Books.
Satir, V. (1978): Selbstwert und Kommunikation. Familientherapie für Berater und zur Selbsthilfe. München: Pfeiffer.
Satir, V. (1990): Selbstwert, Kommunikation, Kongruenz. Paderborn: Junfermann.
Schänzle-Geiger, H. (2011): Fallverstehen in der Begegnung mit demenzkranken Menschen und ihren Familien. In: Familiendynamik, 36 (4), S. 310–321.
Scheuerer-Englisch, H. (1993): Die Bindungstheorie als konzeptioneller Rahmen für das Verständnis familiendynamischer Prozesse und die familientherapeutische Praxis. In: Kontext, 24 (2), S. 50–68.
Schlippe, A. v. (2022): Das Testament schafft Fakten. Erben, Vererbung und Gerechtigkeit. In: Familiendynamik, 47 (1), S. 2f.
Schlippe, A. v. & Schweitzer, J. (2016): Lehrbuch der systemischen Therapie und Beratung I. Das Grundlagenwissen. Göttingen: Vandenhoeck & Ruprecht.
Schlippe, A. v. & Schweitzer, J. (2019): Gewusst wie, gewusst warum. Die Logik systemischer Interventionen. Göttingen: Vandenhoeck & Ruprecht.
Schmidt, G. (2012): Liebesaffären zwischen Problem und Lösung. Hypnosystemisches Arbeiten in schwierigen Kontexten. Heidelberg: Carl Auer.
Schmitt, A. & Weckenmann, M. F. (2009): Settingdesign in der (systemischen) Therapie mit Kindern Teil I: Indikationen. In: Familiendynamik, 34 (1), S. 74–91.
Schneewind, K. A. (2016): Familienpsychologie – Skizze einer »quer-liegenden« psychologischen Disziplin. In: Familiendynamik, S. 242–251.
Schnerring, A. & Verlau, S. (2020): Equal Care. Über Fürsorge und Gesellschaft. Berlin: Verbrecher Verlag.
Schnoor, H. (2011): Psychodynamische Beratung: Ein Anwendungsgebiet der Psychoanalyse. In: Schnoor, H. (Hrsg): Psychodynamische Beratung. Göttingen: Vandenhoeck & Ruprecht, S. 21–37.
Schweitzer, J. & Weber G. (1982): Beziehung als Metapher. In: Familiendynamik, 7 (2), S. 113–127.
Schultze, A. (1972): Grundlagen des Miteinanders ist die Kommunikation. Blätter des Westf. Kooperationsmodell, IX/72. Vlotho, Münster: Landschaftsverband Westfalen/Lippe (Hrsg.).
Schutzbach, F. (2021): Die erschöpfte Frau. In: Blätter für deutsche und internationale Politik; 66 (11), S. 111 ff.
Sitzler, S. (2017): Geschwister. Die längste Beziehung des Lebens. Stuttgart: Klett-Cotta.
Simon, F. B. (2013): Wenn rechts links ist und links rechts. Paradoxiemanagement in Familie, Wirtschaft und Politik. Heidelberg: Carl Auer.
Sonnenmoser, M. (2016): Resilienz in Familien. Gemeinsam Krisen überwinden. In: Deutsches Ärzteblatt, 113 (4), S. 170.
Stierlin, H. (1982): Delegation und Familie. Beiträge zum Heidelberger familiendynamischen Konzept. Frankfurt a. M.: Suhrkamp.
Sydow von, K., Beher, S., Retzlaff, R. & Schweitzer, J. (2007): Die Wirksamkeit der systemischen Therapie/Familienberatung. Göttingen: Hogrefe.
Sydow, K. & Borst, U. (Hrsg.) (2018): Systemische Therapie in der Praxis. Weinheim, Basel: Beltz.
Tiefensee, W. (2014): Wo öffnet sich in Organisationen Transzendenz? In: Supervision, 32 (4), S. 48–75.
Tietel, E. (2006): Die interpersonelle und die strukturelle Dimension der Triade. In: Rieforth, J. (Hrsg.): Triadisches Verstehen in sozialen Systemen. Gestaltung komplexer Wirklichkeiten. Heidelberg: Carl Auer, S. 61–85.
Translational Neuromodelin Unit (TNU) Universität Zürich und ETH Zürich (2020): Imaginationsübung »Innerer sicherer Ort« https://www.tnu.ethz.ch/fileadmin/user_upload/Imaginationsuebung_Innerer_sicherer_Ort_v1_20200430.pdf, abgerufen am 11.08.2023.

Trost, A. (2021): Bindungswissen für die systemische Praxis. Eine klinische Annäherung. In: Brisch, K. H. (Hrsg.): Bindung und psychische Störungen. Ursache, Behandlung und Prävention. Stuttgart: Klett Cotta, S. 14–43.
Walsh, F. (2016): Strengthening family resilience, 3. Auflage. New York: Guildford.
Watzlawick, P., Beavin, J. H. & Jackson, D. D. (1974): Menschliche Kommunikation. Bern: Hans Huber.
Watzlawick, P., Weakland, J. H. & Fisch, R. (1974): Lösungen. Zur Theorie und Praxis menschlichen Wandels. Bern: Hans Huber.
Weakland, J. H. & Herr, J. J. (1992): Beratung älterer Menschen und ihrer Familien. Die Praxis der angewandten Gerontologie. Bern: Hans Huber.
Weakland, J. H., Herr, J. J. (Hrsg.) (1984): Beratung älterer Menschen und ihrer Familien. Die Praxis der angewandten Gerontologie. Bern: Hans Huber.
Weckenmann, M. F. & Schmitt, A. (2009): Settingdesign in der (systemischen) Therapie mit Kindern Teil II: Interventionen. In: Familiendynamik, 34 (2), S. 182–192.
Wilken U. & Jeltsch-Schudel, B. (2023) (Hrsg.): Elternarbeit und Behinderung. Stuttgart: Kohlhammer.
Willi, J. (1990): Die Zweierbeziehung. Hamburg: Rowohlt.
Zwicker-Pelzer, H. (2022): Beratung und Beratungswissenschaft. Baden-Baden: Nomos.

Abbildungsverzeichnis

Abb. 1.1: Resonanzrunde (Grafische Umsetzung: Bernd Heide von Scheven)   7
Abb. 1.2: Eigene Darstellung zur Aktionsforschung modifiziert nach Altrichter und Feindt (2008, S. 449)   8
Abb. 1.3: Fallbearbeitung und Resonanzen (eigene Darstellung)   12
Abb. 3.1: Foto Ahorn-Rindeneule   28
Abb. 3.2: Genogramm Annika   31
Abb. 3.3: Systemblüte Annika   33
Abb. 3.4: Tieraufstellung 1   35
Abb. 3.5: Tieraufstellung 2   35
Abb. 4.1: Genogramm Familie G.   51
Abb. 4.2: Resilienz Einzelner – Familienresilienz (eigene Darstellung)   89
Abb. 5.1: Täter – Opfer – Vermittler – in einer unvollständigen Triade, 1 (eigene Darstellung)   103
Abb. 5.2: Täter – Opfer – Vermittler – in einer unvollständigen Triade, 2 (eigene Darstellung)   104
Abb. 5.3: Täter – Opfer – Vermittler – in einer unvollständigen Triade, 3 (eigene Darstellung)   105
Abb. 5.4: Täter – Opfer – Vermittler – in einer unvollständigen Triade, 4 (eigene Darstellung)   106
Abb. 5.5: Kollusionen nach Willi 1990, S. 101   108
Abb. 7.1: Der die Heilpädagog*in und ihre Rollen (eigene Darstellung)   141